삶의 신학
콜로키움

生老病死
冠婚喪祭

**삶의 신학 콜로키움**
生老病死 冠婚喪祭

**발행일** 2007년 6월 10일
**지은이** 류승국 외
**펴낸이** 박종화
**펴낸곳** 대화문화아카데미 대화출판사
　　　　출판등록　1976년 6월 24일 (제2-347호)
　　　　서울 종로구 평창동 473-6
　　　　전화　02-395-0781
　　　　홈페이지　www.daemuna.or.kr
　　　　전자우편　tagung@chol.com
**디자인** 김은희
**인쇄** 경보아이엔씨

**값** 9800원

ISBN 978-89-85155-22-9 03220

# 삶의 신학 콜로키움

生 老 病 死
冠 婚 喪 祭

대화문화아카데미

발간에 부쳐

# 자생적 담론으로서의 삶의 신학

●

**강대인** 대화문화아카데미 원장

대화문화아카데미는 '생명목회 콜로키움', '몸의 신학'에 이어 2006년도부터는 '삶의 신학'이라는 주제로 콜로키움을 진행해 오고 있습니다.

그동안 다루어온 주제들은 1990년대 이후 아카데미가 천착해 왔던 '생명'의 화두와 맞닿아 있습니다만 이제는 보다 우리의 일상적 삶의 컨텍스트를 토대로 절박하고 진솔한 이야기들을 나누어보자는 데에 주안점을 두고 있습니다. 삶의 신학 콜로키움은 신학적 텍스트로부터의 '삶에 대한' 담론보다는 '오늘, 여기'에서 출발하는 삶의 문제를 중심으로 한 공동 성찰common reflection의 장입니다. 공동 성찰을 통한 대화의 과정에서 소박하나마 자생 담론으로서의 삶의 신학의 틀과 꼴이 만들어질 수 있기를 기대해 봅니다.

이러한 시도들이 소유지향성이 우선하는 천민적 문화의 늪에서 생명 가치와 인문적 가치를 살려내는데 미력이나마 보탬이 되었으면 합니다. 지난 1년간의 논의의 성과들을 모아 책으로 엮기까지 콜로키움을 이끌어오느라 헌신적인 노고를 아끼지 않으신 이정배 교수님께 높은 경의를 표하며 기획위원과 발표자 및 대화에 참여해 주신 여러분께 감사 드립니다.

서문

# 삶의 신학을 위한 1년간의 여정

●

**이정배** 감리교신학대학 교수

신학이 사변화, 추상화되어 간다는 비판이 적지 않다. 신학자들만의 세계에서 통용되는 고립된 언어로의 신학의 퇴행을 염려하고 있는 것이다. 일례로 신학만큼 미래에 대해 관심하는 학문이 없을 듯싶다. 하지만 당장 눈앞의 21세기를 염려하는 오늘의 세계는 신학의 가르침에 귀 기울이지 않고 있다. 자기 완결적인 교리에 도취되어 사실적합성을 상실한 결과라고 생각한다. 흔히 신학의 언어를 메타포metaphor라 부른다. 이는 하느님 나라를 말한 예수의 언어 역시 비유였음을 환기시킨다. 메타포는 그 실재를 지시하되 언제든 그것과의 차이를 전제한다. 겨자씨가 하늘나라를 지시해도 그것 자체가 하늘나라가 아니듯 말이다. 그렇기에 종교 언어는 언제라도 수정, 보완될 수 있어야 한다. 시대가 달라지고 처한 환경이 변할 때 신학의 언어 역시 달라져야 함은 주지의 사실이다. 그러나 종종 신학은 달라진 상황에 무심한 채 답으로서의 기능만을 갖고자 한다. 예수가 답일수록 도대체 우리의 문제가 무엇인지를 고민해야 함에도 불구하고 불변의 답으로 자신의 위상을 버티고 있는 것이다.

대화문화아카데미가 마련한 삶의 신학 콜로키움은 이런 식의 정체된 신학에 대한 되물음이자 살아 있는 현실을 바탕으로 신학을 재구성코자 한 진지한 몸짓이었다. 교리로 현실을 규정하는 종래의 신학은 오히려 불고 싶은 대로 부는 하느님 영을 질식시킨다고 보았기 때문이다. 우리가 추구한 삶의 신학은 명실 공히 인간의 삶의 자리에서 출발한다. 예나 지금이나 인간은 태어나서 짝을 찾고 늙고 죽음을 맞이한다. 이는 세대를 달리해도 동서양의 차이에도 불구하고 결코 부인될 수 없는 인간의 현실태이다. 하여 우리는 生老病死, 冠婚喪祭를 주제로 인간을 탐색하였고 그런 인간 이해의 틀 속에서 신학적 인간론을 새롭게 말하고 싶었다.

먼저 우리는 국보급 학자로 불리는 류승국 선생님을 모시고 한국 전통문화 속에 깃든 관혼상제의 정신이 무엇인지를 듣고 배웠다. 신학적 인간론이라 하더라도 한국적 토양을 떠날 수 없다는 토착화에 대한 관심 때문이었다. 이후 각각의 주제에 대하여 남녀 학자들 2명씩 발제를 하도록 했다. 성차性差에 따라 보는 시각이 달라질 수 있을 것이란 생각 때문이었다. 동일한 주제를 다뤘으나 남녀 신학자들의 변별된 시각으로 논의가 풍부해진 것은 대단한 수확이었다. 매 주제에 대한 한국적 관심, 곧 토착화 시각이 담겨진 논문을 만났던 것도 큰 기쁨으로 기억되고 있다. 매 주제에 대한 논평자들의 날카로운 비평들, 그리고 주로 목회자들로 구성된 토론자들의 현장감 넘치는 질문들이 발제자들의 원고를 수정 보완토록 했다. 본 책에 수록된 8편의 논문들은 모두 이런 과정을 거쳐 새롭게 선보인 옥고들이다. 나이 듦(늙음)에 대한 글 한 편이 기한 내에 완결되지 않아 싣지 못하게 된 것은 유감스런 일이다. 매 모임에 사회를 보신 프로그램 위원들이 정리한 짤막한 내용들은 본 책을 이해함에 큰 도움이 될 것이다. 여하튼 본 책에 실린 논문들은 삶의 신학을 위해 기획된 작업의 결과물들이다. 집필한 저자들의 헌신적 수고와 애정이 없었으면 나올 수 없는 글들이었다. 삶의 신학 콜로키움의 기획자로서 집필자들의 많은 시간을 빼앗은 것에 대해 죄송한 말씀을 드리고 싶다. 류승국 선생님의 논문은 녹취하여 풀어낸 것임을 밝힌다. 선생님의 살아 있는 구어체를 가능한 그대로 살렸기에 논문과는 다른 맛을 느끼게 할 것이다.

끝으로 삶의 신학 콜로키움을 위해 물심양면의 지원을 아끼지 않은 대화문화아카데미 강대인 원장님과 본 모임을 위해 온갖 시중을 마다하지 않은 박미례 선생님께 고마운 마음을 표한다. 아울러 본 책을 펴내느라 수없이 원고를 대했을 대화문화 출판사 관계자 분들께도 감사의 말씀을 전한다. 아무쪼록 본 책이 출판되어 많은 이들에게 읽혀 출생, 결혼, 나이 듦 그리고 죽음에 대한 신학적 통찰이 생기거나 자신들의 삶을 성숙시키며 한국사회를 더욱 아름답게 만들었으면 한다. 삶의 신학 콜로키움의 무궁한 발전을 기원하며, 내년에도 더 좋은 프로그램으로 만나기를 기원하며, 책의 서문을 갈음한다.

2007년 5월 어느 날
이정배

# 차례

발간에 부쳐 ......................................................... 강대인  04
서문 ................................................................. 이정배  06

## 첫째 마당 | 관혼상제를 통해서 본 삶의 철학 ........................ 류승국  12

## 둘째 마당 | 출생의 신비 — 인간 탄생의 종교적 의미
    구약의 출생과 한국 문화 ....................................... 박신배  30
    성聖과 성性, 출생의 신학적 의미를 모색하다 ................. 김판임  49
    토론 기록 ........................................................ 이정배  69

## 셋째 마당 | 결혼, 그것이 무엇인가 — 결혼의 재의미화
    결혼: 삶의 정체성의 기반으로서 ............................... 안석모  74
    '그런' 가족은 없다: 살림 가족의 탄생을 위한 생태여성신학적 제언 ... 구미정  108
    토론 기록 ........................................................ 심광섭  125

## 넷째 마당 | 나이 듦과 인간의 성숙이란
    여성주의 관점에서 본 나이 듦 .................................. 임희숙  130
    토론 기록 ........................................................ 김판임  147

## 다섯째 마당 | 죽음에 관한 두 가지 이야기
    죽음을 주제로 한 대화 .......................................... 이세형  152
    삶의 신학의 한 주제로서의 죽음, 죽음에 대한 종교다원적 성찰 ... 이은선  172
    토론 기록 ........................................................ 박신배  203

첫째 마당

# 관혼상제를 통해서 본 삶의 철학

# 관혼상제冠婚喪祭를 통해서 본 삶의 철학

**류 승 국** 성균관대학교 명예교수

오래간만에 참 만나고 싶었던 우리 선생님들, 와 보니까 모두 목사님이시고 신학 전공을 하신 교수님들이시고 그리고 또 개중에는 정치·사회 이런 방향으로 전공하시는 고명하신 선생님들입니다. 우리나라 한국의 처지가 대단히 어려운 상황에 있습니다. 누구보다도 한국과 더 나아가서 모든 인류를 사랑하고 걱정하는 선생님들이 이 문제를, 어떠한 방향으로 전환시켜내야 합니다. 꺼져가는 심지의 불을 다시 살려내어 그것으로 구원의 불길이 되게 해야 합니다. 지금 우리 사회는 아주 바짝 말라서 생기가 없어요. 어떻게 그 새로운 생명의 물방울이 생길 수 있게 하나? 그래서 그 물방울이 나중에 장강대하長江大河를 이룰 수 있게 할 수 있겠는가?를 생각하는 중요한 모임이라고 봅니다. 그래서 제가 얼마 전에 이정배 교수님을 통해서 관혼상제冠婚喪祭에 대해 이야기를 해달라 들었을 때 기쁘게 수락했어요. 한국과 동방에 다 통하는 관혼상제라고 하는 평생을 사는 과정이 있는데 거기에 대한 생각과 거기에 대한 의식과 그것이 실제로 우리 삶의 전통에, 역사 속에 어떻게 발전되어 오고 오늘날 의미를 줄 수 있는 건가? 거기서 보는 세계관, 인간관, 정치관, 종교관 여러 가지 문제를 조명해 볼 수가 있다고 생각합니다. 그래서 지금 많은 자료를 드리지는 못했습니다만, 문제가 크고 좁기 때문에 단시간에 이야기하기는 어렵습니다.

지금 주어진 제목 가지고 말씀을 하는데 지금 관혼상제라고 하면, 관혼상제에 대해 쓴 책이 많아요. 관례는 어떻게 하고 그 의미는 뭐고 혼례는 뭐고 그 왜 하는 거냐? 어떻게 하는 거냐? 풍속이 왜 그렇게 되는 거냐? 많아요. 많이 있습니다. 지금 여기 내가 하나 가져온 책이 있는데 이 책이 제일 잘 썼다고 하는 책일 거예요.『한국문화사대계』 7권에 있는 이것이 '풍속예술사'라고 하는 고려대학 아시아문제연구소 시리즈로 나온 편이에요. 여러 가지가 들어 있지만 우리 한국에 있어 예전 예禮자를 써서 '풍속'이라는 예속사가 있어요. 여기에 관혼상제에 대해…… 김춘동 씨라고 작고했습니다. 노인인데 그분이 한학을 잘하는 분이고 안동 김씨 관향으로 매력이 있는 집안이에요. 음식이라든지, 여러 가지 생활 습성이라든지, 궁중에 인척 관계가 있어서(안동 김씨, 풍향 조씨, 여흥 이씨 모두 우리 정치사·문화사에 깊은 연관을 맺고 있어요) 잘 알아요. 그분이 이 책을 썼습니다. 이것을 참고해 보면 형식에 관한 것은 다 여기 들었어요. 그러나 왜 그렇게 해야 하느냐? 무슨 의미가 있느냐? 사람으로서 한국 사람으로서 모든 다른 종교계까지도 이게 우리의 삶의 문화에 무슨 의미가 있는 거냐? 이렇게 따지면 그런 이야기는 별로 없어요. 그래서 이걸 소개해드리고 제가 관혼상제冠婚喪祭를 통해 본 '삶의 문제' 혹은 '삶의 철학' 또 '삶의 여러 가지 태도'라 해도 좋겠습니다만, 말씀을 드리겠습니다.

### 1. 선천先天과 후천後天

관혼상제冠婚喪祭라. 사람이 나면, 커서 늙어서 가거든요. 반드시 가야 합니다. 이게 일생의 과정이지요. 어떤 선을 이루면서 나서, 이루고, 쇠하고, 돌아가는 과정을 겪습니다. 그런데 이런 과정을 한 번 겪는 게 아니죠. 사람이 처음에 잉태가 되면 크는 과정을 겪습니다. 사람이 처음에 포태胞胎가 돼서 부정모혈로 포가 되거든요. 그러면 태반이 생명을 안거든요. 거기서 커나갑니다. 뱃속에서 크고 그러면 나오거든요. 이렇게 어머니 뱃속에서도 이미 하나의 과정을 겪은 것입니다. 이것을 선천先天이라고 해요. 그리고는 우리가 세상에 나와서 사는 것을, 후천後天이라고 해요. 선천은 어머니 뱃속이에요. 이거는 280일 동안 백이 열 달이라고 이렇게 보죠. 후천은 인간 백 년, 백 년의 후천이라고 해요. 그러니까 이것은 끊어진 것이 아니에요. 연속되는 거죠. 우리가 죽었다고 해도 끊어진 게 아니에요. 그 과정을 우리는 알아야 합니다. 그래서 선천, 후천…… 삶이 끝나도 끝난 게 아니에요. 이것은 종終이지만 다른 시작인 거예요. 여기서 다시 시작. 이것을 모르면 동양학을 못해요.

끝났다고 끝난 것이 아니라 다른 것의 시작이에요. 반드시 종유유시(끝났으면 반드시 시작이 있다)다. 이게 하늘이 가는 법칙이지요. 보통 알파—오메가로 오면 한 단원은 끝났어요. 시작이 있고, 끝이에요. 이렇게 하면 창조에서 종말로 가는 거죠. 이것은 일차원이에요. 그러나 여기 일차원이 끝나고 이차원이 시작된다 하면 이것은 끝남과 동시에 다른 차원으로 넘어간다는 마디(분단)를 이야기하는 동시에 여기에서 영원의 개념이 나와요. "너는 종시 그 모양이냐?", "시종 그 모양이야?", "너는 영영 그 모양이야?" 이렇게 묻는 거예요. 우리가 나왔다고 우리가 죽었다고 여기서 끝난 게 아니지요. 지금 이 상황이 한국 상황이 어렵다고 하더라도 이 상황이 끝날 때가 있어요. 그럼 다른 방향의 시작이 와요. 그것을 예측할 수 있느냐 없느냐? 역사가 순환하는 거냐? 진행하는 거냐? 사학계에서는 큰 문제입니다. 역사를 순환으로 보느냐 진행으로 보느냐에 따라 해석하는 방법이 달라요. 동방의 역사관은 순환이고도 진행이에요. 순환은 순환인데 그 순환이 그 전의 것을 복사하는 것이 아닙니다.

봄이 오는 거 같지만 그 다음에 오는 봄은 봄은 봄인데 딴 봄이라. 이것을 역리易理라 해요. 주역에서 말하는 역리. 변화하는 이치라. 한 차원만 보면 보이지가 않는단 말이지요. 그래서 우리가 이것을 논리적으로 철학적으로 이야기한다면 원原·형形·이移·정停(봄·여름·가을·겨울) 이렇게 봐요. 주역에 건괘라고 하는 큰 하늘의 이야기를 하는 게 있는데, "건(하늘)이라는 것은 원고, 형고, 이고, 정하니라" 이렇게 말해요. 봄이라는 것은 조그만 알맹이 씨알에서는 잠자고 있는 거예요. 씨알은 가만히 있는 거예요. 거기에는 꽃도 없고 냄새도 없고 열매도 없고 아무것도 없어요. 근데 다 들었어요. 아주 보편한 요소가 다 들었어요. 어떤 상황이 되면 봄이 오고 수분이 오고 햇볕이 오고, 그러면 여기서 피어나요. 싹이 나요. ㅁ에서 ㅂ으로 변하는 것이지요. 한글에도 ㄱ의 윗부분은 하늘을 뜻해요.

한글에도 역리가 있어요. 집현전 학자들은 주역대전과 성리대전에 능통했어요. 그래서 그 원리에 의해서 훈민정음을 만든 거예요. 한글에는 역리와 음양의 원리가 들어 있는데 현대의 국문학자는 그것을 못해요. 주역을 모르기 때문이지요. 그 당시의 집현전 학자들은 다 능통하게 알았어요. 세종대왕이 다 알아요. 그걸 모르면 한국 문화와 학술과 정치, 가치관 아무것도 몰라요. 근데 지금 훈민정음 한문으로 된 게 있는데 국문학자들이 하나도 해석을 못해요. 이희승 씨가 "나는 역을 몰라" 그러거든요. 그러니까 ㄱ 하면 이건 어금니, 이건 하늘이에요. 그, 크, 입천장으로 내는 소리죠. 그리고 느, 드, 트 이건 혀로 발음하는 거. 므, 브, 프 발음은 입술로 하는 순음이구요. ㄴ은 땅이라는 말이에요. 그래서 오행에 의해서 구강의 모양으로 표현하는 거예요. 과학적이죠. ㄱ은 하늘과 사람을 의미하고, ㄴ은 사람과 땅을 의미합니다. 하늘과 땅을 붙이니까, ㄱ과 ㄴ을 딱 붙이니까 ㅁ이 되어서 꼭 붙었거든. 그래서 ㅁ이 들어가면 꼭 물었다는 뜻이 나와요. '망울애기', '꼭무니'. 근데 ㅁ에서 뭐가 나와요. 'ㅁ'가 'ㅂ'가 되고 동사로 퍼져서 'ㅍ'가 되고 순음, 이렇게 나가는 겁니다. 진행으로 나가는 겁니다. 그런 관계를 모르면 하나도 해석을 못해요. 오므려서 빈틈없이 꼭 물고 있거든, 바람이 들어가면 안 되죠. 추위 타면 안 되기에 얼굴만 보이지요. 그런데 죽은 나무 같은데 싹이 뾰족뾰족 보이기 시작합니다. 그래서 봄(ㅁ→ㅂ)이라고 하는 것입니다. 여름이 되면 다 크죠. 자꾸 크죠. 처음에는 수박인지 호박인지 몰라요 자꾸 크니까. 애기도 처음 나면 박가네 애기인지 김가네 애기인지 몰라요. 크면서 모양을 갖추면서 아는데, 여름이라는 것은 오므리고 있던 걸 활짝 열어 제켰다, 개방이에요. 제 모습을 다 안 드러내야 안 드러낼 수가 없어요. 활짝 크는 거란 말이에요. 그래서 열려 가지고 '열음', 하나, 둘, 셋, 넷, 다섯, 여섯, 일곱, 여덟, 아홉, 활짝 열려서 열입니다. 열렸어요. 다 컸으면 더 크는 거 아니에요. 안 커요. 입추立秋가 되고 처서處暑가 되면 더 안 커요. 물이 잎사귀까지 올라갔다가 입추, 처서가 되면 풀도 나무도 물이 도로 빠져요. 기운이 아래로 떨어져요. 가을이 되면 올라가는 게 아니라 내려가요. 생명이 올라가지 않고 내려간단 말입니다. 이제 모든 뿌리들, 고구마니 땅콩이니 이것들이 맛이 있어요. 여름에는 아무 맛이 없어요. 기운이 위쪽에 있다 가을에 내려오니까 맛있어요. 가을에는 새들이 털을 갈아요. 겨울이 오기 전에 털이 빠지고 새 털이 나. 그래야 보호를 하니까. '혁모', 털을 간다 이 말이에요. 새것으로 간다. '갈린다' 그 소리에요. '갈려 간다' 오던 데서 반대로 간다. 그래서 '가을' 이야. 입추, 처서가 되면 벌초를 하죠. 아버지 산소에 가서 풀을 깎아요. 왜 그러냐 하면 그 전에 깎으면 또 나거든, 그런데 입추, 처서 지나 깎으면 안 나와. 그래서 처서가 지나면 산소에 풀 깎으러 가느라고 모두 야단이지. 입추, 처서가 되면 벌초하러 가는 게 그래서 그러는 겁니다. 올라가던 것이 내려가니까. 사오월 같이 윤택하고 생생한 잎이 아니에요. 벌써 퇴색했어요. 빛이 나오질 못해요. 퍼석퍼석 말라요. 늙은 살 모양으로. 차차 누렇게 되는 거예요. 떨어지는 거예요. 이걸 단풍이라고 해요. 단풍이라고 하지만 이건 나무가 바람 맞는 거야. 떨어진 거야. 가을이 오면 수분이 내려가고 곱게 마르면 아름다운 단풍이고 버썩 마르면 추하게 떨어지고. 사람도 늙을 때 곱게 늙으면 아름다워요. "유월 꽃보다 서리 맞은 잎이 더 아름답다." 그렇게 늙으면 좋죠.

한창 여름엔 과실이 청과로 싱싱하거든요. 사람도 그때는 청년이에요. 싱싱하거든요. 그러나 가을이 되고 나면 겉의 청과가 빛이 푸르지 않고 붉어지고 누레지고 차차 물렁물렁해져. 이렇게 겉이 허술해지면 속의 씨가 여물어요. 씨가 옹골차게 여물어야 해요. 사람이 인생을 산다면 봄에 나서 큰 뜻을 가지고, 여름에 자라서, 가을이면 그게 성숙해서 아주 완숙! 영글게 익어야 해요. 씨알은 속에 있어요. 겉은(몸은) 빈껍데기에요. 사람도 낳아서 영혼을 잘 길러서 성장해서 완숙하게 되면 빈껍데기 말고 내가 생각하고 있는 속의 씨알이 하나 있는데 알맹이! 그게 생명인데 나중에 속이 터져 나와요. 그게 만인에게 감응을 주고, 영향을 주는 거예요. 근데 영혼도 없고 껍데기도 없다면 이건 빈 쭉정이일 뿐입니다. 이건 난 보람이 없는 것이지요. 뭐 하러 세상에 나서 밥 먹다가 그리 가는 가요. 내 속의 여문 생명이, 영혼이 여물었느냐 안 여물었느냐? 성숙된 영혼이 아버지가 되라는 대로 그렇게 되었느냐 안 되었느냐? 이것이 문제입니다. 여기 '씨'가 과果가 된 거니까. 과果라는 건 인仁(씨앗)에서 나온 거예요. 인자仁者가 과果가 된 거거든. '인'과 '과'는 차이가 없어요. 내가 남의 아들로 태어났지만 다 크고 나면 아버지에요. 인류의 역사가 성숙하는 역사가 있다 이 말이에요. 조그마한 것도 '원형이정', 적은 것도 '원형이정', 하루도 '원형이정', 일년도 '원형이정', 지구가 생겼다가 없어지는 것도 '원형지정'. 없어졌다고 걱정할 것 없어요. 또 나오니까 아무 관계 없어요. 그러니까 생명에 참여해서 그렇게 성숙된 인간이 되었나? 아버지가 "너희는 뚜렷하게 되어야 한다" 하는 그렇게 되었나? 아버지 같이 되었나! 아버지가 훌륭하게 되라고 한 것 같이. 사람 같은 아들이 되었나? 못되면 불초자! 의미가 없어요. 우리가 크는 과정에는 아버지, 어머니, 선생님, 나라 모든 것에 은혜를 받고 커요. 나중(가을)에는 다 갚는 거예요. 이런 과정을 삶이라고 합니다.

### 2. 살음[生]이란 무엇인가

삶이라고 하는 과정은 우리로 말하면 생生이에요. '살음' 이라고. 생명이란 뭐냐? 이건 알기가 어렵지요. '삶'이라는 것을 늘어트려 놓으면 '사람', 살은 사람을 사람이라고 하지 죽은 걸 사람이라고 안 해요. 이(생명) 사름이라고 하는 속에는 생生자 모양대로 바닥에서 줄기가 자라서 잎을 맺는 것. 자꾸 자라나는 거예요. 날 생生자에요. 여기 잎이 있어요. 우리가 숨을 쉬는데 절도節度에 맞게 숨을 쉬는데 너무 빨리 쉬어도 안 되고 너무 늦게 쉬어도 안 되고. 맥박이라든지 생각이라든지 숨이라든지 정상으로 돌아와야 해요. 그걸 율려,

율동이라고 합니다. 여기에는 진리의 파동이 있습니다. 거기에 적격하게 맞아야 한다는 말이지요. 너무 급히 가도 병, 완안해도 병, 맥박이 너무 많이 뛰어도 안 되고 너무 적게 뛰어도 안 되고, 혈압이 높아도 안 되고 너무 낮아도 안 되지요. 인생살이에는 맥박이 있어요. 율려에 맞으면 아름다움, 율려에 안 맞으면 소음일 뿐이지요. 그게 왜 안 되느냐? 사심과 편견과 욕심과 자기주장이 있으면 잘 안 와요. 빛이 직진하는 것처럼 누구든 정직하게 나올 수 있는데 구부러져 있거든요. 왜냐하면 내 각박하고 탁한 기운이, 욕구가 바로 나오는 빛을 구부러지게 한 것이지요. 젓가락을 물속에 넣으면 구부러져 보이잖아요? '내' 라고 하는 욕심 속에서 나오다가 빼뚤어져 나온 거예요. 그걸 제거하고 그걸 완전히 청정하게 없애면 생각하지 않아도 되요. 양심良心. 양심이라는 말은 이건 사람이 하는 것이 아니에요. 이건 본연지심本然之心이라. 하늘이 주는 본연한 것. '양능良能'. 이것도 사람이 하는 것이 아니에요. 내가 숨쉬고 싶어서 숨쉽니까? 맥박 돌아가라고 돕니까? 내가 낳고 싶어서 납니까? 내가 죽고 싶어서 죽습니까? 하나도 자유 없습니다. 약간의 욕심을 부려서 말하면 있는 거 같지만 사실은 없는 거예요. 천리대로 살지 못하는 거예요.

그러니까 양능을 못하고 양심을 갖지 못하게 됩니다. 양지良知는 인간의 지식이 아닙니다. 이것은 하늘이 주는 앎이지요. 양良이라는 것은 인위적인 것이 아니에요. '양' 이라는 건 '하늘의 뜻', '원 뜻'이어요. 이게 나오면 감응이 빨라요. 사람만 감응이 간다고 안 했어요. 돼지, 물고기도 안다고 해요. 청정한 기운이 다 투입하면 식물도 안대요, 꽃도 안대요. 그게 감응의 이치입니다. 아까 노래 부르데 "나는 아니더라도 그런 사람이 있을 거다 훌륭한 사람이 있을 거다" 있지요! 저만 어리바리지. 감응한 이치가 있어요. 다 이렇게 서로 감응하는 것입니다. 음陰이라는 게 있고 양陽이라는 게 있는데 이게 서로 감응하고 있지요. 근데 감응하는 게 보이지도 않고 들리지도 않으니까 없는 줄 알지요. 아니에요. 『주역』의 「제사」에 보면 군자도 있고 소인도 있어요. 사람은 두 가지 형태가 있거든요. 군자가 서는 자리, 소인이 서는 자리. 소인도 아주 악독한 소인이 있고 조금 덜 악독한 소인이 있고 군자도 좋은 군자가 있고 아주 좋은 군자가 있고. 이쪽은 크리스천이라면 여기는 비크리스천. 아냐 그런 거 없단 말이에요. 그런데 『주역』이 상경, 하경, 그래서 모두 64괘卦, 384효爻. 거기에 대해서 식이 있어요. 여러 가지 해석하는 것이 열 가지 종류가 있는데 그 책을 다 읽고 나서 마지막에 최후 문장을 읽어보면 뭐라고 써 있는고 하니 "주역을 왜 배우냐?" 결론으로 이렇게 되어 있어요. 쾌夬라는 것이 있는데 쾌라고 하는 것은 "결판낼 것이니, 최후의 심판을 할 것이니, 강한 것이 유한 것을 결할 것이니, 정단한 것이 부정한 것을 결판낼 것이니, 군자가 가는 길은 영원하고 소인이 가는 길은 걱정과 근심만 남을 것이라." 이렇게 되어 있어요. 주역 끝에 있는 글이에요. 다른 것 없어요. 최후의 심판이 있어요. 잘사는 것 같지요. 아니요. 이 다음에 봐요. 이 다음에 다시 재평가됩니다. 지금 내가 하는 것만 대단하고 이 다음에 당할 것은 생각 안 하고 살지요. 이 다음에 역사가 자동적으로 정당한 평가를 해요. 이조시대에는 자기가 자기의 정치에 대해서 자기 역사를 못 써요. 쓸 수 없게 되어 있어요. 암만 잘해도 자기가 자기 역사 못 써요. 자기 죽은 다음 사람이 써요. 태종대왕이 혁명을 했어요. 고려 정몽주 때려죽이고 다 했어요. 그런데 이조 건국을 했거든. 이걸 잘했나? 못했나? 태종 때 못써요. 태종이 죽고 나서 세종대왕 때 쓰거든. 세종대왕은 태종이 아버지거든, 근데 아버지에 대해서 어떻게 쓰는지 궁금하니까-역사를 사관들이 썼는데 간섭 못하거든요-세종대왕이 좀 보고 싶다 그랬어요. 그때 황희, 맹사성 같은 훌륭한 정승이 있었는데 맹사성도 보고 "태종실록이 거의 다 되었는데 볼 수 없을까?" 했는데 맹사성이 왈, "상감께서 보실 수 없습니다. 보셔도 한자도 고칠 수 없고 못 고치게 되어 있으니까, 또 훌륭한 성왕이 보아서는 안 되는 제도가 있는데 봤다는 좋지 않은 이름이 남으면 안 되니까 안 보는 게 좋습니다" 그러자 세종대왕이 "경의 말이 옳다 내가 안 보겠다" 했어요. 다 된 다음에 봤다구. 근데 연산군이나 광해군 같은 사람은 자기 역사를 자기가 썼거든, 평가를 하고 썼습니다. 왕 노릇도 잘 못한 왕들인데 자기가 썼어요. 그가 죽은 후 그 다음 대에 폐기하고 다시 썼어요. 지금 권력 가졌다고 광내면 안돼요. 하늘이 무섭지 않은가? 하늘이 심판해요. 사람이 하는 게 아니에요. 여기서 감응하는 이치는 다음처럼 언급됩니다. "군자가 아무도 모르게 자기 집 안방에 거해서 말이 착하고 거룩하거든 천리 밖까지 호응해 오나니 가까운 데야 더 말할 것 있느냐? 그러나 군자가 안방에 거해서 나오는 말이 착하지 않으면 천리 밖까지 어긋나나니 하물며 가까운 데야 더 어긋나지 않겠느냐?", "내 말이 가하면 남에게 가하고 한 발짝 걸으면 멀리 갈 것인데, 말과 행동이라는 것은 군자의 지도리와 고동 같은 것. 영광으로 가느냐? 모욕으로 가느냐? 갈림길에 서 있는 것이다" 따라서 남이 듣고 안 보고는 아무 관계없어요. 내가 어떻게 살고 어떻게 사느냐? 그것을 내 스스로가 반성하고 성찰하면 됩니다. 그게 아니면 아직 독립할 형편이 못 된 것. 아직 입문도 안 된 것이어요.

이렇게 본다고 하면 삶이라고 하는 것 속에는 생이 있고 죽음이 있어요. 동시에 들어 있어야 삽니다. 이게 뭐냐 하면 '사르다', 생명을 살다. 불사르는 것도 '사르다'예요. 그것도 '살음'이에요. 생명이라는 것은 불사르는 거죠. 코로 숨쉬고-여기다 밥이니 고

기니 채소니 넣고는—풀무질해서 칼로리 소모해서. 그러니 산다는 거 하고 불사르는 거 하고 같은 말이에요. '생명살음', '불사름' 같은 말이에요. 그런데 또 말씀도 사른다 그래요. 말씀사름. 말씀이라는 것이 뭐냐? 이건 진리예요. 진리를 말한다. 도를 담는 그릇이다. 진리의 그릇이 뭐냐? 말이라는 건 거기 의미가 있고 진리가 들었다구요. 말씀을 사른다는 것은 진리의 생명을 사른다, 진리로 산다, 그 소리예요. 그러니까 여기서 이런 의미가 다 이 '사름' 속에 들었어요. 그런데 이 '사름'이라 하는 말은 '사르다'라는 뜻도 돼요. 내 나이가 우리 나이로 치면 금년이 병술년이니까 84세인가 봐. 84년 동안 지금까지 지나간 것은 죽은 겁니다. 내가 이 일조향을 피우는데 난 지금 향불이 타고 있는 겁니다. 남은 향은 얼마 안 남았고 다 탔어요. 사르다라는 말은 지금 살아서 '생'이란 뜻도 있지만 살아서 재가 되었다는 '사르다'는 말도 됩니다. 그러니까 불사르는 과정은 '산다'는 것도 되고 '죽는다'는 것도 되지요. 함께 붙어 있어요. 그러니까 사는 거 죽는 거 다른 거 없어요. 완전연소를 해야죠. 하늘에서 준 것 만큼. 내가 완전히 살아야죠. 타다가 중간에 꺼졌다? 그것은 병든 거죠. 부지깽이처럼 남아 있으니까 보기 싫죠. 완전연소를 해야 합니다. 완전히 사라야죠. 반드시 삶의 길이 있다. 정도正道를 따라서 살아야 한다. 정도가 아닌 것은 제대로 산 게 아니에요, 그건 병든 거라구요.

### 3. 영락사해永樂四海

아까 드린 것이 있을 거예요. 글씨 쓴 거. 이게 1600년 전 광개토대왕비에 있는 글을 내가 하나 뽑아 왔어요. 광개토대왕비 하면 중국 사람도 놀래요. 견줄만한 그렇게 큰 비가 없기 때문이에요. 높이가 6.3미터나 되지요. 이런 게 아람이 뫼아람이에요. 그런데 그 글자가 말이오, 접시만한 것이 1800자예요. 그 글자가 아주 명필인데 아무리 추사라도 그렇게 못 써요. 일본 사람 글씨 잘 써도 한국 사람 못 당하고, 한국 사람 암만 잘 써도 중국 사람 못 당해요. 글씨 탁 보면 알아요. 갖다 놓고선 이건 중국 거, 이건 일본 거, 이건 한국 거, 그거 글자 누구라고 하면 딱딱 구분합니다. 성격이 다 거기 나오니까. 안목 있는 사람 다 갈라요. 대강 갈라요. 우리가 봐도 대강 알아요. 문화의 특징과 문화의 정체가 다르기 때문입니다. 중국 사람 오만무례해도 광개토대왕비 앞에서 꼼짝 못해요. 글도 그렇게 지을 수 없고, 글씨도 그렇게 쓸 수 없고, 규모도 그런 게 없는 아주 조그만 나라인 줄 알았더니 중국을 압도하잖아요. 이게 1600년 전―이게 414년에 썼으니까 이제 다 되었네요, 2006년이니까, 이제 8년만 있으면 되네요―것이에요. 근데 당시의 문자가 살아 있어요. 광개토대왕은 고구려 17대 왕인데 영토를 가장 넓게 하고 정치를 잘했지요. 그래서 '광개토호태왕비'인데 거기에 광개토대왕 말고 고구려를 창시했던 시조 '동명성왕'의 탄생과 업적과 건국과 건국이념이 머리에 써 있어요. 대단히 좋아요. 참 좋아요. 높은 이상과 철학과 좋은 게 많아요. 그래서 거기서 한 구절 뽑아 정리해 보았어요. 근데 이건 광개토대왕비 글씨는 아니고 내 글씨에요. 학술원에서 지난해 을유년 정초에 써 달라고 해서 '내가 뭘 그런 거 쓰는 사람이 아닌데 그런 걸 쓰느냐' 하면서 썼어요. 내 말이 아니고 광개토대왕의 말씀이니 쓴다 하고 썼어요. 이게 무슨 소리냐 하면, B. C. 37년에 고구려를 건국한 동명성왕의 건국 취지입니다. 이러한 철학으로 통치를 하라는 것이지요. 그것이 바로 광개토대왕비가 말하는 '이도여치理道輿治'입니다. 이 여輿자는 세상이라는 여輿자예요. 수레 여輿. 여론이란 여輿자고. 세상을 다스리는데. 이도理道. 길 도道자, 도道를 가지구서 세상을 다스려라. 권력과 법력과 어떤 의욕을 가지고 세상을 다스리지 말고 로고스를 가지고 세상을 다스려야 한다. 진리로 세상을 다스려야 한다. 천도로 세상을 다스려야 한다. 그래서 영락사해永樂四海라. 영원토록 이 인류 사회를 평화롭게 해라. 이 사해라는 것이 한민족뿐이 아니에요. 온 인류를, 세상을 낙원으로 만들라. 뭐 요새 영락교회라는 것도 있데요. 영락이란 영락사해라, "사해를 영원히 낙원으로 만들라." 그런데 다른 방식으로 말고 오로지 천도로 해야 합니다. 천도로 세상을 다스리지 않고는 낙원이 오지 않습니다. 그럼 어떻게 하면 옵니까? 그 방법론이 비 속에 구체적으로 들어 있습니다. 굉장히 좋은 철학이 많아요.

　　우리는 이 세상을 사는데 진리로 살아야 합니다. 근데 이 진리가 뭐냐? 사실 이걸 알고 싶은 거지. 공자도 "내가 아침에 일어나서 진리를 알았다면 그날 죽어도 상관없다" 했어요. 죽는다는 것에 대해서 강조하는 것이 아니야. 진리에 대해서 강조하는 거야. 그게 도道요, 도리道理. 그 도를 어떻게 알 수 있나? 이것을 알아야 참 '사르름'이지. 이 세상은 도가 아니면 평화가 없어. 자유가 없어. 평등도 없고 아무 것도 없어요. 갈등밖에 없어요. 주검밖에 없어요. 그러니까 도道로써 다스려야 하는데. 도道가 무어냐? 그래서 공자가 "도道를 아는 것이 내 평생소원이다" 말한 거예요. 내가 정확하게 알음으로써 삶의 의미를 아는 거지. 여기 하늘이 있는데, 여기 도가 있는데, 도가 하늘에 있나? 땅에 있나? 도가 어디 있나? 인간의 마음속 깊이 거기에 줬어요. 보통 때는 안 보이고, 안 들려요. 아주 깊은 곳에 들어 있기 때문에. 그것을 덕德이라고 그래요. '도덕道德' 할 때 덕德자가 아니에요. 모럴moral이라는 뜻이 아닙니다. 인간의 본질. 하늘이 준 '득야得也' 라 그래요. 이건 하늘에서 얻은 거다. 이걸 덕德이라 그래요. 하늘이 준 본질. 이 덕德이 밝은 덕인데 세간을 함부로 해서, 어두워져서, '오로칠상'에 걸리고, 물욕에 좁혀져서, 편견과 감정 속에서 이 밝은 덕이 어두워졌어요. 이 명덕을 다시 밝히는 것, 그래서 하늘의 뜻대로 사는 것, 이게 하늘의 뜻이에요. 이것이 나한테로 와서 자석magnet, 즉 나침반이 되는 거예요. 무엇이 옳고 무엇이 그른지. 어딜 가야 밝고 어딜 가야 어두운지, 어디로 가면 거룩하고 어디로 가면 야비한 건지, 어디로 가면 아름답고 어디 가면 추한지, 어디로 가면 참 진선진미하고 어디로 가면 사악한 건지 확인할 수 있는 것이 내 속에 들어 있는 거예요. 이걸 어떻게 말하면 좋을까요? 속에 있는 얼이라고 할까? 속에 있는 알이라고 할까? 생눙이니까. 그게 알맹이예요. 하늘이 진리를 냈지만, 우주가 진리로 쌓여 있지만 이것(덕)은 재여在與 진리여. 나한테만 있는 거 아니에요. 또 다른 분들도 다 있어요. 달빛이 만 가지 때에 비치듯이 말입니다. 달이 하나지만 세상의 모든 강에 다 비친다는 말이지요. 천상의 달은 하나인데 모든 강물에 다 비쳐요. 낙동강에 비치고 대동강에 비치고. 뭐 양자강 세느강 다 비치겠지요. 술잔에도 비치고 다 비쳐요. 뭐 눈물방울 속에도 비칩니다. 내 마음속에 하늘의 이치가 있다는 것. 그것을 철두철미하게 인식만 해요. 여기에는 중인과 성인이 일여一如라. 중인! 성인! 중인과 그리고 성인이 똑같아요. 뭐가 똑같아? 본성이! 본성으로 말하면 똑같습니다. 다만 밝게 갖고 태어난 부분이 성인聖人은 100퍼센트 밝게 가지고 있는 거고. 중인은 한 30퍼센트 밝고 나머진 보통이야. 이 밝음을 밝히는 일, 그게 사람이 할 일! 하늘 '도道!' 이것이 나한테 와서 '덕德!' 그래서 공자도 "천생덕天生德, 하늘이 덕德을 나에게 낳아 주었다" 그랬어요. 그러니까 하늘이 준 덕德을 가지고 이걸 밝히면 하늘을 알고, 이걸 어둡게 하면 하늘을 모르는 것이지요. 이 덕德이라는 건 그냥 도덕이라는 덕목이 아니라 인간의 본질이라는 거예요. 덕德을 풀어보면 십十 자와 목目 자가 합쳐진 것인데. 아무도 안 보는 데서 열 눈이 보는 것처럼 사는 사람. 아까 노래 부를 때처럼 '정직한 사람'. 남 볼 때는 잘하고 안 볼 때는 소홀히 하고 그러지 않는 것, 이게 정직이란 직直자요, 정직한 마음, 지침 덕德, 우리는 정직한 마음을 갖고 이 세상을 살아야 해요. 그게 큰 덕德자에요. 명석판명하고 가장 의롭고 가장 자애롭고 가장 밝고 측은지심이 누구보다 많고 이것이 덕德이에요.

그러니까 덕德이란 것을 잘 알면 여기서 뭐가 나오나? 어질 인仁, 사랑이 나와요. 거기서는 남을 측은히 여기는 마음이 쏟아져요. 퇴계 선생이 그랬어요. "만강지하 측은지심이 철상위현"이라. 내 이 피부 안에 들어 있는 것이 다 측은지심이라. 남을 불쌍히 여기는 것이 측은지심이야. 어질 인仁자에서 나오는 것이 측은지심이야. 인간의 본성이 착하고 어질다 하는 것을 안단 말이지요. 근데 내 피부에 있는 것이 다 측은지심입니다. 맹자는 호연지기浩然之氣가 세상에 찼다고 했는데, 퇴계 선생은 측은한 마음이 우주에 가득하다고 이야기했어요. 그게 부처지 뭐. 부처가 뭐 따로 있겠어요? 그러니까 꽃을 봐도 저게 꺾일까? 저게 잘못될까? 동물도 알고 곤충도 알지. 마음 천지가 통하는 천지 감응하고 다 통하는데 모든 것이 어디 있겠습니까? 여기서 어질 인仁 마음이 이것밖에 안 보입니다. 이것이 구체적 현실로 내려오면 옳은 것과 그른 것을 분별하게 되는데 의義로 와야지 불의不義로 가면 안돼요. 실지로 사랑이라는 것은 현실의 과업을 의롭게 하느냐? 의롭게 처리 안 하느냐?로 갈라져버려요. "마음 가운데 공통분모, 공통되는 것이 무엇이냐?" 가로되 "진리가 같은 거고, 정의가 같은 것이다". 언어가 달라도 괜찮습니다. 풍속이 달라도 문화가 달라도 종교가 달라도 괜찮아요. 네가 의롭게 하느냐 불의로 하느냐 그것이 문제이지요. 맹자 왈 "사람이 진리로 얘기하고 정의로 이야기하면 다 통하는 거다". 그런데 무리하게 이야기하고 부정으로 이야기하면 안 되는 거예요. 그렇기 때문에 인간에게 공통되는 요소가 있어요. 의義라는 것을 구체화시킬 때 무엇이 필요한가? 그것을 예禮라고 한다. 예禮라고 하는 것은 행위라는 규범을 말해요. 마음으로만 착한 거 좋지만, 구체화시켜서, 우리는 실지로 행동 할라고 배우고 있습니다. 지금까지 지식주의로 사는데 동서고금의 철학philosophy이 뭐여 "지혜를 사랑한다" 그런데 행동을 안 하거든. 윤리학자가 윤리를 하나, 윤리 이론을 하지. 실지로 알기 위해서 공부하지, 그럼 내가 살기 위해서 하는 거지, 내 대신 살아줄 수 있는가? 그럼 생명이 아닌데? 내 대신 네가 밥을 먹는다, 내 대신 네가 제사 지내 달라, 안 되거든요. 안다고 하는 것 이것은 지행知行이 합일合一입니다. 철두철미하게 알면 행동 안 할 수 없고, 행동을 똑바로 하면 알기 때문에 하는 건데. 우리가 이런 것을 옳게 배워야 학문이지. 남한테 과시하고, 남한테 보여주려고, 남을 이기고, 저 혼자 있을 땐 안 하고 남에게 관계있을 때 하는…… 그러면 안 됩니다. 자기 자신을 위한 공부. 이기적인 자기가 아니라. 참된 자기를 위하려면 이것은 극기克己를 해야 합니다. 자기를 극복해야 하는 것이지요. 자기의 비본래적인 자아를 잘 조절하고, 본래적인 자아로 환원하라는 것입니다.

## 4. 극기복례克己復禮

귀환歸還. 근원으로 돌아오라. 본래적인 자아로. 인생의 근원으로. 한마음 근원으로 돌아와야 한다. 바깥으로 나갔거든. 바깥으로 내 마음이 나갔거든, 자기 마음으로 돌아가야 합니다. "저희 집의 닭이나 개가 나가면 몰아들이기는 하나니 그러나 제 마음이 나가면 찾지 않으니 슬프지 아니하냐?" 맹자의 말입니다. 그러니까 자기 본심으로 돌아오도록 해야지요. 그렇게 하려는데 자기 아닌 게 자기 속에 떡 차지하고 있습니다. 이것을 내보내기 위해서는 자기를 극복해야 하는 것입니다. 공자의 제자가 3000명인데 신통유계자가 72인. 거기서 가장 잘하는 이가 10찰, 열 철인 중에도 덕행·정여·언어·문학이 있는데 덕행가가 최고야. 종교, 철학은 있는데 덕행가는 몇 사람 없어요. 네 사람이 고작이었어요. 3000명 중에서. 거기에서 가장 높은 이가 32살에 죽은 안자지요. 그래도 성자라 그래. 아성이라 그래요. 안자가 공자한테 인에 대해서 물었어요. "인仁이 뭡니까?" 공자의—공자의 사상은 어진 인仁자로 집약할 수 있는데—답이 전부 달라요. 이 사람에게 이렇게 대답하고, 저 사람이 물으면 저렇게 이야기하고. 다른 사람이 물으면 또 다르게 이야기하고. 왜 그래요? 병에 따라 약이 다르거든. 저 사람이 물으면 그 처지에 맞도록 이야기하고, 이 사람이 묻는 건 거기에 맞도록 이야기하고. "인仁이란 뭡니까?", "사람을 사랑하는 것이다." 이렇게 말하지만 어느 때는 "사람을 능히 미워할 줄 아는 것이 사랑이니라", 왜? 불의不義에 대해서는 미워할 줄 알아야 하거든. 그러니까 여기서 안자가 물었을 때는 뭐라고 했냐면 "인仁은 극기克근다". 이건 안자에게만 이야기한 거예요. 안자는 가장 높거든. 극기복례克己復禮라. 자기가 자기를 극복해서 천天·덕悳·인仁·의義·예禮. 하늘이 구체화된 것. 그냥 예가 아니에요. 지금은 예禮 가지고도 안됩니다. 요즘 사회가 병들은 게 독해서 약도 독해야 합니다. 법法으로 해야지요. 법을 어기면 잡혀갑니다. 예禮는 구속력이 없어요. 예를 잘못하면 잡아가지는 않거든. 법이 뭐냐? 이것은 힘. 공권력이 들어가지 않으면 법이 안 되어요. 그러니까 여기 법이라고 하는 것은 정법이어야만 합니다. 예에서 나와야 해. 양심에서 나와야 하는. 그런데 악법이 되었다? 그러면 고쳐야죠. 그러나 고치는 절차를 통해서 고쳐야 그게 정법이지. 악법도 법으로 되었을 때는 지켜야 해요. 틀렸지만 법이니까. 맞는 말이에요. 악법은 바로 고쳐야죠. 악법이 아니라 정법이 되려면 양심에 근거해야죠. 양심이란 정의에 근거해야죠. 정의란 건 뭐냐? 정의로 인해 정의가 있는 게 아닙니다. 인간성에 의해서 정의가 있는 것입니다. 진정한 사랑을 위해서. 그 하늘이 준 본질을 위해서. 그렇게 되지 않으면 그건 폭력이고 악법입니다. 천天·덕德·인仁·의義·예禮가 하나로 꿰어야 해요. 근데 하나만 알면 다른 걸 모르니. 도막도막 알면 안돼. 우리는 종교를 하지만 그것을 구체화시켜서 현실에까지 이르게 해야 해요. 그게 책임이에요. 하늘을 이야기하고 인간을 이야기하고 땅을 이야기하고 천지인을 말해야 해요. 하늘과 사람과 땅을 다 이야기해야 합니다. 동방의 성자가 이야기하고 항상 걱정하는 거거든요. 유학자들은 하늘 공경을 잘 몰라요. 그러고선 형식만 알고 내용이 없다고. 형식에는 내용이 들어가서 여기는 공경 경敬자, 어질 인仁자가 들어가 있어요. 그래서 정례正禮입니다. 근데 이게 없다고 말합니다. 이게 단순한 의식적인 것이 아니에요. 정치·교육·경제·국제관계·사회제도 전부가 하나의 예禮예요. 주례·의례·예기·주례라는 건 정치제도예요. 의례라는 건 형식적인 것, 의식에 관한 것. 예기라는 건 이론에 관한 일입니다. 예는 여러 가지 분야에 형식과 내용을 다 가지고 있는 거예요.

어질 인仁을 집약시켜 보면 하늘도 여기 와 있고 땅도 여기 와 있고, 인간은 성숙한 인간인데, 하늘의 뜻을 대신할 수 있는 인간. 성인이죠. 성인이 하늘에서 사람의 형상으로 와야죠. 왜? 하늘은 입도 없고 손도 없으니까. 사람을 시켜서 하거든요. "진실로 그 사람이 아니라면(진리를 아는 성자가 아니라고 하면) 진리가 헛되이 행하지 않는 것이다." 아무한테나 진리가 행해지는 것이 아닙니다. 진리를 아는 성자의 말씀과 행동을 통해서만 알아요. 그 사람을 통해서 알 수 있습니다. 그렇게 하려면 극기克己를 해야 하고 극기를 해야만 복례復禮가 됩니다. 극기라는 것이 하기가 어렵지요. 불교에서 말하면 자기를 놓는 거죠. 무아無我. 완전 부정하지 않고는 극기克己가 어려워요. 자기가 자기의 십자가를 져야죠. 남한테는 이야기하면서 자기는 안 하죠. 주체에 대한 반성, 그건 안 하죠. "일일극기복례면 천하구일하니라." "만일 하루만이라도 자기를 극기복례克己復禮하면 온 천하 사람이 확 달려오리라." 감응 받았으니까.

그럼 극기克己가 되면 어떻게 되나? 그 다음에는 극기克己가 성기成器가 되는 거야. 자기 자신이 제 모습을 이룬다 이거야. 극기克己를 통해서 성기成器. 성인! 남을 이루게 되는 거야. 모든 사람이 제자리에서 생명을 발휘할 수 있도록 만물을 주관하고 만물이 제자리에 유할 수 있도록 자기의 생명을 무럭무럭 자라게 할 수 있느니라. 그런데 공자는 "인仁이라는 것은 자기 자신에게서 말미암은 것이지 타인에게서 말미암은 줄 아느냐?"고 했어요. 말미암는 것은 자기 속에 있어요. 진정으로 자기 자신 속에 있는 어질 인仁에게서 말미암은 것이 자유 아닙니까? 욕심은 자유가 아니에요. 방종이에요. 자기 속에서 나오는 생각·판단·말 그거여야 한다. 공자의 말입니다. 그러니까 만약 도가 있으면, "이 세상에 진리가 있다고 하면 '이도순신'이라. 이 세상에 진리가 있다면 그 진리가 사람을 위해서 봉사한다. 그런데 천하에 진리가 없다고 하면 자기 몸을 가지고서 진리에 죽느니라", 이게 순교입니다. 이 세상에 진리가 없다면 진리의 불을 내가 키워야 한다는 거죠. 자기를 희생하라는 거죠. "진실로 살아서 인仁을 해롭게 하는 것이 없어야 하고 오히려 자기 몸을 죽이더라도 인仁을 이루는 일이 있어야 한다." 이것도 공자의 말입니다.

### 5. 효제충신孝悌忠信

맹자 왈 "내가 도道가 있다고 도道를 가지고서 사람을 위해 죽는 것은 내가 일찍이 들어보지 못했다". 사람을 위해서 죽는 게 아니에요. 내가 도道가 있다고 사람을 위해서 죽어? 세상을 위해서 죽지. 맹자의 말입니다. 글 배워서 폭군에게 가서 방조나 하는 것은 있을 수 없어요. 진리는 바른 걸 위해서 하는 거고. 진리에 죽은 것! 그것은 죽었지만 산 거예요. 생명이란 것은 영원한 것을 놓고 삶을 얘기하는 것이지요. 내가 생리적으로 숨쉬고 사는 것이 아니에요. 그런데 여기서 인仁·덕德·도道 이런 것은 관념적이고 개념적인 건데 이것이 행동적으로 나가면 무엇인가? 효孝! 효도 효孝를 읽어버리면 동양사상은 공허한 거예요. 아버지를 찾는 것이 효孝라고 하지. 아버지를 찾는 것. 형님이나 선생님한테는 효라고 안 해. 제일 중요한 것. 동양사상은 효孝라는 개념이 제일 중요해요. 이건 내가 아버지를 찾아가는 것입니다. 아버지, 조상은 누가 낳았는가? "조상 '소자출', 조상이 스스로 나오는 바, 제帝(상제) 하늘에 대해 묻는 제祭를 지내야 한다." 공자의 말씀입니다. 그런데 유교인들은 하늘에 있는 아버지를 몰라요. 공자는 이 얘기를 『논어』에서 했는데 유교인들은 조상숭배는 하지만 하늘을 잊었어요. 뿌리를 몰라요. 시조가 어디서 왔나? 생명의 아버지, 생명을 낳았기 때문에 아버지라 그러지 '하늘에 계신 선생님'이라 그랴? 선지자라 그랴? 아버지라고 밖에 할 수가 없어요. 하늘 아버지까지 가면 그것은 무언가? 대효大孝지요. 대효자는 누구냐? 그건 대순입니다. 요순은 하늘의 아버지를 찾았거든 그래서 대승이라 그래요. 그리고 대효大孝라고 그러지요. 그리고 문왕과 무왕은 달효達孝. 요임금 순임금만큼은 못 갔거든 그래서 달효達孝. 아버지께 효孝하면 형제간에 우애 있고 맨 꼭대기 하늘까지 올라가니 사해가 동포가 됩니다. 효孝는 위로 올라가는 건데. 우애는 횡적인 것입니다. 효孝를 안 따지면 우애가 안돼요. 저 사람하고 나하고 다른데 뿌리가 같기 때문에 같아집니다. 뿌리가 끊어졌는데 무슨 우애가 있어요? 그건 사이비, 그건 아첨하는 놈들입니다. 그러니까 효孝가 최고에요. 동방사상은 효제충신孝悌忠信 이렇게 말하는데 핵심을 말하면, 효孝라는 것은 올라가는 것, 제라는 것은 우애, 충이라는 것은 중심 속마음, 속마음은 거짓말 못해요. 겉마음은 거짓말 하죠. 믿음이라는 것은 여기서 나오는 것. 이렇게 올라가서 아버지를 찾는데 하늘에 있는 아버지를 찾게됩니다. 누가 찾아요? 인자가 하늘을 찾아가는 것. 이게 『대학』에 있는 말. "사람은 효孝로써 하늘의 아버지를 찾아가는 것." 기독교 모르면 유교도 몰라요! 유교는 정명주의다? 이름이 반듯해야 하지요. 형식만 반듯하고. 이름만 내는 유교인들이 가장 이기주의자가 되기 쉬워요. 유교인들이 봉사를 잘 안 해요. 경우는 좀 따지는데.

인간의 본성으로 말하면 여기 '상제'가 있는데 나중에 '하늘'이 되었어요. 고대에는 상제에요. 그래서 하느님이에요. 하늘 천天에는 사람 인人 자가 포함, 큰 대자에 사람이 들어 있거든요. 상제는 그냥 내려오는 것이에요. 상제는 무서워요. 후대에 하늘이 천명을 내린다. 하늘이 본성을 사람에게 주었다. 나중에 하늘이 사람에게 준 것이 본성인데 사람이 본성의 이치대로 사는 것이 하늘을 섬기는 거다. 이것이 성리학이에요. 성자가 기본입니다. 동양에선 찰성, 유교에서는 진성. 이건 하늘이 준 것입니다. 본성은 우주를 통해서 보이고, 동서고금을 아울러 하늘이 준 본성대로 삽니다. 본성은 다 같지만 본성이 다이몬드 같지만 갈지 않아서 빛이 안 나요. 수양하지 않아서 본성이 발현되지 않아요. 성리는 세계 본성입니다. 거기서 진정한 인간 본성의 자유가 나오고 거기서 진정한 인간의 해방, 오늘날 근본된 인권, 그리고 그걸 공동으로 발휘하는 세계의 평화가 나오지요. 공산주의도—가난과 억압으로부터 해방되는 자유, 해방시킬 하늘이 준 원뜻을 실현한다는 자유—현실의 모순을 타계해서 올라가자는 거고 인간의 인권과 자유와 평화의 본성을 다같이 지양하는 바 아닙니까? 그것이 종교요 철학이요, 다른 데선 몰라요. 대립할 거 없어요. 예수님 오시면 자유주의와 공산주의가 싸우고 있겠어요? 형제가 싸우면 뭐해요? 아버지가 오셨는데. 우리는 진정으로 알면 돼요. 그것이 관혼상제에 있습니다. 이 효성, 효성을 이야기하는 이유가 여기에 있어요. 관례를 서나 혼례를 서나 상례를 서나, 위폐에요. 아버지로부터 하늘까지 가야 해요. "효자는 아버지를 섬기길 하늘 같이 하고 인자는 하늘을 섬기길 아버지 같이 한다." 그게 동방의 사상이에요. 그게 종교 아닙니까? 기독교에서 "내 뜻과 정성과 마음을 다해 네 아버지를 사랑하고, 네 이웃을 네 몸 같이 사랑해라". 이건 효孝,

이건 우애. 불교 같으면 무엇이냐? 내 마음이 지금 탕자가 되어서 빠져 있거든요. 깨어 있으라! 무슨 얘기든지 하나로 돌아오는데 왜 싸워요? 지금 두 가지 문제가 있어요. 하나는 땅의 문제. 한반도 문제에요. 남북 간의 이데올로기 문제에요. 가진 자와 안 가진 자의 문제. 그 싸움이에요. 그건 땅의 문제죠. 또 하나 문제 큰 게 있어요. 하늘의 문제, 기독교와 이슬람교와 같이, 이를 어떻게 해결하나? 해결 안돼요. 그런데 해결할 길이 있어요. 이 둘이서 절대로 기독교의 정체성을 유지하고 절대로 마호메트의 정체성을 유지하면서 화합할 수 있어요. 자기의 정체를 구기면 안돼. 그러면 자기의 논리가 없는 거예요. 시간이 없으니까 하나만 더.

하늘과 땅이 있다고 하더라도 해와 달이 없다면 껍데기요, 해와 달이 환히 밝다 하더라도 인간이 없다면 허영이니라. 모든 사람이 그 마음을 밝게 해야 합니다. 그런 사람이 없다고 한다면 그건 빈껍데기지요. 그러니까 중요한 문제는 신을 말할 때는 만민의 주님이야. 그러나 또 한 가지 말해야 해요. "민은 하나님을 주라고 부르는 것이다." 『춘추좌전』에 있는 말입니다. 하나님의 성질이 어디 있어? 사람 속에 와 있거든. 그것이 성취되고 완성되길 바라는 것이 아버지 마음이지요. 나보다 낫게 되길 바라는 것이 아버지 마음이야. '형님보다 낫다'라고 말하면 형님이 욕하지만 '너보다 자식이 낫다' 그러면 다 좋아한다고. 주主라는 글자가 등대 위의 불꽃을 말합니다. 내 마음 속에 하나님을 바라는 발화. 불꽃이 피어 있다. 그래서 타올라가지고 닿았거든요. 저쪽에서 온 게 아닙니다. 여기서 올라와서 나온 거예요. 열매가 붙으면 성숙해야 해요. 우리가 선천의 신학이라면 이제 후천의 신학으로 돌아와야 합니다. 책임을 우리가 져야 하는 거예요. 하나님이 이렇게 사랑해 키운 우리가 하지 않으면 할 사람이 없어요. 그 사명으로 우리가 사는 것입니다. 그거 하기 위해서 관혼 세상을 이어가고 내가 아기를 낳아서 내가 죽어도 그 아들 나를 기억하고 그 아들이 거둬들이면 또 그 아들이 기억하고 인생은 유한하지만 생명은 영원한 것입니다. 만물은 덧없어도 진리는 영원하다는 것을 알고 우리는 영원 속을 지금 살고 있는 것이지요. 그러니까 아무한테도 의지할 것 없어요. 내 자신이 입지! 『효경孝經』이란 책 마지막에 효라는 건 뭐냐? 자기 몸을 세워서 독립해서 아버지 선생님에 의지하지 말고 자기 자신이 진리를 행할 수 있어야 하는 것입니다. 누구 아들이야? 저 사람 누구 아들이야? 그거 훌륭한데? 아버지를 찾아, 근원을 찾아. 하느님의 아들이 되어야 합니다. 그러니까 부모를 뚜렷하게 해야 합니다. 아버지께 영광이 돌아가게 해야 합니다. 그게 효의 마지막 것입니다. 『효경』 첫머리에 딱 나온 게 그 내용입니다. 우리가 기독교를 잘 알고 다른 종교를 알면 제대로 알 수 있고, 우리가 똑똑히 알면 기독교인도 우리 것 잘 알 수 있습니다. 여러 가지 이야기가 있지만 다른 건 책 보면 되고 책에 없는 얘기를 하느라 중언부언했어요. 미안합니다. 고만하겠습니다.

둘째 마당

# 출생의 신비
# 인간 탄생의 종교적 의미

# 구약의 출생과 한국 문화

박 신 배 그리스도대학교 교수, 구약학

## 1. 들어가는 말

인간의 출생은 어디서 근원하는가, 인간은 왜 태어나는가. 인간 기원에 대한 질문은 종착의 질문과 연결되는가. 탄생과 죽음, 생명과 죽음에 대해 동시에 질문할 수 있는가. 오늘날 위기에 선 한국인의 출생 문화의 문제를 중심으로, 이 논문에서는 한국적 상황과 문화에 맞추어 논점을 전개해 나가고자 한다. 출생에 대한 구약의 본문들이 무엇을 말하는지, 탄생의 어휘와 신학은 무엇이 있는지, 출생의 신학에서 인간 창조의 의미와 출생의 의미를 찾고자 한다. 한국의 출생관은 무엇인지, 한국 현실에서 출생의 문화는 무엇인지, 바람직한 출생의 문화를 만들 수 있는지 타진하며 구약의 출생의 지혜를 찾고 한국의 출생 문화의 출구를 찾고자 한다.

## 2. 구약성서의 출생

성서의 두 번째 인간 창조 이야기(J, 창 2: 4b-3: 24)에서 인간의 창조와 출생은 비하卑下하여 표현된다. 조철수 교수는 이 이야기가 고대 메소포타미아 신화에서 비롯되었다고 주장한다.[1] 인간 창조의 동기가 신들의 노동을 줄이기 위한 데 있으며 신의 노역이 심한 결과로 인간이 창조되었다는 것이다. 즉, 큰 신들을 위해 작은 신들이 봉사하는 노역이 심해서 불평불만이 가득 차자 지혜의 신이 출산 어미신과 함께 사람을 만들게 된다. 반란한 작은 신들의 우두머리를 처형하여 그 피와 점토를 뒤섞어 사람을 만들었다. 이렇게 흙덩어리로 만들어진 인간은 하찮은 존재처럼 보인다. 그러나 첫 번째 인간 창조(P, 창 1: 1-2: 4a)의 이야기에서 하나님의 형상으로 만든 인간은 존엄한 존재이다. 이 이야기에서 인간은 하늘로부터 온 존재로서 하나님과 같은 귀한 존재로 보인다. 이 창조 이야기는 신약성서에 하나님의 자녀라는 인간의 존재 표현으로 이어진다. 그러면 여기서 볼프의 인간 창조 이야기 4개를 중심으로 논의하고자 한다.[2]

### 1) 야훼 기자의 인간 창조

창세기 인간 창조 이야기는 탄생의 과정에 대하여 말하지 않는다. 창세기 2: 24에서 남자와 여자에 대하여 그들이 육체가 되었다고 말할 때조차도 한 아이의 개념이나 출생에 대한 암시는 없다. basar ehad(בָּשָׂר אֶחָד한 육체)는 두 사람이 한 몸이라는 사실을 발견하지만 그것이 아이를 의미하지는 않는다. 한 육체는 남녀의 육체적 결합을 의미한다. 남녀의 진정한 결합을 이러한 방식으로 표현한다. 야훼 기자는 완전히 사람이 처음부터 자신의 인간성을 인식하도록 한다. 남녀가 결합하여 한 가정을 이룬다. 여기서부터 한 인간의 출산이 생기고 최초의 인간의 탄생 사건을 기대할 수 있게 된다. 이 첫 인간의 출생이 연속되어 인류의 구속적 역사가 이루어지고 오늘의 우리 실존에까지 이르게 된다.

창세기 2: 7은 인간과 하나님의 관계를 보여준다. "야훼가 인간을 만들고 그의 코에 생기를 불어 넣으니라 인간이 생령이 된지라." 이것은 신인동형론으로 표현되어 인간이 하나님의 영을 받았고, 하나님으로부터 생명을 받았다는 것을 강조한다. 인간의 몸은 전적으로 이 땅의 것이다(시 90: 3; 103: 14). 인간은 태어나면서부터 결국 흙으로 돌아갈 존재임을 보여준다. 바벨론 창조 신화에 나온 것처럼 인간은 살육당한 신의 피가 아니다. 이집트 신화에 나온 것처럼 인간은 태양신의 눈물로 된 것도 아니다. 토기장이 모티브에서처럼 고대 근동에 널리 퍼진 창조 신화에서 취해진 것도 아니다. 이 이야기는 하나님과

---

1) 조철수, 『메소포타미아와 히브리 신화』, 길, 2000, pp. 124-130.
2) H. W. Wolff, *Anthropology of the Old Testament*, (Philadelphia: Fortress Press, 1981), pp. 91-98.

인간 사이의 거리를 강조한다. 토기장이의 주권에 따라 토기가 만들어지듯 인간과 하나님 사이에는 질적인 차이가 존재한다. 인간이 출생하면서 창조자를 의식하며 살아가야 할 존재임을 보여준다.

그 다음 남자와 여자의 관계, 남자와 동물의 관계에 대하여 언급한다. 하나님은 남자가 홀로 있는 것이 좋지 않아 돕는 배필을 지으신다(창 2: 18). 그리고 사람이 하나님의 지으신 동물에게 각기 이름 짓는 대로 그 생물의 이름이 된다(창 2: 19). 이것은 인간이 동물을 통치하는 관계가 성립되고, 야훼의 창조적 은사를 통하여 창조 사역에 인간의 자율성이 나타나게 된다. 여자가 흙이 아닌 남자의 갈비뼈에서 만들어진 존재라는 것(21절)은 남자와 여자의 친밀한 관계성을 독특하게 보여준다. 따라서 "내 뼈 중에 뼈요, 내 살 중에 살이다"라는 고백은 최고의 찬사이며 여자의 창조에 대한 경탄을 표현한 것이다. 그래서 그녀가 남자에게서 왔다는 말로 이쉬(אִישׁ, 남자)에 상응하는 이샤(אִשָּׁה, 여자)라고 불린다. 이것은 그들 사이에 깊은 내적 결속이 반영된다. 따라서 남자는 여자를 위해 자신의 부모의 가정을 떠나야 한다. 인간이 출생 후 한 가정을 이루고 살아가야 할 남녀 관계와 자연 관계를 가르쳐준다.

그 다음 남자와 땅의 관계에서, 언어적으로 남자(אדם)와 땅(אדמה)이 같은 어근(דם, 붉다)을 가지고 있어서 인간의 붉은 갈색의 피부와 땅을 나타낸다. 이것은 삼중적인 의미, 즉 인간이 땅에서 창조되고(창 2: 7; 3: 19, 23), 흙으로 만들어졌고(창 3: 23), 인간이 죽어서 땅으로 돌아가는 존재라는 것이다(창 3: 19). 더욱이 땅을 경작하고 마침내 흙으로 돌아가는 것은 땅에서 창조된 것과 관계가 있다(창 3: 19, 23; 2: 7). 인간은 땅에서 살아야 하는 존재이며 땅을 관리하고 잘 보존하여야 할 존재임을 보여준다. 생태신학적, 생태여성학적 근거가 J 창조 이야기에 잘 드러나 있는 것이다.[3]

만물을 창조하신 창조주는 어떤 피조물과 대화하지 않고 오직 남자와 여자, 인간과 대화를 하신다. J 창조주 하나님은 인간과 대화하시는 인격적인 하나님이다. 이로써 남자와 여자에겐 대등한 협력자로(כְּנֶגְדּוֹ Kenegdo, Counterpart)—자연과 인간이 이름을 부르면서 대화하는 인격적 관계, 조화로운 관계를 형성해야 할—생태 보호적 과제가 주어

---

[3] 이정배, 『신학의 생명화 신학의 영성화』, 대한기독교서회, 1999, pp. 11-31 참조; 전현식, 「생태여성신학의 영성고찰」, 『신학논단 43』, 연세대학교신과대학, 2006, pp. 413-437.

진다. 인간은 자연과 대화하여야 하는 존재이다. 자연의 운명은 인간에게 달려 있다고 볼 수 있다.

### 2) 제사장 문서의 인간 창조

●

제사장 P 문서의 창조 이야기에서는 하나님과 인간은 세계를 지배하고 모든 것을 보호해 주는 관계이다(창 1: 24-31). 인간과 모든 피조물 사이에 차이점이 나타난다. 인간은 짐승들과 가까이 하는 존재로서, 같은 날 땅에 사는 동물들과 동시에 지음을 받는다. 물고기와 새들도 같이 창조된다. 하나님의 축복을 통해 번성하게 된다. 더욱이 이 번성케 할 권리는 인간에 주어진다(28절과 함께 22절). 자연과 같은 날 창조된 인간은 자연과 대등한 관계이면서 자연을 축복할 존재이다. 마침내 인간과 땅의 동물들에게 같은 음식이 할당된다. 인간의 특별한 위치는 분명하게 드러나지 않는다. 땅의 동물들은 여섯째 날 인간이 창조되기 직전에 지어진다. 계속하여 이 땅의 동물들은 신적인 명령을 통하여 하나님이 그것들을 만드신다(24절 이하). 그러나 창세기 1장의 남자와 여자는 땅에서부터 생기지 않는다. 그들은 이전에 제공된 물질이 아닌, 지상의 협력 없이(이것은 27절에 삼중적으로 동사 ברא br' -창조하다-를 사용한다) 완전히 독립적으로 창조된다. 하나님 자신의 인격적인 결정(26절)으로 창조한다. P 문서 전체 창조 기사에서 독특한 하나님의 결정이다. 28절에 인간에게 하신 축복은 근본적으로 22절 물고기와 새들에게 한 것과는 다르다. 그것들에게 번성하라고 하신 후에 인간에게 땅을 다스리는 주권을 주며 신뢰한다. 특별히 모든 생물을 다스리라고 한다(28b절). 이것은 인간과 짐승 사이에 결정적인 차이를 규정한다. 그것으로 다시 하나님과 인간의 관계가 파생된다. 이 독특한 관계는 이미 그 자체로 정형적으로 보여주는데, 어떤 다른 피조물이라도 인간처럼 하나님이 교훈을 할 만큼 가치가 있다고 생각되지 않는다. 다시 말해 인간과 짐승에게 식물을 제공할 때 인간에게는 말을 하는 것이 중요하다(29절). 반면 동물에게는 다만 3인칭으로 말한다(30절). 결국 인류는 직접적으로 두 개의 성(性)으로 창조되었고, 창조의 안식을 누릴 자유의지와 주권을 주며 하나님으로부터 신뢰받는다는 사실을 주목해야 한다(27절 이하). 인간은 자연과 구별되어 자연과 동물을 다스리는 통치권을 갖고 있고, 하나님과 인간은 대화하는 존재이지만 자연과는 차이가 있는, 인간이 자연을 다스리는 관계를 보여준다.

창세기 1, 2장의 창조 기사 두 가지는 철학적 전제와 기사 형태에서 크게 차이가 있다. 이야기가 수세기간 따로 떨어져 있다가 현재 존재하더라도 그 이야기들이 세 가지 점에서 일치하는데 아주 놀랄만하다. 첫째, 인간이 동물과 가깝다. 둘째, 하나님은 특별한 관심으로 인간을 위하여 일하고 인간은 동물과 차별된다. 셋째, 한 전인적이고 쓸모 있는 인간이 되는 것은 오직 남자와 여자가 함께할 때다. 이 창조 이야기는 하늘이 중심이 된다. 하나님의 형상으로 창조된 인간이 자연과 동물을 다스리고 번성할 축복권과 주권을 가지게 된다. 따라서 인간의 생태 관리의 책임이 주어진다. 야훼 기자와 달리 P 문서는 인간의 번성이—사람이 채워지고 땅을 정복할 때까지—인간의 창조와 함께 동시에 주어졌던 과제라 본다.

### 3) 시편과 욥기에서의 출생 이해

"주께서 내 장부를 지으시며 나의 모태에서 나를 조직하셨나이다. (…) 내가 은밀한 데서 지음을 받고 땅의 깊은 곳에서 기이하게 지음을 받은 때에 나의 형체가 주의 앞에서 숨기우지 못하였나이다. 내 형질이 이루기 전에 주의 눈이 보셨으며 나를 위하여 정한 날이 하나도 되기 전에 주의 책에 기록이 되었나이다." (시편 139: 13, 15, 16)

시편 139편은 인간 출생의 신비를 잘 보여준다. 이 시편은 개인의 탄생의 관점을 고대의 생물학적 표현으로 보여주고 있다. 시편 기자는 인간의 창조가 신묘막측神妙莫測하다고 말한다. "나를 지으심이 신묘막측하심이라"(시 139: 14). 인류의 창조자는 모든 개인을 일일이 창조하시는 창조자이다(사 17: 7). 시편 139편은 땅의 깊은 곳에서 만물이 창조된 것과 어머니의 자궁 깊은 곳에서 인간이 태어난 것을 유비적으로 표현한다. 내가 모태에서 적신이 나왔은즉 또한 적신이 그리로 돌아가올지라(욥 1: 21).

"주께서 주의 손으로 지으신 것을 학대하시며 멸시하시고 주의 손으로 나를 만드사 백체白體를 이루셨거늘 이제 나를 멸하시나이다. 기억하옵소서. 주께서 내 몸 지으시기를 흙을 뭉치듯 하셨거늘 다시 나를 티끌로 돌려보내려 하시나이까. 주께서 나를 젖과 같이 쏟으셨으며 엉긴 젖처럼 엉기게 하지 아니 하셨나이까. 가죽과 살로 내게 입히시며 뼈와 힘줄로 나를 뭉치시고 생명과 은혜를 내게 주시고 권고하심으로 내 영을 지키셨나이다."
(욥 10: 3, 9-12)

인간 출생의 고백이 욥의 고통의 상황에서 나온다. 조각가가 흙을 빚듯이 주의 손으로 인간을 만든다. 흙과 먼지로 인간을 형성하는 것은 창세기 2장 7절과 창세기 3장 19절을 반영한다. 살과 가죽을 입히고 뼈와 힘줄을 뭉친다는 것은 시편 139편 13절, 15절에 나온다. 또 젖과 같이 쏟으시며 엉긴 젖(치즈)처럼 엉기게 하였다는 표현은 독특하다. 야훼가 예술적으로 우리를 빚으셨다. 욥기의 인간 창조 이야기는 비극적인 상황에서 대화체로 표현된다. 시편 139편은 창세기 1, 2장의 창조 기사와 개인적인 창조 이해에 도움이 된다. 이와 같이 구약의 창조 이야기 4개는 하나님의 의지를 통하여 인간이 창조되었다는 사실을 고대 생물학적 표현으로 말하고 있고, 창조자와 인간의 대화를 요구할 기회를 무시하지 않는다.[4]

성서의 창조 기사는 인간을 원인론적으로 이해하지 않고, 목표적 관점에서 이해한다. 즉, 성서는 인간의 본질을 논의하고 있을 뿐이지 인간의 발생에 대한 생물학적 논의를 하는 것이 아니다.[5] 인간 과학(생물학)과 신학의 대화에서 인간 창조의 이야기를 이끌어가려는 학자들(헬무트 틸리케, 하인리히 오트, 발터 나이트하르트, 떼이야르 드 샤르뎅)의 논의가 있다. 이러한 학제 간의 대화의 차원은 관점의 차이는 있지만 인간 이해의 도움이 된다. 융은 동정녀 마리아가 하나님의 수태자theotokos라고 보고, 기독교의 삼위일체에 보완되어 마리아가 포함된 사위일체가 되어야 인간 무의식 세계를 포괄하게 된다고 주장한다.[6] 김광식은 융의 심층심리학이 제시하는 사위일체론은 서양적 전통에서 삼위일체론으로 억압되어 온 의식의 세계에 탈피할 수 있는 새로운 조화의 개념을 제시한다는 점에서 동양적 사유와의 만남의 자리를 제공해 줄 수 있다고 본다. 그는 이 마리아론이 여성신학과 민중신학에 새로운 전망을 제공할 수 있는 가능성이 있다고 제시한다.[7] 마리아론은 출생의

---

4) H. W. Wolff, 앞의 책, p. 93.
5) 김광식, 『인간과학과 신학』, 연세대학교 출판부, 1995, p. 23.
6) 앞의 책, pp. 288-291.
7) 앞의 책, pp. 292-293.

담지자로서 여성과 인간의 무의식의 세계의 지평을 넓혀주며, 인간의 출생이 여성으로부터 기원된다는 사실을 신학적으로 정초하여 확대 심화시켜 준다.

### 4) 구약성서의 탄생의 어휘와 톨레도트 신학

●

구약의 탄생이라는 말은 ילד(yrd)로서 구약성서에 600번 나온다.[8] qal 형으로 자식을 낳다는 의미로 창세기 3: 16, 욥기 39: 1에 나오고, 새끼를 낳다(창 30: 39, 렘 14: 5), 알을 품는다(렘 17: 11), ילוד 새로 태어난 아이(τεχθείς, 마 2: 2, 왕상 3: 26에서 솔로몬의 재판에서 생모가 자신의 아들을 죽이지 말라고 애원한다. 거기서 산 아들이라 표현한다), 복수로서 역대상 14: 4에 다윗이 예루살렘에서 '낳은 아들들(ילודי אשה)' 이름 13명이 나온다. 욥기에서는 '여인에게서 난 사람'으로 의롭고 깨끗하지 못한 존재이며, 사는 날이 적다라고 말한다(욥 14: 1, 15: 14, 25: 4).

두 번째로 낳다는 의미이다. 남자가 아이를 낳다(ילד, beget을 사용하고), 여자가 아이를 낳다는 동사는 bear를 사용한다. 예레미야 30: 6에는 '자식을 해산하는 남자가 있는가' 이 구절에서는 포로로 붙잡혀 가는 비극이 여자가 해산하는 고통을 비유하여 남자가 창백한 모습을 표현하고 있다. 창세기 4: 18은 남자가 자식을 낳았다고 표현한다. "에녹이 이랏을 낳았고 이랏은 므후야엘을 낳았고 므후야엘은 므드사엘을 낳았고 므드사엘은 라멕을 낳았더라" 그 외 창세기 10: 8에도 똑같이 구스가 니므롯 영걸을 낳았다고 한다. 잠언 17: 21(미련한 자의 아비, 미련한 자를 낳는 자는 근심을 당한다), 잠언 23: 22 (너 낳은 아비에게 청종하라), 역대상 1: 10은 앞선 창세기 10: 8을 반복하는데 분사형으로 הילדה 낳은 자, 다니엘 11: 6에 나온다. 세 번째 은유의 뜻으로, ילד און 악한 생각을 품고(욥 15: 35), ילד שקר 궤휼을 낳았다(시 7: 14). 모세(משה)가 이 모든 백성들을 잉태하였다(민 11: 12). צור 반석(하나님), 너를 낳은 반석(신 32: 18)이라 한다. 남자도 아이를 낳는 존재이다. 즉, 여자와 함께 출생과 육아에 책임을 지는 존재다. 남자가 출생의 고통에 참여하여 아이를 잉태하는 아픔을 체휼하고, 아내와 같이 인간 창조의 신비에 참여해야 함을 보여준다. 다시 말해 아이 출산에 부부가 함께해야 함을 표현한 것이다.

---

8) L. Koehler & W. Baumgartner, *The Hebrew and Aramaic Lexicon of the Old Testament II*, (Leiden: E. J. Brill, 1995), p. 411.

인간의 시간은 인간 창조와 탄생으로 시작된다. 사도신경이 '전능하사 천지를 창조하신 하나님 아버지를 내가 믿사오며'라고 시작하는 것처럼 천지 창조와 인간 창조로부터 역사가 시작된다. 인간의 창조는 인간의 탄생, 출생으로부터 시작된다. 그리고 인간의 창조는 곧 나의 창조로 연결된다. 그래서 루터가 선언하고 있듯이, '내가 하나님이 나를 창조하신 것을 믿습니다'라고 고백한다. 여기서 계속되는 인간 탄생의 이야기가 족보로 이어진다. 이 족보가 구약성서에서는 중요한 신학이다. 창세기 최종 형태는 각 이야기가 새로 시작할 때마다 '이것이 ······족보이다'(elleh toledoth, אֵלֶּה הֹלְדוֹת)라는 구절을 표제로 사용한다.[9] 톨레도트 구절들 10개가 창세기의 구조적인 틀로 사용되어 창조 역사와 족장사를 구성하고 있다.[10]

창세기의 족보 이외에 역대기상 1-9장은 아담으로부터 바벨론 포로에서 돌아온 사람들에 이르기까지 긴 족보를 기록하고 있다. 역대기의 족보는 마태복음의 족보(마 1: 1-17)로 연결되어 신약시대로 연결되고 있다. 출생의 흐름이 계속되고 인간의 역사는 줄기차게 이어지고 있다. 마태복음의 족보는 예수의 출생을 말하기 위해 출생의 역사를 말하고 있다. "아브라함과 다윗의 자손 예수 그리스도의 세계라 아브라함이 이삭을 낳고 이삭은 야곱을 낳고 야곱은 유다와 그의 형제를 낳고······."(마 1: 1-2) 이 족보를 보면 불의한 사람들을 발견하게 된다.

다윗은 십계명(토라)을 어겼다. 살인하였고, 간음하였다. 밧세바를 범했고 그녀의 남편 우리야를 전쟁터에 보내어 죽게 하였다. 살인한 것이다. 이러한 불의한 사람이 예수의 족보에 오르는 선조가 된다. 죄인의 계보가 예수의 족보이다. 기생 라합이나, 유다의 며느리 다말 같은 여인들도 예수의 족보에 기록된다. 죄인의 출생이 족보에 기록된다. 선과 악의 윤리를 뛰어넘어 이들을 통하여 역사의 흐름을 이어간다. 이것을 무엇이라 말해야 하는가. 바로 하나님의 섭리이다. 하나님의 구속사는 선과 악을 초월하여 출생의 역사를 통해 이어간다. 출생을 통해 하나님의 구속의 역사를 이루어가신다. 노아의 딸들이 아버지와 동침하여 종족을 유지하는 이야기나 다윗의 부정으로 밧세바와 사이에 솔로몬이

---

9) 노세영, 「창세기」, 『구약성서개론』, 김영진 외 편저, 대한기독교서회, 2004, pp. 212-213.
10) 창세기 2: 4a, 5: 1, 6: 9, 10: 1, 11: 10, 11: 27, 25: 12, 25: 19, 36: 1,(9), 37: 2 등이다.

태어나고, 그가 왕위를 계승하는 이야기, 기생의 아들 입다가 사사가 되어 이방의 적을 무찌르는 이야기가 구약의 이야기다.

인간 출생의 신비는 알 수 없다. 하나님의 역사는 출생의 역사를 통해 이어간다. 그 역사 속에 유전이 있다. 가계家系에 흐르는 유전이 있다. 이 유전에는 죄와 선의 역사가 이어진다. 그리고 가계의 혈통을 통하여 하나님의 섭리가 이루어지고, 인간의 역사 속에 하나님의 뜻이 실현된다. 종국에 가서 그리스도의 피가 구원을 일으키듯 구속의 사건이 인간 족보에 중심이 되어 구원의 길을 열어준다.

### 3. 출생의 철학

인간의 출생에는 하나님의 섭리와 구속의 의도와 계획이 있다. 이 출생의 비밀이 구약의 족보와 역사를 통하여 잘 나타난다. 하나님의 뜻이 구약에서는 인간의 역사, 선과 악의 역사, 톨레도트(세계·족보·계보·세대) 신학을 통하여 보인다. 인류의 역사는 이 톨레도트를 통하여 계속 이어간다. 결국 예수가 인류를 구원하는 구속사를 이룬다. 여기서 새로 태어나는 세대는 무엇인가. 하나님의 큰 구속사는―다음 세대에서 하나님의 주권 속에서―구원 역사를 이룬다. 인간 몸의 출생에 우주적 신비가 들어 있다. 맥훼이그는 생태여성신학적 관점에서 유기체적 모델을 제안한다.[11] 하나님을 어머니(부모), 연인, 친구로 세상을 하나님의 몸으로 하는 새로운 모델을 제안한다. 어머니이신 신에게서 생명의 수여자로서 특성과 신 존재로부터 출산 창조, 생명의 양육과 공평한 성취(모든 피조물의 안녕)라는 구원을 주장한다. 신의 몸으로서 세상은 신의 몸으로서의 인간에서부터 시작된다. 따라서 인간의 출생은 바로 우주적 신비를 가진 신의 출생으로 볼 수 있다.

마이스터 에크하르트는 사도 요한의 '우리는 하나님의 자녀(요일 4: 4)'라는 말을 문자적으로 받아들인다. 이러한 낳음(출산)은 우리의 창조였다. "우리는 성부께서 영원히 낳으시는 독생자이다. 우리를 향한 하나님의 사랑은 영원하므로 하나님의 자녀로서 우리

---

11) 박성용, 「생태여성신학의 관점에서의 종교담론」, 변선환 아키브/동서종교신학연구소편, 『생태 신학 강의』, 크리스천헤럴드, 2006, p. 83.

와 하나님의 관계도 영원하다."[12] 우리가 하나님의 자녀를 낳을 수 있다는 의미에서 하나님을 낳는 존재라고 에크하르트는 말한다. 우리들 모두가 어머니라고 말한다. 남성이든 여성이든 상관없이 말이다. 하나님의 탄생, 우리가 하나님의 어머니들로서 생명을 낳는 생명의 과정, 해산의 과정에서 하나님과 우리가 하나 되는 것이다. 하나님과 인간, 채움과 비움, 있음과 없음의 변증법적 일치의 과정을 삼위일체적으로 창조하며 탄생은 이로부터 생기는 것이다. 돌입과 탄생은 잠재적으로 매일의 사건이다. 그것이 필요로 하는 것은 하나님께서 우리 안에 존재할 수 있게 하는 우리의 비움뿐이다.

에크하르트의 신비주의적 영성은 정치적 차원에서 실현되어 범재신론이 되었다. 즉 나의 삶의 차원에서가 아닌 우리라는 공동체 의식 속에서 그리스도의 영성은 실현되며 수도원이나 거룩한 장소에 하나님이 계시는 것이 아니라 우리들의 삶의 현장에 계신다는 삶의 철학이 강조된다. 그의 창조 영성은 우리 안에 하나님의 탄생, 하나님의 자녀라는 의식 속에서 하나님의 어머니라는 인간 존재를 보게 되고 그런 의미에서 인간 출생의 신비는 새로운 인간상을 볼 수 있는 해석학적 지평이 열릴 수 있었다.

인간은 날마다 태어나는 존재이다. 오늘, 오! 늘(항상),[13] 하루가 천 년같이, 천 년이 하루같이. 하루가 천 년처럼 천 년이 하루 안에 이루어진 시간. 하루가 영원의 시간 안에 머물고, 영원이 하루의 시간에 담겨진 시간. 인간은 하루의 시간 안에 머문다. 하지만 인간은 그 하루 안에 영원을 소유하게 된다. 따라서 인간은 매일 하루의 출생을 경험하는 존재가 된다. 출생의 신비는 매일의 시간에서 이루어진다. 하나님의 시간 안에서 계획된 것이다. 인간의 출생은, 아버지와 어머니, 남자와 여자의 만남 속에서 이루어진다. 인간이 출생한다는 것은 한 인간이 부성과 모성을 담지하고 인간으로 탄생한다는 것이다. 그래서 인간은 문화의 유전자이다. 인간은 남자의 유전인자, 남자에게 전승되어 온 문화와 가치관, 전통과 여자의 문화와 그 체계가 결합되어 한 인간으로 태어나게 된다. 한 인간의 출생은 신비로운 탄생이다. 두 집안의 전통이 결합된 것이다. 다른 한편, '출생은 죽음이다'. 인간은 태어나면서 죽음을 향해 나아가는 존재이다. 생물학적 인간으로서 인간은 시간에 매여 사는 유한한 존재이다. 인간은 나이에 따라 행동의 제약을 받고 시간에 지배받

---

12) 이민재 역, 「마이스터 에크하르트의 창조 영성」, 변선환 아키브/동서 종교신학연구소편, 『생태 신학 강의』, p. 314.
13) 오정숙, 『다석 유영모의 한국적 기독교』, 미스바, 2005, p. 305.

고 움직임에 제한을 받는 존재이다.

　　인간은 출생하는 순간, 죽음의 세력에 늘 공격 받으며 그 죽음의 세력, 병 앞에 늘 노출된 존재로 살아간다. 이러한 인간에게 희망은 없는가. 생물학적 인간을 뛰어넘는 영적 인간의 측면에서 육적 인간은 죽음의 존재이지만 영적 존재인 인간은 영원의 존재이다. "도란 비유컨대 물과 같은 것이다. 물에 빠진 사람이 물을 많이 먹게 되면 죽고 마는 것이다. 목이 마른 사람이 적당히 물을 마시게 되면 소생하는 것이다. 또한 도란 마치 검이나 창 같은 것이다. 미련한 자가 일시 노하여 무기를 휘두르면 재화를 일으키지만 성인이 무기를 잡고 악인을 징벌하면 행복을 초래한다. 그러므로 '만물이 도를 얻고 출생하며 죽음으로 완성하고 파괴한다' 라는 것이다."[14]

　　한비자韓非子는 우주 만물의 이치인 도를 얻으면 출생하고 죽음으로 그 도를 완성하고 파괴한다고 말한다. 이 도는 만물을 성립시키는 근본으로 노자老子는 도는 만물을 질서 있게 하는 것이라고 했다. 도교와 유교는 도의 이치 안에서 출생과 죽음을 말한다. 탄생이란 계속 일어나는 현상이다. 매일같이 새로 태어나는 행위이다. 이것은 새로 태어나는, 신생新生으로서 '그리스도 안에 있으며 새로운 피조물'이라는 의미에서 새로운 존재이다.

　　매일 탄생과 죽음이 하루 안에서 이루어진다. 구약 시편에서 천 년과 하루의 시간처럼, 천 년이 하루와 같고 하루가 천 년과 같은 질적 시간, 하나님의 시간과 인간의 시간과 같이, 죽음과 태어남이 하루 안에, 역사 안에서 이루어진다. 그래서 사도 바울은 '내가 매일 죽노라'고 고백한다. 이 죽음은 육적인, 육신의 죽음이요, 영적 성령의 탄생을 의미한다. 따라서 매일 태어난다는 뜻에서 신생新生, 영적으로 거듭난 중생重生, 그리스도인으로 다시 태어난 재생再生의 의미를 가진다. 인간은 왜 태어나는가. 인간 출생의 목적은 무엇인가. 이사야 기자는 인간은 하나님께 찬양하기 위해 태어난 존재라고 말한다(사 43: 21). 인간의 창조 목적이 인간을 창조하신 하나님을 찬양하기 위함이라는 것이다. 시편 100편 3절은 인간을 지으신 분이 창조주 하나님이라고 말한다.[15] 찬양 시편은 인간의 창조뿐만 아니라 이스라엘과 우주의 창조에 대하여 노래한다.[16] 여기에 구약의 출생의 비밀이 있다.

---

14) 한비자, 『한비자』, 윤영춘 역, 휘문출판사, 1981, p. 472.
15) J. 클린튼 매칸, 『새로운 시편 여행』, 김영일 역, 은성, 2000, pp. 88-89.
16) 버나드 W. 앤더슨, 『시편의 깊은 세계』, 노희원 역, 대한기독교서회, 1997, pp. 117-142.

## 4. 출생의 문제와 한국 문화

1) 한국인의 출생관

●

"천지간에는 다만 동動과 더불어 정靜이 있을 따름이다. 그 형形이 없는 것으로부터 살펴본즉 태극이다. 태극은 곧 일동一動하고 일정一靜하는 도道인 것이다. 그 형이 있는 것으로부터 살펴본즉 기氣는 기기機니 기기氣機란 것은 곧 일동一動하고 일정一靜하는 기器다…… 태극에 대하여 전언한즉 음양과 천지와 오행과 남녀와 만물이 다 태극太極의 안에 싸여 있는 것이다. 태극이란 것은 다만 하나의 생생生生하는 이치인 것이다. 고금을 꿰뚫어 존망하는 변화가 없는 것은 태극지도太極之道다. 묵은 것과 새로움, 선禪하되 죽은 이와 태어나는 이가 있음은 음양陰陽의 기器니 도는 존망이 없는 것이다. 사람들이 항상 하는 말이 있으니 다들 말하기를, 소이연자所以然者는 이理라. 인하여 말하면 용用이라, 잠깐 사이에라도 하나의 주주做主를 두는 말을 한 연후에야 비로소 그 용用과 불용不用에 대하여 말하는 것이다. 주주라 함은 누구인가? 천지에는 다스리는 제왕이 있으며, 만물에는 다스리는 신이 있고 사람에게는 다스리는 심心이 있으니 그 실實은 하나와 같은 태극인 것이다. 음陰은 생양하고 양陽은 생음하니 음으로써 생양하고 양으로써 생음하는 것은 즉 이理다. 자녀를 낳는(生) 자는 부모요, 부모로 하여금 자녀를 낳도록 하는 것은 즉 이理다."[17]

우리는 여기서 성리학性理學의 태극 사상과 이기론의 일부를 살펴볼 수 있다. 출생에 대한 이론을 보듯이 이理가 부모로 하여금 자녀를 낳도록 한다. 이 이가 무엇인가. 만물을 다스리는 신, 천지를 다스리는 제왕이 있다고 밝힌다. 이것이 기독교·유대교에서는 여호와 하나님이시다. 유교에서는 태극이라고 표현하고 있다. 죽은 이와 태어나는 이가

---

17) 이항노, 『雅言』, 최창규 역, 휘문출판사, 1981, pp. 410-415.

있는 것은 음양의 이치라고 한다. 한 세대가 가고 한 세대가 오는 것이 바로 전도서의 지혜의 이치이다. 태어나는 자가 있고, 출생함이 있는 것은 자연의 이치를 뛰어넘고, 또 그 자연을 주재主宰하는 창조자의 계획과 섭리攝理이다.

> "혼돈하면서도 완성하는 무엇인가가 천지보다도 먼저 있었다. 소리도 없고 형체도 없는 무엇인가가 어느 것에도 의지하지 않고 변하지 않으며 어디에서나 작용하며 멈추는 일이 없어 천하 만물의 모체라 할 수가 있다. 나는 그 이름을 알지 못해 도라 부른다." (『도덕경』 25장)

도로부터 모든 것이 태어나고 움직이는 도, 도의 근원적 특성에 대해 무한한 가능성의 이름 지울 수 없는 이름 도, 우주의 근원으로서의 도를 『도덕경』에서 말한다. 이 도에서 인간의 출생은 비롯되었다고 볼 수 있다. 도가 만물을 생성하고 덕은 만물을 양육하며 물질은 형체를 만들고, 환경과 영향력에 따라 완성된다. 도는 만물을 낳고도 소유하지 않으며 모든 것을 이루고도 자랑하지 않으며 모든 것을 이끌면서도 지배하지 않는다(『도덕경』 51장). 이 도가 바로 창조주 하나님의 창조 섭리라고 바꾸어 말해도 지나치지 않을 것이다.

"신화는 한 국가나 사회의 기원과 영광에 대한 일반적인 신념에 대하여 그들 국가나 사회가 가지고 있는 유산을 구체화한 것이다. 신화에는 몇 가지 진실된 요소도 포함되어 있지만 대개는 실제적인 사실보다는 사람들이 믿고 싶어 하는 것에 근거를 두는 경우가 많다. 한 사회의 신화는 사람들에게 그들 사회에 대한 긍지와 공유된 유산에 의해서 함께 나갈 수 있는 하나의 특정 집단의 구성원으로서의 의식을 심어줌으로써 사회를 통합시켜 주는 기능을 행사한다."[18] 신화의 의미가 지니는 상징성과 사회 통합의 기능을 통해서 볼 때 단군신화의 이야기는 쉽게 역사적 사실 여부를 떠나 이해될 수 있다. 단군신화에 보면 인간 탄생 이야기에서 한국인의 심성을 읽을 수 있다. 인간이 되기 위해 쑥을 먹고 쓴 마늘을 먹은 곰이 인간을 잉태할 수 있었다는 것은 한국인의 인내를 상징하는 민

---

18) 아브카리안·팔머, 『갈등의 사회이론』, 서사연 역, 학문과사상사, 1985, p. 134.

족성을 표상한다고 할 수 있다. 이것은 한국의 고난의 역사, 고난을 이겨낼 수 있는 강인한 정신력을 표현한 탄생 이야기라 말할 수 있다.

신약성서의 예수 탄생 이야기는 어떠한가. 예수가 목수 요셉의 아들로서 태어났지만 동정녀 마리아에게서 탄생하였다고 한다(마태복음 1장 18절과 누가복음 1장 35절). 이러한 종교적 인물의 출현은―범상치 않은 경험을 기술하는 표현 형태, 동정녀 탄생과 같은 표현―초대 기독교 헬라 세계에 널리 퍼져 있었다고 한다. 그리스나 이집트에서도 지상의 여자와 신이 결합함으로써 태어난 신의 아들들을 익히 알고 있었다. 구스타흐 멘쉥은 예수의 신성에 대한 역사성을 거절한다. 예수의 탄생은 육적인 것이지 영적인 태어남이 아니라고 본다.[19] 그러나 마리아 출생의 비밀은 영의 탄생이다. 성모 마리아의 예수 낳음의 사건은 고대인들의 우주관, 인간관에서는 자연스런 이야기다. 예수 탄생 이야기는 그들의 세계에서 자연스러운 것이다.

한국 구주 탄생 이야기로서 아기장수 이야기가 있다. 예수의 탄생 이야기와 이 아기장수 이야기가 유사하다고 한다. 한국의 혼란과 억압으로부터 백성들을 구해낸 사람에 관한 신화나 전설들을 찾으면, 단군신화나 『정감록』의 정도령, 불교 전승의 미륵에 관한 이야기가 있다.[20] 그리고 박정세는 성서의 예수 탄생 이야기와 모세 탄생 이야기와 버금가는 한국의 구원자 탄생 이야기로 아기장수 이야기를 소개한다. 이 이야기는 용마산에 얽힌 비극적 이야기다. 아기 겨드랑이에 날개가 달려서 선반 위에 올라가 있는 것을 아이의 부모가 역적이 날 징조라 생각하고 아이를 죽인다. 그랬더니 용마봉에 용마가 나와서 날아갔다는 것이다. 박정세는 아기장수 전설을 정의의 신에 의해 하늘에서부터 고난 받는 이 땅에 보내질 구세주를 기다리는 상징적인 전승으로 이해할 수 있다고 본다. 한국의 비극적 정서를 담고 있는 아기장수 이야기에서 용마가 날아갔다는 결말은 다음 구원자에 대한 기대를 암시하고 있다. 이러한 영웅의 탄생 이야기로 구약성서에는 모세 탄생 이야기(출 1: 1-2: 10)가 있으며, 우리는 여기서 예수 탄생 이야기의 전거를 찾을 수 있다.

---

19) 구스타프 멘쉥, 『불다와 그리스도』, 변선환 역, 종로서적, 1987, pp. 64-65.
20) 박정세, 『성서와 한국 민담의 비교 연구』, 연세대학교출판부, 1996, pp. 202-203.

## 2) 한국 출생 문화와 문제들

●

한국에 출생의 문화가 있는가. 아이의 백일잔치와 돌을 통해 자녀 출산과 생명 유지에 대하여 친지에게 알리고 식당에서 예배를 드리거나 식사를 하면서 축하하는 일이 있다. 생일처럼 그 날을 기념하지만 특별한 의식이나 생명의 존엄에 대하여 생각할 수 있는 출생의 문화는 없는 것 같다. 과거 출생한 아이를 위해 집 문 앞에 고추와 숯을 엮어 새끼줄을 쳐서 세균 감염을 막는 효과로 아이를 보호할 겸 자녀 출산을 알리는 터부taboo, 생명 관리 문화는 있지만 근래에는 특별한 출생 문화가 없다. 구약 백성과 현대 이스라엘 사람들은 출생한 아이에게, 특히 남아에게 할례를 시행한다. 하여 하나님의 계약 백성인 정체성identity과 율법(토라)를 준수하는 종교적 전통을 갖는다. 한국 사람들이 이와 같은 출생 문화를 가질 수 있을까. 배달민족 의식과 더불어 하나님 백성, 홍익인간의 전통을 담지하며 기독교 출생 문화를 가질 수 있는 토대를 마련하고 문화 운동을 벌이는 것도 지혜로운 일일 것이다.

장례 문화만큼 출생 문화에 대한 생각을 해보고, 특히 생일과 더불어 사망일을 기념하는 일은 어떤가. 유영모 선생님이 자신의 사망 날짜를 선고하고 숙연히 죽음을 준비하고 살았듯이 태어난 날과 죽을 날을 생각하면, 창조와 종말을 하루 안에 이루며 살아가는 종말론적 삶이 될 것이다. 하루의 삶의 질이 달라 질 것이고 가치 있는 인생을 영위할 것이다. 한국 사회는 선진 국가의 모델을 좇아가고 있다. 선진국들에서는 물질적 풍요로 아이를 낳지 않고 즐기며 사는 풍조이다. "지금 한국은 세계 최저 수준의 출산율과 세계 최고 수준의 고령화로 심각한 고민에 빠져 있다. 현재의 출산 수준으로 2050년이 되면 생산 가능 인구(15-64세) 1.4인이 노인(65세 이상) 1인을 부양해야 하며, 2100년이 되면 한국 인구는 현재의 3분의 1로 감소될 것이다."[21] 이러한 인구 감소의 문제는 어디서부터 비롯되는가. 한국의 남성 중심 문화에서 물질문화의 발달과 서구 문화의 유입으로 여성의 지위가 높아지고 서양의 문화가 들어오면서 억눌렸던 여성들이 남성 중심의 문화에서 해방, 해체시키려는 움직임과 단지 여성이 아이를 낳지 않고 자기중심적으로 살려고 하는 이기

---

21) 박영창, 『한국 사회의 남성 중심 문화에 대한 종교사회학적 고찰』, 한국학중앙연구원한국학 대학원, 2005, p. 272.

주의적 풍조에서 비롯되었다.

한국은 남성 중심의 문화이다. 박영창은 이러한 남성 중심의 문화에는 한국 종교(무교·불교·유교)와 기독교가 중심에서 역할을 하였다는 것을 지적하며, 앞으로는 여성 중심의 사회로 전환해야 한다고 주장한다.[22] 한국의 남아선호사상으로 인한 낙태 현상도 인구저하의 한 요인이다. "남아선호에 대한 통계 수치를 보면 한국 부모들은 오늘날도 여전히 남아를 상당히 선호하고 있다. 출산 순위별 출생성비를 살펴보면 첫째 아이는 106.5인데, 둘째 아이는 107.3이며, 셋째 아이 이상은 141.2로 높아지고 있어(통계청, 2005년 통계로 보는 여성의 삶, 15쪽), 셋째 아이 이상에서는 태아감별을 통해서라도 아들을 낳아야겠다는 의지를 엿볼 수 있다. '유배우 부인의 아들 필요성 정도'에 대한 설문조사에서도 '꼭 있어야 함'이 24.8퍼센트, '있는 것이 좋음'이 35퍼센트로, 결혼한 여성의 60퍼센트가 아들이 있어야 한다고 답했다고 한다. 우리 사회의 남아선호가 어느 정도인지 실감할 수 있는 내용이다(저출산 시대의 여성정책, 국회여성특별위원회, 2001년 12월, 31쪽)."[23]

출생의 비밀을 모르고 버려진 아이들, 입양되는 아이들, 죽어가는 아이들, 잘못 태어난 아이들, 약물 복용으로 태어난 아이들, 그들을 어떻게 할 것인가. 한국 사회와 한국 기독교, 교회가 출생 육아 문화를 아름답게 창조해야 할 것이다. 공동 육아 프로그램을 만들고, 유기된 아이들을 보호, 수용, 교육하는 기관을 세워나가야 할 것이다.

아리스토텔레스 시대의 유아관을 통해 오늘의 지혜를 찾아보자. "소아의 유기遺棄나 양육에 관해서는 불구아는 양육하지 못하게 하는 법률이 있어야 하나 아이 수가 많기 때문에 아이를 유기하는 일은 관습이 이를 금하고 있는 경우에는 당연히 금지되어야 한다. 산아 수는 제한되어야 하나 만일 부부가 그보다 더 많은 아이를 가질 때는 태아가 감각과 생명을 갖기 전에 낙태시켜야 한다. 즉 이 경우 낙태의 허가 여부는 감각과 생명의 유무에 따라 결정되지 않으면 안 된다."[24] 고대 세계에 낙태와 출산한 아이의 유기에 대한 생각을 엿볼 수 있는 장면이다. 그래도 아리스토텔레스는 태아가 생명체·인격체로 형성될 때는 낙태를 금해야 한다고 규정하지만 불구아는 양육하지 못하게 하는, 장애아의 인권이 보호되지 못하는 원시적 한계가 있다.

---

22) 앞의 책, p. 6.
23) 앞의 책, pp. 67-68.
24) 아리스토텔레스, 『시학/정치학』, 김완수 역, 휘문출판사, 1981, p. 411.

오늘날 버려진 아이들을 돌보고 메시야의 자녀로 만들어야 할 과제가 우리 앞에 있다면 성인聖人인 아리스토텔레스에게는 그 지혜를 찾을 수 없다. 이 죽어가는 아이들을 찾아서 복음의 소리를 듣게 하고, 하나님의 구속사의 거대한 흐름과 하나님의 섭리의 역사에 동참케 하여, 그들이 구원의 도구가 되며 주역이 되게 하는 하나님의 역사를 볼 수 있어야 한다. 구약에서는 아들을 낳는 경우가 더 선호되었지만 꼭 그런 것은 아니었다. 아들이 딸보다 더 귀하게 여겨진 데에는 실제적인 이유가 있다. 딸들은 결혼하면 남편 집의 식구가 되고, 이로 인해 친정은 힘이 약해지기 때문이다.[25] 구약은 남녀평등을 창조 이야기에서부터 히브리어 문법에까지 보여준다. 히브리어에 명사나 동사, 전치사 등에 여성 형을 따로 사용하는 것은 그 일례이다.

구약성서에 기본적인 것은 야훼가 생과 사를 모두 관장하는 권한을 갖고 있다는 신앙이다(신 32: 39; 삼상 2: 6). 구약성서에는 살다hayah 어근이 대략 800회 나온다. 구약성서에서 흔히 삶을 하나님의 선물로 묘사하는 것은 이러한 믿음에 따른 것이다. 이것이 물론 창조 설화의 견해이고(창 1: 1-2: 4a; 2: 4b-3: 24), 창세기 2: 7에서는 주 하나님이 땅의 흙으로 사람을 지으시고, 그의 코에 생명의 기운을 불어넣으시니, 사람이 생령(생명체)이 되었다고 한다.[26] 이 인간관과 창조관, 인간 출생에 비밀이 있다. 그것이 바로 영의 실체이다. 인간은 영의 존재라는 사실이다. 만물의 영장靈長으로서 인간은 존엄하게 살아갈 권리를 가지고 있다. 출생을 통하여 주어진 하나님의 선물인 인생살이와 하루의 일상이 영적 자유를 누리는 삶이어야 함은 당연하다.

---

25) 클레멘츠, 『고대 이스라엘의 세계』, 황승일 역, 은성출판사, 1996, p. 519.
26) Michael A. Knibb, 「구약성서의 생사관」, 『고대 이스라엘의 세계』, 황승일 역, 은성출판사, 1996, p. 536.

## 5. 나가는 말

지금까지 우리는 인간의 출생에 대하여 살펴보았다. 구약성서에 나타난 출생은 하나님의 섭리 속에 이루어진다는 사실을 알게 되었다. 인간의 생로병사 속에, 출생과 죽음이 반복되고 있고 인간은 끊임없이 태어난다. 인간의 수명이 길거나 짧거나 인간의 운명은 하나님의 계획과 섭리에 달려있다. 성령의 역사와 깨우침 속에 출생의 신비를 다만 가늠할 수 있을 뿐이다. 우리는 여기서 한국 사회의 출생의 문제를 해결할 수 있는 가능성을 찾아보았다. 앞으로 여성 중심의 사회로 변화를 모색해야 하며, 히브리인의 출생 문화의 지혜를 우리 문화에 맞게 토착화해야 할 것이다. 또한 한국 전통 문화 속에 잠재된 출생관을 통하여 오늘 우리 의식을 살펴보고 앞으로의 바람직한 출생 문화를 창출해 보고자 하였다. 앞으로 그리스도에게서 찾은 출생의 신학과 복음을 우리 문화 속에 구현하고 그 생명을 전할 수 있기를 바란다. 출생, 그것은 죽음인 동시에 완성이다. 그리스도 안에서 끊임없이 새롭게 출생하는 동시에 그 안에서 매일 죽는 종말론적 완성을 향하여 나아가야 하리라.

### 참고 문헌

구스타프 멘싱, 『불다와 그리스도』, 변선환 역, 종로서적, 1987.
김광식, 『인간과학과 신학』, 연세대학교 출판부, 1995.
노세영, 「창세기」, 『구약성서개론』, 김영진 외 편저, 대한기독교서회, 2004.
박성용, 「생태여성신학의 관점에서의 종교담론」, 변선환 아키브/동서종교신학연구소편, 『생태 신학 강의』, 크리스천헤럴드, 2006.
박정세, 『성서와 한국 민담의 비교 연구』, 연세대학교 출판부, 1996.
버나드 앤더슨, 『시편의 깊은 세계』, 노희원 역, 대한기독교서회, 1997.
아브카리안·팔머, 『갈등의 사회이론』, 서사연 역, 학문과사상사, 1985.
아리스토텔레스, 『시학/정치학』, 김완수 역, 휘문출판사, 1981.
오정숙, 『다석 유영모의 한국적 기독교』, 미스바, 2005.
이정배, 『신학의 생명화 신학의 영성화』, 대한기독교서회, 1999.
이항노, 『雅言』, 최창규 역, 휘문출판사, 1981.
전현식, 「생태여성신학의 영성고찰」, 『신학논단 43』, 연세대학교신과대학, 2006.

조철수, 『메소포타미아와 히브리 신화』, 길, 2000.

클레멘츠, 『고대 이스라엘의 세계』, 황승일 역, 은성출판사, 1996.

클린튼 매칸, 『새로운 시편 여행』, 김영일 역, 은성출판사, 2000.

한비자, 『한비자』, 윤영춘 역, 휘문출판사, 1981.

Knibb, M. A., 「구약성서의 생사관」, 『고대 이스라엘의 세계』, 황승일 역, 은성출판사, 1996.

Koehler L. & Baumgartner, W., *The Hebrew and Aramaic Lexicon of the Old Testament II*, Leiden: E. J. Brill, 1995.

Wolff, H. W., *Anthropology of the Old Testament*, Philadelphia: Fortress Press, 1981.

# 성聖과 성性,
## 출생의 신학적 의미 모색을 위하여

김 판 임 세종대학교 교양학부 교수

**1. 문제제기: 생명의 시작(출생)에 대한 신학적 성찰의 당면화**

한국 사회는 최근 출산율 1.09로 세계 최저치를 기록하고 있다. 얼마 전까지는 낙태 왕국, 국제입양아동수출국이란 오명도 받았다. 출산율이 저조함에도 불구하고, 아동 유기와 학대라는 모순된 현상이 계속되고 있다. 이러한 현실에서 생명의 존귀함을 회복하고 의식화하기 위한 신학적 성찰은 필수적인 일로 보인다. 그래서 삶의 신학 콜로키움은 '생로병사 — 관혼상제'를 이번 주제로 삼았다. 소위 '생로병사'가 자연적인 인간의 삶의 과정을 표현한 말이라면, '관혼상제'란 인간의 삶의 과정에서 중요한 부분을 제의화하는 표현인 것이다. 이러한 표현에서도 알 수 있듯이 사회적으로나 종교적으로 출생이란 주제는 조금 소홀히 다루어졌던 경향이 없잖아 있는 것 같다. 즉, 인생의 가치와 인간의 존엄성을 탐구할 때에 생명을 얻게 되는 순간부터 의미 있게 다루기보다는, 어느 정도 성장하여 사회의 일원으로서 자격을 갖추게 될 때, 즉 "관"부터 의미를 부여했던 것이다.

종교에서도 인간의 출생에 대해 큰 관심을 가지지 않았던 것 같다. 물론 유아 세례 같은 종교적 예식이 있긴 하지만, 그리 중요한 의미를 두는 것 같지 않다. 아마도 사람이 종교적인 깨달음이 있은 후에 신을 진지하게 생각하기 때문인지 모르겠다. 깨달음 이전의 인간이란 아직 신을 모르는 인간, 그래서 동물과 다름없는 존재로 치부되어 온 이유도 있으리라. 그리하여 '인간으로 태어남(출생)'이라는 주제는 사회적으로나 종교적으로 매우 중요한 주제임에도 불구하고 '성과 임신—출산과 육아' 라는 제목으로 주로 혼인 직전, 직후의 여성들에게 한정된 주제로, 그리고 생물학적 설명과 함께 취급되었던 것이 보통이었다. 한 생명이 수태된 후 40주 동안 자란 후에 출생하는 것이지만, 여자 혼자 잉태할 수는 없는 것이고, 따라서 남녀가 함께 관심 가져야 할 주제이다. 본고는 생명의 존귀함을 회복하기 위해 생명의 출발인 탄생의 신학적 의미를 다루고자 한다. 이를 위해 먼저 탄생에 대한 사회적, 생물학적, 기독교적 설명 방식이 사람의 존귀함, 혹은 생명의 존귀함을 위해 어떠한 기여를 하는지 살펴보고, 그 이후에 성서의 메시지는 어떠한 문제점이 있고, 어떠한 기여를 할 수 있는지 살펴보고자 한다.

## 2. 출생에 대한 다각적인 설명들

어떻게 한 인간이 세상에 태어나는가? 어떻게 생을 얻는가? 하는 질문은 철학자나 신학자의 질문이기 이전에 어린아이들이 자신의 존재와 출처에 대해 관심을 갖는 질문이다. "엄마 나는 어디서 왔나요?" 이에 대한 이 시대의 보편적인 대답은 생물학적인 범주에서 주어지고 있다. 그러나 옛날 부모들은 "나는 어디서 왔나요?"라는 자녀의 질문에 대해 웃으며 이렇게 대답을 해주었다. "다리 밑에서 주어왔지." "저 다리 밑에 팥죽 장사 할머니가 우는 아이를 안고 있기에 하나 얻어 왔지." 이러한 대답은 출산 직후의 장면을 그림으로 상징화한 것이라고 할 수 있다. 기독교가 들어오기 전에 지혜로운 한국의 부모들은 자녀에게 이렇게 말하고 빙그레 웃으며 그들의 사랑을 보여주었다.

요즘은 아이가 자신의 출생의 신비에 관해 관심을 갖기도 전에 유치원에서 가르쳐준다. "엄마와 아빠가 결혼하면 아기가 생긴단다." 이것은 사회적, 혹은 법적 설명이라고 할 수 있다. 그러나 이는 생명 근원에 대한 정확한 설명은 아니다. 결혼을 하고 임신해서 출산을 하는 경우가 대부분인 사회에서는 그럴 듯한 설명이기도 하지만, 엄밀히 말해서 결혼한다고 해서 아이가 태어나는 것은 아니고, 또 혼인하지 않은 관계에서도 아이는 태어날 수 있기 때문이다. 이러한 가르침은 사회적 법적인 설명이고, 그렇기 때문에 혼전 성관계나 혼외 성관계에 의한 잉태에 대해서는 설명할 길이 없다. 그리고 사회적으로 혼인이라는 합법적 절차 후에 태어난 생명 외에 다른 경우, 즉 혼외 자녀들에 대한 이해나 용납을 어렵게 만들어 이들의 사회적 불이익을 조장하는 폐단이 있다.

다음으로 생물학적 설명이 있다. "엄마 씨와 아빠 씨가 만나면 아기 씨가 생긴단다." 이러한 설명은 임신에 관한 생물학적 설명을 아는 사람이 어린아이 수준에 맞게 변용한 것이다. 여기서 엄마 씨란 난자를, 아빠 씨는 정자, 아기 씨는 수정란을 표현한 것이다. 물론 식물의 씨는 그 자체에 온전한 생명이 있는 것으로 수정란과 비교하는 것이 적절하지 않을 수 있다. 그러나 이는 한 생명의 형성이 여자의 생식기관에서 형성된 난자와 남자의 정자의 결합에 의한 것이라는 생물학적 지식에 근거를 두고 있다. 오늘날 일반 중·고등학교를 졸업한 사람이라면 이러한 생물학적 설명을 부인하는 사람은 없을 것이다. 여자의 몸 — 좀더 정확히 말하자면 — 난소에서 4주에 한 번씩 정기적으로 난자가 배출된다. 그리고 남자의 몸에서 부정기적으로 정자가 형성되는데, 이는 굉장히 활동적이고 능동적이며 끊임없이 생산이 된다. 성행위를 통해 정액이 투여되면, 2억 개 정도의 정자들이 난자를 향해 달려가는데(인공수정에서는 의사에 의해 인위적으로 투여된다) 그 중 가장 빠르고 가장 강한 정자 한 개만 난자와 만난다는 것이다. 하나의 정모세포는 46XY 염색체를 가지고 있는데, 감수 분열하여, 23X와 23Y로 나뉘어 난자와 결합되면 정자가 소화액을 내놓아 단단한 난자의 껍질을 녹이는데, 이때 아름다운 빛을 낸다. 이렇게 수정란을 형성한다. 수정된 난자는 본격적인 세포분열을 하는데, 끊임없이 분열을 하는 것이 아니라 어느 순간 변형이 일어나는데, 이를 배아라고 한다. 수정된 지 5-10일 정도 지나면 난자의 빛나던 껍질은 서서히 없어지고 자궁 내에 착상을 해서 자라기 시작한다는 것이다. 출생에 관한 이러한 설명은 과학의 발전에 의해 가능해진 것이지만, 그 역사가 그리 오래된 것은 아니다.[1]

현대사회에서 어느 누구도 부인하지 못하는 생물학적 설명은 인류 역사에 기여한 바가 크다. 아리스토텔레스 이래로 인류 역사는 아기의 남자 소유권한을 합법화해 왔다. 즉 여자는 아기의 출생에 관해 유전적으로나 물질적으로 공헌하는 바가 없으며 오직 남자의 씨앗을 받아들여 키울 뿐이라는, 그래서 아기의 주인은 아버지이고 여자는 자궁이라는 집을 빌려준 자에 해당할 뿐이라는 것이다. 이러한 이해는 한국을 비롯한 동양에서도 마찬가지로 지배적이다. 남자가 여자라는 밭에 씨앗을 뿌리면, 씨앗이 싹트듯이 아기가 출생한

---

[1] 난세포의 발견은 1724년에 비로소 이루어졌다. 맹광호, 「의학적 측면에서 본 인간 생명」, 생명문화연구소 제1회 세미나 발제문, 1992, pp. 20-38 참조.

다고 여겼다. 자녀의 출생과 관련하여 모체는 다만 장소를 빌려준 것일 뿐이고, 자녀는 아버지의 소유권을 주장하였던 것이다. 생물학적 설명은 이러한 가부장적 이해를 무너뜨리고 아기는 남자와 여자, 둘의 결합체라는 사실에 대한 학문적인 근거를 제공하였다.

그러나 생물학적 설명은 한 사람이 태어나는 것은 우연이라는 것, 적자생존, 약육강식이라는 자연의 법칙이 인간의 생명 취득에도 그대로 적용된다고 가르친다. 살려면 경쟁에서 이겨야 하고, 그러기 위해서는 남보다 더 강하고 남보다 더 빨라야 한다는 가치관이 형성된다. 이러한 가치관으로 인해 원치 않는 임신은 낙태로 이어지고, 자신의 삶을 위해 자녀를 유기하는 결과가 초래되기도 한다.

출생에 관한 설명에 빼놓을 수 없는 것이 바로 종교적 설명이다. "하나님의 허락하심 없이 태어나는 생명은 없단다." 출생에 대한 종교적 설명은 모든 생명 존재가 신에게서 유래한다는 것, 그리고 하나님의 계획과 섭리 하에서 출생하고 보살핌을 받는다는 것을 내용으로 하고 있다. 모든 생명은 신(하나님)에게서 오고, 따라서 거룩하다는 것이다. 이러한 설명은 종교인에게만 가능한 것으로 보인다. 유치원에서도 원장이나 선생이 기독교인일 경우에나, "날마다 우리에게 양식을 주시는 은혜로우신 하나님 참 감사합니다"라는 노래를 하고 식사에 임하지, 그렇지 않은 유치원에서는 그런 식사기도나 식사송도 생략하는 경우가 있다.

자연 친화 교육을 하는 발도르프 학교의 창시자인 독일의 교육학자 슈타이너[2]는 부모의 종교 여부와 상관없이 어린 자녀에게 다음과 같은 기도를 매일 저녁 해주라고 권한다.

> 머리끝부터 발끝까지
> 나는 하나님의 형상입니다.
> 심장으로부터 손끝까지
> 나는 하나님의 숨결을 느낍니다.
> 내가 입을 열어 말할 때에

---

[2] Rudolf Steiner 박사는 자연과학, 철학, 역사 등을 공부하고, 예술과 자연을 교육의 중심에 두고 교육이론을 펼친 교육철학자로서, 인지학 창설자이다. 1919년에 독일 슈튜트가르트에 발도르프 학교를 세워 자신의 교육이론을 실천하기도 했다.

나는 하나님의 의지를 따릅니다.

엄마와 아빠에게서,

모든 사랑하는 사람들에게서,

동물과 꽃들 속에서,

나무와 돌에서,

도처에서 하나님을 바라볼 때에,

아무 것도 내게 두려움을 주는 것은 없어요.

내 주변에 있는 모든 것들에게

사랑만을 느낄 뿐입니다.[3]

    세상에 존재하는 모든 것, 식물과 동물만 아니라 돌과 바위, 엄마, 아빠, 삼촌, 이웃 모두, 그리고 결국 나 자신까지 모든 생물과 무생물, 아이의 눈에 보이는 모든 것을 하나님이 만드셨다는 것, 그것도 우리를 위해 만드셨다는 것이 이 기도문의 내용이라고 할 수 있다. 이것은 기독교의 창조 신앙과 일치하는 것인데, 슈타이너에 의하면 어린아이에게 이러한 기도를 매일 저녁 지속적으로 해줌으로써 두렵고 낯선 이 세계에 편안하게 안착할 수 있도록 돕는다는 것이다. 그의 의견을 존중한다면, 출생에 대한 종교적 설명은 특정한 종교를 가지고 있는 사람이나, 종교가 없는 사람일지라도 누구에게나 필요하다고 볼 수 있다. 인류 역사에서 과학이 힘을 얻기 시작한 이래로 종교적인 설명은 거짓으로 평가되었던 시대도 있었다. 출생의 신학적 의미를 모색해 보려는 이 논문은 출생에 대한 과학적 설명을 배제하지 않은 채 종교적 설명의 가치를 보존하면서 생명의 신비 내지 출생의 거룩함을 강조해 보고자 한다. 현대사회에서 출생에 관한 생물학적 설명은 취사선택의 내용이 아니라, 어느 누구도 부인할 수 없는 과학적 설명으로 인식되기 때문이다. 그렇다면 남녀의 성적 결합은 생명 창조에 참여하는 일이라는 사실을 명명백백히 승인해야 하며, 따라서 남녀의 성적 교제를 단순히 육적이고 세속적인 행위가 아니라 한 생명의 출생을 가능케 하는 거룩한 행위로 이해하도록 도와야 할 필요 시점에 와 있다고 본다. 이러

---

3) R.Steiner, *Gebete für Muetter und Kinder*, (Donach: Rudolf Steiner Verlag, 1994), p. 40.

한 관점에서 볼 때 기독교 정신의 근본인 성서에서조차 생명의 탄생이나, 이를 위한 성적 행위에 대한 이해의 문제점이 발견된다.

## 3. "거룩한 출생" 이해를 위한 구약성서의 문제점

창세기 1장의 창조 이야기

●

창조 이야기는 세상의 모든 존재들이 하나님이 만든 것이라는 이해를 전하고 있다. 창조 이야기가 창세기 1장과 2장에 매우 다르게 묘사되고 있음은 수 세기 전부터 이미 관찰된 바이다.[4] 창세기 1장의 창조 이야기에 의하면 사람은 "남자나 여자나 차별 없이" 하나님의 형상대로 만들어진다. 그리하여 인간은 남녀의 차별 없이 모두 하나님의 피조물이라는 신앙고백이 나온다. 창조 직후 이어지는 하나님의 말씀은 "생육하고 번성하여 땅에 충만하라(창 1: 28a)"는 것이다. 즉, 자녀를 많이 낳으라는 것이다. 현대 한국 사회에서는 자녀 교육비가 많이 든다고 한두 명밖에 낳지 않는 경향이 있다. 많은 자녀는 축복이 아니라 궁핍의 원인으로 생각하지만, 성서가 기록된 시대 이스라엘 사람들은 자녀를 많이 두는 것을 축복으로 여겼다.[5] 남녀 인간의 창조 직후 이어지는 생육하고 번성하여 땅에 충만하라는 축복 선언에서 우리는 인간이 한 종류의 성으로 창조되지 않고 두 종류의 성으로 창조된 이유를 유추할 수 있을 것이다. 즉, 인간이 남자와 여자 두 종류의 성으로 창조된 이유는 출산의 과제임을 알 수 있다. 남자 혼자 아이를 낳을 수 없고, 여자 혼자 아이를 낳을 수 없다. 남녀가 결합될 때에만 새로운 생명의 잉태가 가능하며, 둘이 새로운 한 생

---

4) 창세기 1장의 이야기는 정확히 말해서 1: 1-2: 4까지이다. 2장의 이야기와 비교할 때 창조 이야기가 매우 체계적이라는 점, 하나님의 이름이 엘로힘으로 되어 있는 점, 안식일을 강조하고 있는 점, 하나님이 말씀 하나로 세상을 만든다는 점 등을 들 수 있다. 문서설에 의하면 1장이 바빌론 포로기 이후 사제들에 의해 쓰여진 문서(Priest)이고, 반면에 2장은 그보다 500년 이전에 야훼를 신앙하는 사람들에 의해 기록된 문서(Jahwist)라고 평가한다.

5) 롤랑 드보, 『구약시대의 생활풍속』, 이양구 역, 대한기독교출판사, 1983, pp. 90-93; '자녀를 많이 두는 것은 고대 이스라엘 사회에서 절실하게 원하는 영예였고 (…) 반면에, 자식을 낳지 못하는 것은 시험이요, 하나님께서 내리신 징계요, 수치에 해당하는 것이었다.'

명을 책임져야 하는 것이다.

이 창조 이야기에서 인간 이해를 위한 긍정적인 면을 본다면, 인간이 하나님의 형상을 닮은 존재, 하나님과 같은 고결한 존재로 이해된다는 점을 들 수 있다. 뿐만 아니라 가부장적 문화권에서 사람들이 일반적으로 오해하듯이—바울과 같은 사람도 오해했다[6]—남자만이 하나님의 형상이 아니라 여자도 하나님의 형상이라는 점을 위대한 성서적 인간 이해라고 강조할 수 있다. 거룩한 출생이란 주제를 위해 이 구절은 역효과를 내기도 한다. 즉, 이 구절에서 하나님이 창조하신 인간은 아기가 아니라 성인 남녀, 혼인 직전에 있는 청춘남녀로 묘사되고 있다는 점이다. 그래서 자신들의 목회 대상에서 미성년자들은 제외하고 혼인 적령기의 성숙한 남녀부터 목회의 대상으로 한다고 공공연하게 표현하는 목회자들도 있다. 영·유아나 어린이에게 관심을 가지지 않는 목회자가 많다고 하는 것은 문제가 아닐 수 없다. 과연 어린아이들은 신에 대해 생각할 줄 모르는 존재들인가? 나이가 들고 성숙해서, 소위 "관"에 들어야 종교적인 존재가 된다고 말할 수 있는 것인가? 아니면 혼인 적령기에 이르러서야 비로소 하나님을 생각하게 되는가?

### 창세기 2장의 창조 이야기

●

하나님이 사람을 만들었다는 메시지를 전한다는 점에서 창세기 2장도 창세기 1장과 내용이 같다. 그러나 1장에서와는 달리 2장에서는 인간을 흙을 빚어 만들고 나서 하나님이 루아하(숨/생기)를 불어 넣어줌으로써 생명을 지니게 된다고 묘사하고 있다. 이 이야기에는 흙에서 왔다가 흙으로 돌아가는 존재로서의 인간 이해가 들어 있고, 생명의 출발과 소멸을 호흡으로 판단하는 고대 사회의 이해를 바탕으로 두고 있다. 사람(아담)이 땅/흙(아다마)에서 유래한다는 어원학적 설명으로는 사람의 재료가 흙이라는 이해가 가능할지 모르겠으나, 실제로 인체의 70퍼센트가 물로 형성되어 있다는 것, 어린아이가 부드러운 피부를 가지고 있음에도 불구하고 인간이 흙에서 왔다는 이해는 매우 독특하다고 할 수 있다. 흙에서 왔다가 흙으로 간다는 인간 이해는 출생과 관련해서 생긴 것이기보다는

---

6) 고린도전서 11장 7절 참조.

오히려 죽은 시체를 흙 속에 매장하는 장례 문화 풍토에서 이루어진 것으로 보인다.[7]

창세기 2장의 창조 이야기는 1장의 창조 이야기와 마찬가지로 신생아로 태어나지 않고 어른으로 태어나 곧바로 농사를 짓는 자로 묘사되고 있다는 점이다. 여자도 마찬가지로 성숙한 혼인적령기의 성인이다. 아담이 여자를 보자마자 좋아서 혼인을 하는 것으로 묘사된다. 1장과 2장 다소 차이점을 보이지만, 두 이야기 모두 혼인적령기의 남녀를 그리고 있다는 점에서 흔히 '닭이 먼저냐 달걀이 먼저냐'라는 질문에 대해 창세기 1장과 2장은 공통적으로 닭이 먼저라고 선언하고 있는 셈이다. 그리하여 혼인 직전에 있는 성인 남녀는 거룩한 하나님의 창조 행위의 결과물이고, 아기의 출생은 남녀의 혼인 후 이루어지는 혼인 생활의 결과물이라는 이분법적 사고가 가능해진 것이다. 따라서 출생이 하나님의 거룩한 일로 평가되지 않고, 남녀의 혼인 생활이라는 세속적인 삶의 결과로 오해될 소지가 다분히 내포되어 있다고 하겠다.

### 하나님에 의한 불임과 임신: 거룩한 출생 이해

구약성서 여러 구절들은 임신이 하나님에 의한 것임을 표현하고 있다.

> "여호와께서 레아에게 총이 없음을 보시고 그의 태를 여셨으나 라헬은 무자하였더라. 레아가 잉태하여 아들을 낳고 (…) 잉태하여 아들을 낳고 (…) 잉태하여 아들을 낳고……" (창 29: 31-35)

레아는 네 아들을 낳았는데, 이는 하나님이 그의 태를 열었기 때문에 가능한 것으로 이해되고 있다. 자녀를 낳는 것이 사람에 의한 것이 아니라 하나님에 의한 것이라는 이해는 라엘의 이야기에도 반영되고 있다. 임신을 하지 못한 라헬이 남편 야곱을 들볶자 (창 30: 1) 야곱이 대항하며 하는 말이다.

> "성태치 못하게 하시는 이는 하나님이시니 내가 하나님을 대신하겠느냐?"

---
7) 롤랑 드보, 앞의 책.

(창 30: 2)

"하나님이 라헬을 생각하신지라. 하나님이 그를 들으시고 그 태를 여신고로 그가 잉태하여 아들을 낳고." (창 30: 22)

라헬은 오랜 불임 기간을 가진 후에 임신과 출산을 하게 되었는데, 라헬의 이야기에는 하나님이 태를 막으면 불임이고, 하나님이 태를 여시면 임신이 가능하다는, 즉 불임과 임신이 모두 하나님에게 달린 것이라는 이해가 반영되고 있다. 그 외에도 임신과 출산이 하나님의 일이라는 이해는 여러 이야기에 나타나고 있다. 사라가 결혼한 지 오랜 세월 동안 무자하다가, 늦은 나이에 아들 이삭을 얻었다는 이야기도 이런 맥락에서 이해된다. 사라의 경우는 사라의 나이가 임신이 불가한, 즉 갱년기 이후에 임신했다는 사실에서—하나님에 의해 아들에 대한 예언을 들은 때가 아브라함의 나이 99세, 사라는 90세의 나이를 밝힘(창 17: 17)으로써—임신이 하나님에 의한 것임을 극명하게 드러낸다.

삼손의 출생 이야기(삿 13: 2-3)에는 오랫동안 임신하지 못하는 삼손의 어머니가 아들을 낳으리라는 예언이 등장하는데, 이는 임신이 인간적인 행위의 결과가 아니라 하나님에 의해 결정되는 것이라는 이해를 반영한 것이라고 볼 수 있다. 뿐만 아니라 혼인 후 오랫동안 자식이 없어서 애통해하며 기도한 끝에 아들을 얻게 된 사무엘의 어머니 한나(삼상 1: 19-20)의 이야기도 임신이 하나님이 허락하심으로 가능하다는 이해를 반영하는 것이라고 하겠다. 한 인간의 출생이 인간에 의한 것이 아니라 하나님에 의한 것이라는 이해는 성문서에도 다양하게 반영되고 있다.

"주께서 내 장부를 지으시고 나의 모태에서 나를 조직하셨나이다." (시 139: 13)

"주의 손으로 나를 만드사 백체를 이루셨거늘 (…) 주께서 내 몸을 지으시기를 흙으로 뭉치듯 하셨거늘 (…) 주께서 나를 젖과 같이 쏟으셨으며 엉긴 젖처럼 엉기게 하지 아니하셨나이까. 가죽과 살로 내게 입히시며 뼈와 힘줄로 나를 뭉치시고 생명과 은혜를 내게 주시고 권고하심으로 내 영을 지키셨나이다." (욥 10: 8-12)

"나를 태속에서 만드신 자가 그도 만들지 아니하셨느냐 우리를 뱃속에 지으신 자가 하나님이 아니시냐."(욥 31: 15)

위에 언급된 구절들은 인간의 성행위로 말미암는 수태가 결국 하나님께서 지으신 것임을 말하고 있다. 이 구절들에 의하면 모태는 하나님이 인간을 조직하시는 장소가 된다. 여기서 우리는 한 생명이 태어나기 위해 진행되는 모든 과정, 즉 정자와 난자의 만남에 의한 수정, 그리고 수정란의 자궁 안착, 그리고 태중에서의 성장과정에 하나님이 관여하신다고 볼 수 있다.

### 약속의 자녀 모티브

인간의 출생을 하나님의 거룩한 역사로 보려는 이해에 구약성서가 장애를 주는 또 한 가지 요소는 소위 "약속의 자녀"라는 개념이다. 아브라함이 86세에 사라의 여종 하갈에게서 얻은 아들 이스마엘이 아니라 오직 정실부인인 사라에게서 얻은 아들 이삭만이 약속의 자녀라는 것이다(창 17: 1-22). 약속의 자녀 개념은 어떤 특정한 사람의 출생만 하나님의 섭리 하에 있고 그렇지 않은 사람의 출생은 하나님과 무관하다는 인상을 줄 수 있다. 창세기 기사에 의하면 여종 하갈이 이스마엘을 낳기 전에 아브라함에게 후사를 주겠다는 하나님의 약속은 있었다. 그리고 이스마엘도 엄연히 아브라함의 아들이다. 그리고 하나님은 하갈이 임신 중에 주인 사라의 학대를 받고 고통스러워하는 음성을 들어주시기도 하신다.

하갈의 아들과 사라의 아들이 모두 아브라함의 아들임에도 불구하고, 이 둘은 극단적으로 구별하고 차별화하게 된 데에는 바울의 영향이 크다고 하겠다. 갈라디아서 4장 21-31절에서 바울은 아브라함의 두 아들을 비유로 언급하며 하갈을 계집종, 사라를 자유로운 여자로 규정하고, 하갈이 낳은 아들 이스마엘을 육체를 따라 출생한 자, 이삭을 약속에 의해 출생한 자로 표현하고 있다. 이와 같이, 하갈과 사라, 이스마엘과 이삭, 육체와 약속이라는 이분법적 사고 구조 속에 자신의 신학적 견해를 피력하고 있다. 바울의 신학적 의도가 무엇인지 탐구하는 일은 매우 복잡하고 미묘한 일이지만, 그것을 떠나 그가 사용한 표현만을 고려한다면, 이스마엘이 육체를 따라 출생한 자라고 저평가하고, 이삭은 약속에 의해 출생하였다고 고평가하는 것이 바울의 입장인 것이다. 그의 입장을 따르면, 육체를 따라 난 자란 표현은 사람의 성적 행위를 통해 출생한 인간을 표현한 것으로 보이며, 따라서 인간의 육체 활동, 즉 성적 행위에 의해 출생한 사람은 저급한 존재로 인식된다. 반면, 약속에 의한 자녀란 표현에서는 육체 활동과 무관하게 하나님의 약속에 의해서 출생하게 된 거룩한 출생이란 이해가 반영되고 있는 것처럼 보인다. 마치 어거스틴이 인간의 성적 행위를 통하지 않고 성령에 의해 잉태된 예수만이 거룩한 존재이고, 그 외 모든 남녀의 성행위의 결과 출생하게 된 모든 인간은 원죄를 지니고 있다고 여기는 것과 유사한 인상을 주고 있다. 이러한 이분법적 사고는 인간의 출생을 거룩한 출생과 저속한 출생으로 나누고, 육체적 접촉을 통한 출생을 저급한 것이라는 위험한 이해에 도달하게 만든다. 사실상 모든 출생이 성적 접촉의 결과물이기 때문이다.

### 종합

창세기 1장과 2장의 창조 이야기는 하나님의 피조물, 하나님처럼 거룩한 존재, 신성을 지닌 자, 하나님과 교제하는 자로서의 거룩한 인간 이해를 지니고 있다. 그러나 창세기의 창조 이야기에서는 하나님에 의해 창조된 인간이 혼인을 앞둔 성숙한 성인 남녀로 묘사되고 있고, 실제 사람은 신생아로 출생하고 있기 때문에, 출생과 성서의 인간 창조를 연결시키기에 애로가 있다. 따라서 성숙한 남녀는 하나님이 창조하고 아기는 인간이 낳는다는 이상한 이해가 가능하며, 따라서 출생에 대한 거룩한 이해가 위축될 수 있는 약점이 있다. 그러나 다른 한편 생육하고 번성하라는(창 1: 27) 축복에 근거해서 자녀 출산이 하나님의 축복에 의한 것이라는 긍정적인 이해가 가능하다. 그래서 시편이나 욥기와 같은 성문서에는 수태되기 전부터, 수태되어 있는 중에, 인간의 출생과 관련된 모든 순간에 하나님이 관여하신다는 이해가 나타나고 있다. 그리고 간절한 기도 결과 잉태한 경우도 어렵지 않게 하나님에 의해 출생이(물론 죽음도) 이루어진다는 이해를 가능케 해준다. 그러나 이러한 이해에도 약점이 있는데, 기도 없이 잉태된 아이의 출생은 하나님과 상관없이 이루어졌다는 이해를 가능케 할 수도 있다는 점이다. 뿐만 아니라 약속의 자녀 개념도 마찬가지로 출생 자체를 거룩한 하나님의 행위로 보게 하기보다는 어떤 특정한 경우만을 하나님의 역사로 본다는 점에서 한계가 있다고 하겠다.

## 4. "거룩한 탄생" 이해를 위한 신약성서의 문제점

바울의 영$\pi\nu\varepsilon\tilde{u}\mu\alpha$과 육$\sigma\acute{\alpha}\rho\xi$의 이분법적 사고

●

거룩한 출생 이해를 방해하는 중요한 자료가 신약성서의 바울이다. 바울은 구원받은 그리스도인의 거룩한 삶을 권면하기 위해 "영을 따르는 삶"을 제안하면서 "육을 따르는 삶"을 대조시키고 있다. 가령, 갈라디아서에서 영(프뉴마)과 육(사륵스)을 대립적인 것으로 보고, 육과 관련된 것은 저급한 것, 거룩하지 못한 것, 구원과 거리가 먼 것으로 평가하며, 영과 관련된 것은 그리스도인들이 추구해야 할 바람직한 일, 거룩한 행위, 구원과 가까운 일로 평가하고 있다.

> "너희는 성령을 좇아 행하라 그리하면 육체의 욕심을 이루지 아니하리라. 육체의 소욕은 성령을 거스르고 성령의 소욕은 육체를 거스르나니 이 둘이 서로 대적함으로 너희의 원하는 것을 하지 못하게 하려 함이니라 (…) 육체의 일은 현저하니 곧 음행과 더러운 것과 호색과 우상숭배와 분쟁과 시기와 분냄과 당 짓는 것과 분리함과 이단과 투기와 술 취함과 방탕함과 또 그와 같은 것들이라 (…) 성령의 열매는 사랑과 희락과 화평과 오래 참음과 자비와 양선과 충성과 온유와 절제니 이러한 것을 금지할 법이 없느니라."
> (갈 5: 16-23)

이 본문에서 바울은 그리스도인들이 피해야 할 일들, 음행과 더러운 것, 호색과 우상숭배 등을 육체의 일$\varepsilon\rho\gamma\alpha\ \tau\eta\varsigma\ \sigma\alpha\rho\kappa o\varsigma$로 규정했다. 성행위와 관련된 뉘앙스를 주는 어휘는 음행$\pi o\rho\nu\varepsilon\iota\alpha$ 호색$\alpha\sigma\varepsilon\lambda\gamma\varepsilon\iota\alpha$ 이다. 일반적으로 포르네이아는 비합법적인 남녀의 성적 관계로 이해되고 있다. 그렇다면 합법적인 부부의 성관계는 비육체적인 일로 이해되었을까 의심스럽다. 합법적인 부부 관계는 영적인 것이고, 비합법적인 성관계만 육적인 것이라고 이해하지는 못할 것으로 보인다. 성생활 자체가 관계의 합법, 비합법의 여부를 떠나서 육체를 사용하는 일이기 때문이다. 영과 육의 이분법적 사고는 '로마서'에서도 분명하다.

"육신을 따르는 자는 육신의 일을, 영을 따르는 자는 영의 일을 생각하나니, 육신의 생각은 사망이요 영의 생각은 생명과 평안이니라."(롬 8: 5-6)

"너희가 육신대로 살면 반드시 죽을 것이로되 영으로써 몸의 행실을 죽이면 살리니, 무릇 하나님의 영으로 인도함을 받는 사람은 곧 하나님의 아들이라."(롬 8: 12-14)

"지금 너희는 육 안에 있지 않고 영 안에 있다."(롬 8: 9)

위와 같은 바울의 표현을 따르면, "육체의 일"이란 죄에 해당하는 것이고, 성령의 열매란 그리스도인이 행해야 할 덕목들이다. 바울에게 있어서 육과 영은 다분히 대립적이며, 따라서 아이를 잉태하게 하는 남녀의 성생활은—바울이 의도했건 아니건 간에[8] 그 이후의 사람들에게—육체의 행위에 속하는 것, 따라서 신앙인은 추구해서는 안 되는 일로 이해하게 만들었다. 물론 바울이 즐겨 사용하는 용어가 오해되지 않도록 신학자들이 많은 노력을 해왔다. 가령 예를 들어 불트만은 그의 『신약성서신학』에서 바울의 몸 $σ\bar{ω}μα$ 개념과 육 $σάρξ$ 과 영 $πνε\bar{υ}μα$ 개념을 애써 구별하고 있다. 그의 분석에 의하면 몸은 단순한 육체가 아니라 전인격으로 생각되었으며, 성적 주체인 인간은 육이 아니라 소마이다.[9] 로마서 4장에서 아브라함이 자기 몸이 시들어감, 즉 이미 아기를 생산할 수 없게 됨을 보았다고 할 때, 소마 개념을 사용하고 있으며, 고린도전서 7장에서 성생활과 관련해서, "아내도 남편도 자신의 몸을 지배하지 못하다"고 표현하고 있는 점을 근거로 삼았다. 그러나 불트만도 지적하듯이 육은 육체라는 점에서 몸과 같은 의미로 사용될 수도 있다. 그러나 "너희는 육 안에 있지 않고 영 안에 있다"(롬 8: 9)는 표현은 그리스도인들에게 육체의 생활은 지양해야 할 과제이며, 영의 생활을 추구해야 할 새로운 과제로 제시되었음을 부인할 수 없을 것이다.

---

8) 바울이 인간을 표현하는 인간학적 개념으로서 몸, 영, 육, 혼 $ψύχη$ 에 대한 설명은 불트만, 『신약성서신학』, pp. 187-207 참조. 바울은 매우 다양하게 육의 개념을 사용하고 있다.
9) 불트만, 앞의 책, pp. 187-190 참조.

## 성생활에 대한 바울의 부정적인 표현들

●

바울은 영과 육의 대조적인 표현뿐만 아니라 남녀의 성생활 내지 혼인 생활에 대한 부정적인 표현을 함으로써 인간의 출생을 거룩한 일로 보는 일을 저해하고 있다. 성생활에 대한 부정적인 표현들은 고린도전서 7장에 집중적으로 나타나고 있다.

"남자가 여자를 가까이 아니함이 좋다."(고전 7: 1)[10]

"내가 혼인하지 아니한 자들과 과부들에게 이르노니 나와 같이 그냥 지내는 것이 좋으니라. 만일 절제할 수 없거든 혼인하라. 정욕이 불같이 타는 것보다 혼인하는 것이 나으니라."(고전 7: 8-9)

"장가가지 않은 자는 주의 일을 염려하여 어찌하여야 주를 기쁘게 할꼬 하되 장가간 자는 어찌하여야 아내를 기쁘게 할고 하여 마음이 나누이며, 시집가지 않은 자와 처녀는 주의 일을 염려하여 몸과 영을 다 거룩하게 하려 하되 시집간 자는 세상일을 염려하여 어찌하여야 남편을 기쁘게 할꼬 하느니라."(고전 7: 32-34)

이 본문에서 혼인 생활은 정욕을 절제하지 못하는 저급한 사람들이나 하는 것으로 이해되고 있으며, 성생활은 생명 창출이라는 하나님의 거룩한 역사에 참여하는 일이 아

---

10) 고전 7: 1의 이 표현이 바울의 의견이 아니라 바울에게 문의한 고린도 교인들의 입장을 인용한 것이라는 견해는 이미 오래 전부터 제기되고 있으며, 많은 학자들의 동의를 얻고 있음에도 불구하고(가령, O. Holtzmann, *Das Neue Testament nach dem Stuttgarter griechischen Text uebersetzt und erklaert*, Bd 2, Stuttgart, 1979; C.K. Barrett, 「고린도전서」, 한신연 번역실 역, 국제성서주석 35권, 한국신학연구소, 1985, p. 188; W. Schrage, *Der erste Brief an die Korinther 1Kor 6, 12-11, 16*, EKK Bd VII/2, Neukirchener Berlag, 1995, pp. 53-54; 박익수, 「누가 과연 참 그리스도인인가?」 대한기독교서회, 2002, pp. 210-211 참조), 바울이 써 보낸 편지에 이러한 표현이 기록되어 있다는 점에서 기독교 2000년 역사에서 항상 바울의 견해로 인정되어 왔다. 고전 7장 이해를 위해서는 김관임, 「바울은 이혼을 허락하였는가?(고전 7: 1-16 연구)」, 헤르메네이아투데이, Vol. 27, 한국신학정보연구원, 2004, pp. 31-41 참조.

니라, 세상일에 속한 것이라는 이해가 전제되고 있다. 실제로는 미혼자가 주의 일을 염려하는 것이 아니라 어찌하여야 혼인을 할꼬 하여 마음이 나뉘어서 주의 일을 하지 못하고, 기혼자가 자신의 파트너를 기쁘게 하기 위해 마음이 나누이지도 않지만, 바울의 이러한 표현은 그리스도인들이 세상일보다 주님의 일을 고귀한 일로 여겨야 한다는 것을 강조하고 있는 셈이다. 아이의 출생이 성생활의 결과임을 생각할 때 신약성서의 이러한 표현들은 출생과 하나님의 거룩한 창조를 연결시키기 어렵게 만든다는 사실을 보여준다.

### 동정녀 탄생 이야기

예수의 출생이 일반적인 아기의 출생과는 달리 동정녀, 즉 남자와의 성경험이 없는 여자가 낳았다는 이해는 마태복음과 누가복음에 나타난다. 마리아가 약혼 시절에 아직 요셉과 성적 접촉을 하지 않은 상태에서 잉태한다는 예언과 함께, 요셉이 이 아이가 출생할 때까지 금욕하고 있다고 표현함으로써(마 1: 25) 아기 예수의 출생이 여느 인간과 달리 남녀의 육체적 접촉을 거치지 않고 오로지 성령에 의한 출생임을 강조한다. 이러한 예수의 동정녀 탄생 이야기는 예수가 범속한 인간과 질적으로 다르다는 것, 즉 그는 하나님의 아들임을 이야기하는 것이다. 이로써 예수의 비속함은 증명했는지 모르지만, 이는 일반인의 출생을 철저히 저속한 것으로 만드는 결과를 낳고 말았다. 초기 그리스도인들이 하나님을 아버지로 부르고(롬 8장; 고전 8: 6), 하나님의 아들로서의 자의식을 가지고 있었는데(가령 갈 3: 26), 동정녀를 통한 예수 그리스도의 출생 이야기는 결국 일반 그리스도인의 하나님의 아들 됨을 포기케 하였다. 일반인의 출생과 달리 성령에 의한 잉태로써 예수 그리스도의 하나님의 아들 됨을 말함으로써 출생의 거룩한 이해를 방해한다. 즉, 성생활을 통하지 않고 잉태된 예수만 거룩한 하나님의 아들이라는 이해는 결과적으로 인간의 성생활을 통해 잉태되어 출생하는 우리는 모두 영적이지 못한 속물들이라는 이해가 나오게 되는 것이다.

### 부활 이후의 삶

다음 구절은 부활을 믿지 않는 사두개인들이 예수와 논쟁을 벌이는 맥락에서 나타나고 있다.

"부활 때에는 장가도 아니 가고 시집도 아니 가고 하늘에 있는 천사들과 같으니라."(마 22: 30)

형이 일찍 죽어서 일곱 형제가 계속해서 형수의 남편이 되었을 때 천국에서는 일곱 형제 중에 누구의 아내가 되겠는가 하는 질문에 대한 예수의 대답으로 표현된 말이다. 사두개인들이 제기하는 이 질문은 유대 사회에 존속했던 "형사취수혼" 혹은 "시형제 결혼"이란 제도에 관한 것이다(신 25: 5-10). 즉 형이 아들 없이 죽었을 경우 형수에게 아들이 생기도록 형수와 혼인하는 제도를 말한다. 가부장적 사회란 가장이 사회 구성원이 되는 사회이다. 이러한 사회에서 여자는 가장인 남자를 통해 사회와 연결고리를 갖는다. 즉 여자는 남자의 딸로, 아내로, 어머니로 존재하는 것이다. 남편이 일찍 죽었을 경우 여자는 사회와의 연결고리가 끊겨진다. 아들도 없이 남편이 죽은 경우는 사회와의 연결고리를 가질 가능성을 완전히 상실한 경우이다. 이런 경우는 살아갈 수가 없다. 그래서 시동생이 형을 대신하여 형수에게 아들을 가질 수 있도록 하는, 가부장적 사회에서의 일종의 보호 장치인 셈이다.[11]

부활 이후의 삶에서 혼인이 없다는 위에 인용한 예수의 발언은 아마도, 지상에서의 체제와 부활 이후의 삶은 본질적으로 다르다는 것을 의미하는 것일 것이다. 현세는 인간이 만든 가부장적 문화에서 여성들을 법적으로 보호한다는 차원에서 시형제 결혼을 시행하지만, 부활 이후의 삶은 하나님이 지배하는 비가부장적 사회이며, 그 사회에서는 여자가 남자의 누구로 존재하는 것이 아니라 남자나 여자나 각각 하나님 앞에서 독립적으로 존재한다는 의미로 보인다.[12]

그러나 이 구절에서 부활 후의 삶, 구원받은 자의 삶은 혼인이 없는 삶, 곧 천사의 삶으로 표현된다. 천사들이 장가도 가지 않고 시집도 가지 않는다는 표상이 어느 문화 전통에서 유래했는지 궁금하다. 유대교에서는 천사들이란 성적 관심이 없는 존재가 아니라

---

11) 김판임, 「유대교에서의 여성의 지위와 역할 및 이에 대한 예수의 입장」, 『한국기독교신학논총』, 18권, 2000, pp. 109-158 참조.
12) 김판임, 「예수의 가르침에 나타난 여성 이해」, 『여성신학의 새로운 지평』, 한국여신학자협의회 교육위원회 엮음, 여성신학사, 2006, pp. 110-111 참조.

오히려 그 반대의 경우가 많기 때문이다.[13] 여하간 이 구절을 통해 그리스도인들에게는 부활 이후의 삶이 혼인 생활이 없는, 다시 말하면 성생활이 없는 것으로 이해되면서, 이 세상에서의 성생활은 저속한 것으로, 성생활 없는 생활은 거룩한 삶으로 이해되었다.

"그러나 여자들이 만일 정절로써 믿음과 사랑과 거룩함에 거하면 그 해산함으로 구원을 얻으리라."(딤전 2: 15)

### 종합
●

예수와 바울이 모두 유대인이다. 유대인들은 모든 생명이 하나님에게서 유래한다는 창조 신앙을 가지고 있다. 예수와 바울도 모두 유대인이고, 창조 신앙도 그들의 민족적 유산으로 공유했다고 볼 수 있다. 그들이 가지고 있던 창조주 하나님 이해가 신약성서에도 그대로 반영되고 있음에도 불구하고, 인간의 출생과 하나님의 창조 이해를 연결시켜 출생을 거룩한 일로 보려는 필자의 의도를 충분히 도와주지 못하고 있음을 보았다. 바울이 사용한 영과 육이란 이분법적 용어 사용, 그리고 고린도 교회에서 생긴 문제를 해결하기 위해 애쓰는 과정에서 표현된 말들을 통해서도 남녀의 성생활, 부부 생활을 영적이지 못한 육적인 삶에 해당하는 것으로 여기게 만드는 결과를 초래하였다. 뿐만 아니라 부활 이후의 삶에서는 장가도 시집도 가지 않는다, 혼인 생활을 초월한 천사들의 삶과 같다는 예수의 발언도 성생활 내지 혼인 생활을 저급한 것으로 여기게 만들었다. 출생을 가능케 하는 최초의 단계인 남녀의 성적 접촉을 저급하고 동물적인 행위로 보게 만든 가장 결정적인 이야기는 마태복음과 누가복음에 나오는 예수의 동정녀 탄생 이야기이다. 예수가 보통 인간들의 출생과 달리 인간의 성적 접촉에 의한 것이 아니라 성령에 의하여 잉태되고 출생하게 되었다고 말함으로써 예수의 하나님의 아들 됨을 밝히는 데에는 성공했으나 일반인의 출생에 대해서는 지극히 세속적이고 거룩하지 못한 추접한 인간들의 성행위를 통해 출생되었다는 이해를 가능케 하기도 하는 것이다. 이러한 이해는 어거스틴에게서

---
13) 유대교에서는 창세기 6장 1절 이하에 나오는 하나님의 아들이 사람의 딸들과 결혼했다는 이야기를 근거로 하여, 호색적인 천사들의 타락에 관한 많은 이야기가 나타나고 있다. 가령 aethHen 6-7; 19: 1; Jub 4: 21-22; 5: 1; syrBar 56: 10-12; TestRub 5 등 참조(W.Schrage, 앞의 책, pp. 515-516).

극단적으로 나타났다. 인간의 성적 접촉이 성결치 못한 행위로 보는 견해를 가지고 있는 사람은 남녀가 직접적으로 접촉하지 않는다는 차원에서 오히려 인공수정이 거룩한 행위로 이해되기도 할 것이다.

### 5. 어거스틴의 영향

기독교인이 가지고 있는 성생활에 대한 부정적인 생각에 가장 강력하게 기여한 사람은 어거스틴이다. 어거스틴은 바울의 영육 이원론을 기초로 하여 인간의 성생활을 저급한 것으로 규정하였다. 그는 원죄 개념을 처음으로 사용했고, 타락과 원죄를 기독교 신앙의 핵심적인 것으로 사용했다. 처음 인간 아담의 타락 이후 모든 유아들은 성적인 육욕을 통해 태어나고, 성적 욕구와 그의 결과인 출산을 통해 원죄가 자녀에게 유전된다고 보았다. 그는 성생활을 인간의 육욕에 의한 불경한 행위로 간주한다. 그리하여 결혼한 여자가 부부간의 쾌락을 추구하는 것을 훌륭하지 못한 행위로 이해했다. 그에게 있어서 성적인 즐거움은 불경한 행위로 이해되었다. 어거스틴은 "나를 괴롭힌 것은 꺼지지 않는 강렬한 성욕이었다"고 고백하기도 한다. 그러나 금욕주의적인 삶은 결과적으로 인류의 멸종을 초래할 것이므로, 출산은 필요악으로서, 출산이라는 필요악을 위해서만 성생활이 허용됨을 말한다. 그러므로 훌륭한 그리스도인들이 무엇보다도 피해야 할 것은 출산이 아닌, 쾌락을 위해 성관계를 갖는 일이다. 어거스틴에게 있어서 거룩이란 철저히 비성적인 일이다. 그리고 금욕주의는 타락 이전의 천사적 행복을 회복하는 방법으로 이해한다.

많은 사람들은 어거스틴이 이처럼 성생활에 대해 극단적은 부정적 입장을 가진 이유로서 마니교의 영향을 지적한다. 마니교는 결혼과 출산을 죄악으로 보았고, 단백질 식품을 금기시하였다. 이들은 정욕과 탐욕을 길들일 수 있는 선별된 자로서 육식을 피하고 금욕 생활을 할 수 있었다. 어거스틴은 육체성을 부정하는 마니교와는 달리 육체성을 긍정했지만, 인간의 성생활을 출산 목적으로 할 때만으로 엄격히 제한하였다. 어거스틴에 의하면 그리스도가 거룩한 것은 성생활 없이 잉태되었기 때문이며, 그의 모친이 거룩한 이유는 성생활 없이 아들을 잉태하였기 때문이다. 어거스틴의 입장에서 보면 예수 그리스도만 성자이고, 마리아만 성모이며, 이 모자만 제외하고 모든 인간은 죄의 결과로 자

녀를 잉태한다는 이해가 나온다. 모든 생명은 육적인 관계를 통해 출생되는 거룩하지 못한 존재들이다.[14]

### 6. 나오는 말

"하나님은 이 세상 만물의 창조주시며, 각 개인의 창조주이시다"는 창조 신앙이 확고할 때 탄생의 신비에 대한 신학적 의미가 구현되리라는 희망을 가지고 시작한 이 연구는 구약성서와 신약성서, 그리고 기독교 역사에서 살펴본 바, 매우 슬픈 결과를 만나게 되었다. 구약성서에 나오는 대로 불임 여성들이 자식에 대한 염원을 기도로써 간구하고, 그 결과 임신을 하게 되었다는 이야기들은 하나님이 수태와 출산 과정에 관여하신다는 이해를 가져 올 수 있지만, 다른 한편 기도로써 얻은 생명과 그렇지 않은 생명을 구별하게 될 우려가 있다. 신약성서에 나오는 영육의 구별은 성생활의 결과인 임신과 출산을 거룩한 하나님의 역사로 보게 하는데 장애를 가져 온 것이 사실이다. 어거스틴의 설명대로 성생활 없이 탄생한 예수 그리스도와 그의 어머니 동정녀 마리아만 거룩하다고 가르친다면, 일반적인 임신과 출산을 저급한 인간의 소행의 결과라는 이해를 가지게 되어 출생에 대해 부정적이거나 소극적인 태도를 취하게 된다.

어거스틴처럼 인간이 보편적으로 가지고 있는 성적 욕구를 죄악시하고 일반적인 임신이나 출산을 타락한 인간의 소행이라는 이해를 유지하는 한, 생명의 탄생을 하나님의 거룩한 생명 창조 작업이며 모든 생명은 거룩하다는 이해를 가지기 어렵다. 잘못하면 남녀의 성적 욕구에 의한 임신과 출산은 육욕에 의한 것이고, 의사의 시술을 통해 이루어지는 수정이 거룩하다는 잘못된 이해를 가질 수 있다. 이를 극복하기 위해서 성경에서 붙잡을 수 있는 유일한 신학적 이해는 창조 신앙이다. 모든 생명은 하나님에게서 유래한다는 것을 강조할 때, 사회적으로 경제적으로 어떠한 여건 속에서 출생을 하든지 생명을 가진 모든 존재는 거룩하고 아름답다는 이해가 가능하리라고 본다. 그리고 아이의 잉태와 관련된 성생활을 생명을 창출하는 거룩한 생활로 이해하도록 돕는 적극적인 지원이 필요하다.

---

14) 김영도, 「기독교적 인간론: 어거스틴과 펠라기우스주의 논쟁을 중심으로」, 『어거스틴, 루터, 깔뱅, 오늘의 개혁교회』, 최윤배 엮음, 장로회신학대학, 2004, pp. 17-65 참조.

이전까지 사랑을 세 종류로 나누어 가르치는 방식, 즉 '하나님의 사랑, 종교적 의미의 사랑 아가페는 영적인 사랑이며, 남녀의 성적인 이끌림과는 전혀 관계가 없는 자기희생적인 사랑이다. 반면, 남녀가 끌리는 사랑 에로스는 육체적인 사랑, 정열을 불태우는 사랑이다. 그리고 친구 간에 서로 신뢰하고 돕는 사랑은 필로스다' 하는 방식으로 사랑의 종류를 서로 구분하고 그중 에로스가 없는 아가페만이 사람들이 추구해야 할 고급한 사랑의 개념이라고 가르치는 한, 남녀의 결합에 의한 자녀 생산은 육적인 에로스의 결과이며 따라서 비종교적이고 저급한 일로밖에는 볼 수 없다. 성생활이 성스러운 것이 되도록 하기 위해서는 사랑에 대한 통합적인 이해가 요청된다. 즉 인간에게 생명을 허락하시고 보살피시며 구원하시는 하나님의 사랑은 남녀에게 에로스적인 사랑을 제공해 주시며, 성적으로 결합된 남녀 부부는 민주적인 친구애, 즉 필리아적인 사랑을 가져야 하며, 나아가 서로를 배려하고 도움을 주는 아가페적인 사랑을 나누어야 한다는 식으로 말이다.

### 참고 문헌

김영도, 「기독교적 인간론: 어거스틴과 펠라기우스 논쟁을 중심으로」, 『어거스틴, 루터, 칼뱅, 오늘의 개혁교회』, 최윤배 엮음, 장로회신학대학, 2004.

구미정, 『이제는 생명의 노래를 불러라』, 올리브나무, 2004.

김판임, 「예수의 가르침에 나타난 여성 이해」, 『여성신학의 새로운 지평』, 한국여신학자협의회 교육위원회 엮음, 여성신학사, 2006.

―, 「바울은 이혼을 허락하였는가?(고전 7: 1-16 연구)」, 『헤르메네이아투데이』, 27권, 한국신학정보연구원, 2004.

맹광호, 「의학적 측면에서 본 인간 생명」, 생명문화연구소 제1회 세미나 발제문, 1992.

박익수, 『누가 과연 참 그리스도인인가?』, 대한기독교서회, 2002.

한국여신학자협의회, 『여성신학의 새로운 지평』, 여성신학사, 2006.

롤랑 드보, 『구약시대의 생활풍속』, 이양구 역, 대한기독교출판사, 1983.

불트만, 『신약성서신학』, 허혁 역, 성광문화사, 1976.

류터, 『성차별과 신학』, 안상림 역, 대한기독교출판사, 1985.

―, 『가이아와 하느님』, 전현식 역, 이화여자대학교출판부, 2000.

Barrett C. K., 『고린도전서』, 한신연번역실 역, 국제성서주석, 한국신학연구소, 1985.

Schrage W., *Der erste Brief an die Korinther*, 1Kor 6,12-11,16, EKK Bd VII/2, Neukirchener Berlag, 1995.

Steiner, R., *Gebere für Matter und Kinder*, Donach: Rudolf Steiner Verlag, 1994.

# 토론 기록
_삶의 신학 콜로키움 : 둘째 모임

## 출생의 신비, 그것이 무엇인가?

때 | 2006년 4월 21일
곳 | 대화문화아카데미
정리 | 이정배

사람이 이 세상에 태어나지 않으면 인생이란 없는 것이다. 한 인간의 생명의 시작이라고 할 수 있는 출생에 관해 신학적으로는 2000년 기독교 역사에서 별로 심각하게 다루어지지 않았다. 기독교에서―물론 다른 종교에서도 비슷하겠지만―하나님을 진지하게 생각하게 되는 모티브를 "거듭남"이라고 표현함으로써 어린아이로 세상에 출생하는 것에 대해 의미를 부여하는 일에 소홀했던 것이 사실이다. 첫 번째 삶의 신학 콜로키움에서는 생로병사의 인생 과정의 출발인 출생에 관해 다룬다.

오늘의 발제자 두 분은 모두 우연히 성서학자들이다. 그리스도신대 구약학자 박신배 교수는 구약성서에서 출생에 대한 어휘와 신학을 중심으로 인간 창조의 의미와 출생의 의미를 찾고, 한국의 출생관과 출생 문화를 살펴보고, 새로운 출생 문화의 창출을 위해 구약성서의 방향과 연관시키고자 한다. 그는 창세기 1장과 2장를 근거로 하여, 인간은 하나님의 형상으로 만들어진 존엄한 존재이며, 하나님과 같은 귀한 존재라는 인간에 대한 성서적 이해를 제시한다. 하나님이 만드신 남녀가 결합하여 한 가정을 이룰 때 최초의 인간 탄생을 기대하게 된다는 것을 지적한다.

구약성서에서 탄생의 의미로 600회 쓰인 어휘 얄라드가 남자에게도 쓰이고 여자에게도 쓰인다는 것을 지적하면서 박 교수는 아이의 출산과 양육에 부모가 함께해야 한다는 당위성을 지적한다.

출생의 철학으로 박 교수는 맥훼이그의 여성신학적 신론과 마이스터 에크하르트의 신비주의적 영성신학을 접목하고 동양의 한비자와 도교·유교를 연결시켜, 인간은 태어나면서 죽음을 향해 나아가는 존재라는 점에서 출생과 죽음은 하나이고, 매일 이루어진다고 주장한다. 박 교수는 한국의 출생관이 성리학에서 출발하지만, 성리학에서 말하는 이理가 기독교와 유대교의 하나님이며, 도덕경에서 말하는 도道라는 것도 결국 창조주 하나님의 섭리와 같은 것이라고 지적한다. 한국 출생 문화에서 박 교수는 과거에 아이가 출생하면 고추와 숯을 엮어 새끼줄을 침으로써 세균 감염을 방지하는 차원의 생명 관리 문화가 있고, 백일이나 돌에 예배나 식사를 하면서 축하하는 일은 있지만, 특별한 출생 문화가 없음을 아쉬워한다. 그리고 한국에서 남아선호와 저출산의 현상을 문제로 지적한다.

세종대학교 김판임 교수는 21세기 출생을 설명하는 여러 가지 카테고리에서 포기하거나 무시할 수 없는 것이 생물학적 설명과 종교적 설명으로 보고, 두 가지 차원의 설명을 하나로 묶어보려는 시도를 감행한다. 모든 생명은 하나님에게서 온다는 점에서 출생은 거룩한 것이고, 거룩한 출생을 가능케 하는 남녀의 성행위도 거룩한 것으로 보아야 한다. 이런 입장에서 김 교수는 "출생의 거룩"을 말할 만한 성서적 근거를 제시해 보고자 출발하지만, 성서적 전거가 오히려 거룩한 출생 이해를 방해하고 있다는 결론에 도달한다. 김 교수도 박 교수처럼 성서신학자답게 창세기 1장과 2장에서 출발을 한다. 그러나 창세기 창조 이야기는 아이의 출생이 아니라 성인 남녀의 창조가 언급된다는 점에서 출생의 거룩함을 방해한다. 즉 잘못 이해하면, 하나님이 창조한 것은 성인 남녀이며, 어린아이의 출생은 성인 남녀의 성행위의 결과라는 이분법적 이해를 가지게 할 위험이 있다는 것이다. 뿐만 아니라 구약성서에 다양하게 나오는 바, 열심히 기도한 결과 얻은 자녀라는 모티브도 구약성서에 많이 나오지만, 이러한 이해는 기도 없이 출생하는 아이와 구별짓게 하여, 기도로 낳은 자녀는 거룩하고, 기도 없이 낳은 자녀는 동물적 본능인 성행위의 결과라는 이분법적 가치관에 빠지게 할 수 있다. 신약성서에서 바울의 영과 육이라는 이분법적 사고와 고린도전서 7장에 나오는 혼인 생활에 대한 여러 가지 부정적인 표현들도 출생을 가능케 하는 성생활을 거룩하지 못한 행위로 보게 한다는 점을 지적하고 있다. 그리고 복음서에서 동정녀 탄생에 관한 이야기와 부활 때에 혼인 생활이 없다는 것을 언급하는 구절들도 성생활에 대한 부정적인 이해를 낳는다. 바울의 표현에서 야기될 수 있는 위험이 어거스틴에게서 그대로 실현되고 있음을 김 교수는 지적한다. 어거스틴은 남녀의 성생활을 육욕에 의한 것으로 보고, 금욕주의만이 타락 이전의 행복으로 회복하는 길이지만, 인류 멸종을 피하기 위해 출산은 필요악으로 규정한다. 그리하여 성생활 없이 잉태된 것만 거룩하므로 예수 그리스도와 그의 어머니만 거룩하고, 그 외 모든 인간들은 죄의 결과로 자녀를 잉태한다는 결론에 도달하게 된다.

출생에 대한 거룩한 이해를 방해하는 것은 사랑에 대한 개념 정의이다. 사랑은 남녀가 서로 끌리는 감정인 에로스나, 친구 사이의 우정인 필로스, 종교적 의미의 사랑인 아가페가 다른 것이라는 가르침도 거룩한 출생 이해를 어렵게 한다는 것을 지적하면서 김 교수는 출생을 거룩한 일로 보려면 남녀가 끌리는 성적인 사랑(에로스)부터 하나님의 선물로 이해해야 하고, 남녀의 사랑에는 에로스만이 아니라 서로를 친구처럼 여기는 필리아도, 서로 존경하고 배려하는 아가페도 필요하다고 하는 사랑에 대한 통전적인 이해를 요청하고 있다.

이에 대해 오성주 교수는 논평에서 인간의 출생에 관한 신학적 근거 마련을 위한 연구 외에도, 교육학적 연구, 특별히 기독교교육론적 연구, 제의론적 연구, 사회문화적 연구의 필요를 지적하고 있다.

그 외 콜로키움에 참여하신 분들에게서 출생에 대한 제의적 예식으로는 임신 전후 자녀에 대한 축복기도, 출생 이후 축복기도 같은 것이 있음이 언급되었다. 그리고 출생 전후 즉, 태교 시 읽어야 할 성경본문과 찬송, 기도문, 출생 후 아기 때 읽어주어야 할 성경본문과 찬송, 기도문들을 보급하는 일이 필요하다는 것도 지적되었다. 그러나 육아와 자녀의 교육 비용 때문에 출산을 기피하는 작금의 현상이나 과거 가부장적 사회에서 남아선호사상이 지배적인 사회에서 딸이 출생되는 경우 등 자녀 출생에 대해 감사하지 못하는 경우들, 혹은 결혼 제도가 굳어진 사회에서 혼외 출생이나 단일민족 사회에서 서로 다른 국적이나 인종의 부모에게서 출생하는 것, 기타 등등 축복받지 못한 자녀 출생의 경우 어떻게 하나님의 거룩한 일로 보아야 하는지의 문제들이 제기되었다.

셋째 마당

# 결혼, 그것이 무엇인가
# 결혼의 재의미화

# 결혼:
# 삶의 정체성의 기반으로서

**안 석 모** 감리교신학대학교 실천신학 교수

### 1. 유일한 선택 요소

대화아카데미 모임 '삶의 신학'의 네 요소는 출생, 결혼, 나이 듦, 그리고 죽음이다. 이 중에서 가장 복합적이고 다면적인 내용을 지닌 것은 결혼이다. 결혼이란 우선 혼자서 되는 일이 아니다. 즉 출생, 나이 듦, 죽음은 홀로 맞는 일이요, 혼자만으로도 가능하나 결혼은 반드시 상대를 필요로 한다. 나아가 결혼은 그 안에 성과 사랑, 자녀 생산과 가정생활, 그리고 가정 경제와 가족 운용 등의 정치·사회·문화적인 모든 내용들을 포함한다. 그렇기 때문에 결혼에 대한 '삶의 신학적 성찰'은 매우 복잡하고 중첩되는 내용을 지닌다. 따라서 짝은 누구와 어떻게 짓는 것인지, 그 짝짓기의 바탕은 무엇이며, 그 목적은 또한 어떤 것인지, 결혼을 통한 '가족'의 형성은 어떤 사회·문화·신학적인 의미를 지니는지 등등 아주 많은 요소들이 성찰의 내용으로 등장한다.

여기서 모든 것을 다룰 수는 없고, 최근에 와서 우리 사회에서 결혼과 연관하여 논의되는 가장 중요한 요소들을 뽑아 그것을 중심으로 논의를 전개해 나가고자 한다. 삶의 신학의 네 요소 중에서도 가만히 살펴보면 그 중에 사람이 선택할 수 있다고 여겨지는 요소는 유일하게 결혼뿐이다. 그리고 이 가능성도 사실은 최근에야 그렇다고 여겨지게 된 것일 뿐, 기실 결혼도 이전에는 삶이나 환경에 의해 주어지는[命] 요소였지 선택 사항이 아니었다. 그러나 이제 결혼은 하나의 선택 사항으로 점점 더 여겨지고 있다. 그렇기 때문에 결혼에 대한 우리의 '삶의 신학적' 기본적 성찰도 매우 복잡해지고 있다. 이제 결혼을 '하나님이 정하신 제도'라거나 '하늘이 명한 자연스러운 일'이라고 보기가 쉽지 않게 되었다. 오히려 결혼을 철저하게 '현상'으로 보고, 그것의 '기능'을 통해 결혼의 의미를 찾아보게 되며, 문화적으로나 사회적으로 너무나 다양해진 그 '모습' 속에서 이제는 결혼의 '본질'이 어디에 무엇으로 존재하는지를 묻게끔 되었다.

'선택'으로서의 결혼은 필연적으로 삶의 다른 요소, 즉 출생이나 나이 듦 그리고 죽음에 직간접으로 영향을 미친다. 짝짓기 없는,[1] 즉 가족 없는 출생은 없다. 나이 들어갈 때 종국적으로 의지하고 도움을 주고받는 제도로서 결혼으로 인해 생겨나는 가족만큼 확실한 제도는 없다. 사회보장제도나 그 밖의 모든 것들은 가족을 보충하는 것일 뿐이다. 죽음마저도 결혼이라는 중간 단계를 거치지 않은 것은 신체적 소멸을 의미할 뿐이다. 죽음이 의미를 갖기 위해서는 결혼이라는 단계를 통한 출생이라는 생애주기 life cycle의 촉발이 있어야만 한다. 이렇게 보면 결혼은 선택해도 좋고 안 해도 좋은 그런 '자유 선택'이 아니라, 어쩌면 반드시 택해야만 하는 '필수 선택'일지도 모른다는 이유가 등장한다.

사실, 우리 동아시아 문화에서는 결혼이야말로 '사람이 되는[成人]' 필수적 단계였다. 아무리 '나이가 들어도' 혼인하지 않은 사람은 '성인'이 되지 못한 '아이'에 불과하였다. 이 점은 탈무드에서도 마찬가지였다. "아내가 없는 남자는 온전한 남자라 할 수 없다(Yev. 63a)." 성서에서도 결혼은 하나님의 처음 창조 때 그 엿새간의 창조의 '완성 fulfillment'이었다. 엿새간의 하늘과 땅 및 그 안의 만물의 창조는 남녀가 '한 몸을 이루고' 생육하고 번성하면서 만물을 다스리는 데에서 그 완성이 이뤄지는 것으로 그렸던 것이다.

이런 전통이 우리 시대에 와서는 희미한 흔적만 남아 있음은 두말할 나위 없다. 사람으로서 당연히 거치는 자연적 과정으로 여겨졌던 결혼이 이제는 '진학'이나 '취업'처럼 하나의 선택적 과정으로 여겨지고 있다. 그것도 최상의 우선권을 쥐고 있는 것이 아니라, '승진'이나 '웰빙' 등과 겨뤄 우선권을 뺏기고 있는 듯하다. 이것은 결혼이 이제는 '자연적 질서'가 아닌 '인위적 선택'으로 확실히 자리 매겨지고 있다는 증거인 것처럼 보인다.

---

[1] 아주 넓은 의미에서의 결혼을 말한다. 즉 짝짓기만으로도 결혼이라 생각하는 것 등등.

이것이 사실이라면, 자연적 출산—인간복제, 자연적 나이 듦—의학적 처치를 통한 노화의 방지, 자연사—안락사의 문제 등과 같이 결혼도 이제는 결혼—비결혼 같은 보다 근원적인 토의가 필요하지 않을까 하는 생각을 자아내게 한다.

이렇게 결혼에 대한 우리의 생각과 실제가 헝클어져 가고 있는 이때에, 결혼이 마땅한 자연 질서 혹은 천명이요 천도이며, 결혼이란 하나님의 창조질서 중 으뜸가는 것이요, 처음으로 제정하신 인류의 법도였다는 전통을 되새기면서 그것을 새롭게 설명하는 것이 가능하겠는가? 결혼이 점점 줄어들고, 그나마 그 전체 결혼 건수 중에서 넷 중 하나는 재혼이 차지하는 현실에서, 더욱이 결혼이 반드시 필요하다고 생각하는 사람이 한국 성인 남녀 중 절반도 되지 않는 현실에서, 결혼을 새롭게 보면서 그 의미를 다른 각도에서 찾아보는 것이 가능하겠는가?

이 글에서 필자는 결혼이 기능적인 요소로서만이 아니라 삶의 바탕과 본질적 요소로서 요청되는 것이며, 특히 결혼이 가지고 있는 "심리적 신학적인 이유"를 찾음으로 결혼과 그것이 지닌 본질적 의미를 찾아보고자 한다. 그리하여 우리들의 결혼에 대한 인식을 조금이나마 바꾸거나 아니면 진작시키고자 한다.

### 2. 결혼이 감소하고 있다

남녀간에 만나 짝짓기mating하는 것은 그렇지 않을지 모르나, 제도적인 의미의 결혼은 우리 사회에서 실질적으로 감소하고 있다. 이것은 단순한 사변적 문제가 아니라 실질적 과제이다. 1996년에 이뤄진 결혼은 434,911건으로 보고되었다. 인구 1,000명당 결혼은 9.4명, 이때 남자 초혼 평균연령은 28.4세, 여자 25.5세였다. 약 10년 후 2005년의 결혼 건수는 316,375건으로 줄어들었고, 인구 1,000명당 결혼은 6.5명, 남자 초혼 평균연령은 30.9세로 30세를 넘었고, 여자는 27.7세였다.

---

2) 김미숙, 「한국 가족 어디까지 왔나?-가족 위기 대 재구조화 논쟁」, 『보건복지포럼』, 2006년 6월 호, pp. 5-19.

〈표1〉 최근 10년간 혼인 및 재혼 통계

| 구분<br>년도 | 총혼인건수(건) | 혼인율(천명당) | 재혼건수(남) | 재혼건수(여) | 평균초혼남자(세) | 평균초혼여자(세) |
|---|---|---|---|---|---|---|
| 1996 | 434,911 | 9.4 | 44,400 | 45,200 | 28.4 | 25.5 |
| 1997 | 388,591 | 8.4 | 41,300 | 43,700 | 28.6 | 25.7 |
| 1998 | 375,616 | 8.0 | 43,400 | 46,800 | 28.9 | 26.1 |
| 1999 | 362,673 | 7.7 | 46,500 | 50,600 | 29.1 | 26.3 |
| 2000 | 334,030 | 7.0 | 43,600 | 48,300 | 29.3 | 26.5 |
| 2001 | 320,063 | 6.7 | 46,900 | 52,500 | 29.6 | 26.8 |
| 2002 | 306,573 | 6.4 | 47,200 | 52,600 | 29.8 | 27.0 |
| 2003 | 304,932 | 6.3 | 50,200 | 55,800 | 30.1 | 27.3 |
| 2004 | 310,944 | 6.4 | 56,700 | 63,600 | 30.6 | 27.5 |
| 2005 | 316,375 | 6.5 | 59,800 | 66,700 | 30.9 | 27.7 |

✤ 자료: 통계청

위 표를 보면, 전체 혼인 중에 약 4분의 1이 재혼이다. 그러니 실제 초혼 건수와 초혼 혼인율은 더 낮다. 따라서 가정을 꾸미고 아이를 낳을 가능성이 높은 가정은 더욱 줄어드는 셈이다.

문제는 여기서 그치지 않는다. '한국보건사회연구원'의 한 조사결과에 따르면[2] 결혼이 필요한 것인가라는 질문에 2005년도의 한국인은 49.3퍼센트만이 그러하다고 답하는 것으로 나타나고 있다. 이것은 1992년의 75.8퍼센트에 비하여 거의 3분의 2 수준이다. 또한 기혼 여성 중에 자녀가 없어도 무관하다고 생각하는 사람이 2005년도 조사에서는 무려 34.9퍼센트에 달하는 것으로 나타났다. 이는 1991년 통계에서 8.5퍼센트였음을 감안한다면 큰 변화이다. 반대로 자녀를 가져야만 한다고 생각하는 사람은 1991년도에는 90.3퍼센트였는데, 2005년에는 65.2퍼센트로 줄어들었다고 보고되고 있다.

〈표2〉 결혼의 필요성에 대한 가치관 변화(보건사회연구원: 긍정적 대답)

| 년도 | 1992 | 1996(공보처) | 1998(통계청) | 2000 | 2003 | 2005 |
|---|---|---|---|---|---|---|
| 비율(%) | 75.8 | 67.6 | 67.5 | 55.6 | 54.5 | 49.3 |

✤ 자료: 보건사회연구원(전국 출산력 및 가족보건 실태조사)

⟨표3⟩ 기혼 여성의 자녀 필요성에 대한 태도 변화 (단위: %)

| 년도\항목 | 반드시 가져야 함 | 갖는 것이 좋음 | 없어도 무관 | 모르겠음 | 계 |
|---|---|---|---|---|---|
| 1991 | 90.3 | | 8.5 | 1.2 | 1000(7,448명) |
| 1997 | 73.7 | 16.6 | 9.4 | 0.3 | 1000(5,409명) |
| 2000 | 58.1 | 31.5 | 10.0 | 0.5 | 1000(6,363명) |
| 2003 | 54.5 | 32.3 | 12.6 | 0.6 | 1000(6,593명) |
| 2005 | 23.4 | 41.8 | 34.9 | 0.0 | 1000(3,417명) |

✤ 자료: 보건사회연구원(전국 출산력 및 가족보건 실태조사)

이런 면은 실제 인구조사에서 그 현황이 드러난다. 2005년 인구총조사의 결과가 최근에(2006년 5월 18일) 발표되었는데, 우리 사회의 결혼 형태가 늦어지고 특히 성년 이후의 인구 중 미혼 중에 있는 사람들이 기하급수적으로 늘어가고 있음이 드러나고 있다. 예를 들어, 31-34세에 속한 사람들의 미혼 인구 구성을 보면 1970년대에는 31-34세의 사람 남녀 각 100명(합 200명)을 모으면 약 7.8명(200명 중)이 미혼이었다. 그러나 이것은 1990년에 들어서면 19.2명이었고, 2000년에는 38명이었다. 그러나 2005년에는 무려 60.4명이 미혼인 채로 생활하고 있다. 즉 2005년 현재 만 31세 이상 35세 미만인 사람은 약 400만 명인데 그중에 약 120만 명이 미혼인 것이다.

⟨표4⟩ 연령계급별 혼인상태별 인구구성 (30~40세 조사: 비율(%) 괄호 안 앞은 남자, 뒤는 여자 비율)

| 나이\년도 | 1970 | 1990 | 2000 | 2005 |
|---|---|---|---|---|
| 30~40 | 3.9 (6.4, 1.4) | 9.6 (13.9, 5.3) | 19.5 (18, 10) | 30 |

⟨표5⟩ 연령계급별 혼인상태별 인구구성비

| 연령 | 2005년 | | | | | 2000년 대비 증감 | | | | |
|---|---|---|---|---|---|---|---|---|---|---|
| | 인구 | 미혼 | 유배우 | 사별 | 이혼 | 인구 | 미혼 | 유배우 | 사별 | 이혼 |
| 계 | 38,055 | 30.2 | 59.3 | 7.6 | 3.0 | 1,711 | 0.1 | -1.3 | 0.2 | 1.1 |
| 15~19 | 3,101 | 99.7 | 0.3 | 0.0 | 0.1 | -591 | 0.2 | -0.2 | 0.0 | 0.0 |
| 20~24 | 3,662 | 96.0 | 3.9 | 0.0 | 0.1 | -186 | 2.5 | -2.5 | 0.0 | 0.0 |
| 25~30 | 3,672 | 70.6 | 28.9 | 0.1 | 0.5 | -425 | 14.9 | -14.9 | 0.0 | 0.0 |

|  | 2005년 | | | | | 2000년 대비 증감 | | | | |
| --- | --- | --- | --- | --- | --- | --- | --- | --- | --- | --- |
| 연령 | 인구 | 미혼 | 유배우 | 사별 | 이혼 | 인구 | 미혼 | 유배우 | 사별 | 이혼 |
| 31~34 | 4,096 | 30.2 | 67.7 | 0.2 | 1.9 | 3 | 10.7 | -11.0 | -0.1 | 0.4 |
| 35~39 | 4,113 | 13.0 | 82.4 | 0.6 | 3.9 | -74 | 5.5 | -6.1 | -0.3 | 1.0 |
| 40~44 | 4,123 | 6.1 | 86.5 | 1.6 | 5.8 | 127 | 2.3 | -3.2 | -0.6 | 1.5 |
| 45~49 | 3,901 | 3.4 | 86.5 | 3.4 | 6.7 | 949 | 1.4 | -2.5 | -1.0 | 2.3 |
| 50~54 | 2,855 | 2.0 | 85.7 | 6.3 | 6.0 | 505 | 0.8 | -1.4 | -1.6 | 2.2 |
| 55~59 | 2,278 | 1.2 | 83.3 | 11.0 | 4.5 | 310 | 0.5 | 0.0 | -2.3 | 1.9 |
| 60~64 | 1,889 | 0.8 | 78.3 | 18.0 | 2.8 | 100 | 0.3 | 0.8 | -2.4 | 10.3 |
| 65세 이상 | 4,365 | 0.5 | 55.4 | 42.9 | 1.1 | 993 | 0.2 | 3.5 | -4.0 | 0.4 |

✤자료: 통계청 인구총조사 2005

　　이렇게 우리 사회에서 결혼이 인식의 상태로나 실제 현황으로 줄어가거나 특히 늦게 결혼하는 상황이 심해져 갈 때, 그것이 가져오는 사회, 경제, 정치 등의 파장은 이만저만이 아니다. 그러나 이것이 단순히 사회적인 문제만이겠는가? 이런 현실이 의미하는 사람들의 가치관이나 삶의 의미의 체계에는 도대체 어떤 변화가 오고 있는 것인가?

　　삶의 일상적 현상을 신학적 사유의 대상으로 삼아 그것을 궁구窮究해 보는 '삶의 신학'은 이런 결혼 감소와 그 뒤에 자리하고 삶에 대한 변화된 가치관 및 의미체계에 대하여 무엇을 말할 수 있는가? 그리고 이에 대하여 어떤 신학적 해석이나 대안적 사유 내용을 제공할 수 있는가?

### 3. 결혼의 기원과 의미들

결혼에 대한 근원적 사고는 결혼에 관한 종교·문화가 제공하는 그 설화들에서 찾아볼 수 있다. 그리고 그 사회와 문화가 결혼에 대하여 어떤 생각을 해왔는지 살펴봄으로 그 의미의 층을 더 깊이 파 볼 수 있다. 그러면서 우리는 계속해서 앞에서 던진 질문을 계속해 볼 수 있다. 결혼은 과연 선택이며 하나의 사회·문화적 구성체인가? 사람이 밥을 먹는 것이 당연하듯 결혼도 당연한 것으로 여겼던 것은 아닐까? 그리고 이런 가치관과 의미체계가 무너지는 것이 우리 삶의 근본적 혼돈상은 아닐까?

### 4. 성경의 결혼관

성경 첫머리의 창조 이야기를 어떻게 해석하든 간에, 그 이야기의 정점 혹은 완성이 남녀의 창조와 이를 통한 부부의 탄생 혹은 가족의 탄생임은 분명하다. 즉 창조 이야기의 귀결은 "한 남자와 한 여자가 만나 결혼하여 '오래오래 행복하게' 살았다"라고 하는 결혼 모티브라고 보아 틀림이 없는 듯하다(출생이 먼저인가 아니면 결혼이 먼저인가 하는 논의에서 오늘은 결혼에 중점을 두어보자). 물론 이 모티브는 곧바로 왜 인간이 노동과 아이 낳는 고통을 감내해야 하고 죽을 수밖에 없는지에 대한 기원설화적 요소로 이어지기는 하지만 말이다. 창세기 1장과 2장의 이야기들에서 1장을 중심으로 한 창조 이야기의 정점은 안식일의 출현이다. 그러나 2장 4절 이하의 두 번째 창조 이야기의 정점은 남자와 여자가 부모를 떠나 한 몸을 이루는 부부의 창조임에 틀림없다.

"이러므로 남자가 부모를 떠나 그 아내와 연합하여 한 몸을 이룰지로다."
(창 2: 24)

앞의 창조 이야기에서도 하나님은 남녀의 창조 후 "생육하라, 번성하라, 충만하라"(창 1:28)고 첫 부부에게 명령하신다. 뒤의 창조 이야기에서는 남녀가 부모를 떠나는 것은 미완료형으로 표현되고 있다(떠날 것이다). 그러나 "연합하였고", "한 몸을 이루었다"고 말하는 뒷부분은 완료형으로 표현하여 그것의 당위성을 보여주는 듯하다. 이런 결혼관은 가정을 꾸미고(돕는 배필이 되고), 그 부부가 성적 결합을 하며(한 몸을 이루며), 경제를 운용하고(먹을 것을 따먹고, 옷을 해 입으며, 농사를 짓고), 나아가 자녀를 생산하고 기르고(아이를 낳아 기름), 이런 가정생활을 중심으로 종교적 기능까지도 이뤄짐(양을 드리고, 곡식을 바침)을 그 이야기 속에 포함하고 있다.

물론 이것은 일종의 기원 설화요 인류 구원에 대한 배경의 설정으로 이해된다. 그러나 이런 배경적 가르침은 예수님 때에까지 그대로 전해 내려와 바리새인들이 예수께 이혼에 대하여 질문을 제기할 때, 예수께서는 바로 위의 기원 설화를 그대로 인용하신다(마 19: 4-6; 막 10: 6-9). 그리고 예수께서는 거기에 "하나님이 짝지어 주신 것을 사람이 나누지 못한다"라고 첨언까지 하신다. 그렇다면 결혼은 하나님이 지어주신 거룩한 제도요 거룩한 법으로 여김 받고 있었음을 알 수 있다. 또한 예수께서는 이 땅위에서의 첫 기적을 결혼식 잔치에서 베푸심으로 결혼이 갖는 의미를 상징적으로 더해주셨다.

이것만이 아니다. 성서에서 결혼이 갖는 가장 중요한 의미는 그것이 일종의 '유비 analogia' 로서 심대한 신학 및 제의적 의미를 갖는다는 점이다. 그리고 이런 유비적 의미의 틀 속에서 결혼은 당위적이며 당연한 삶의 구조로 부각되고 있다는 점이다. 여호와는 이스라엘 백성의 "남편"이시요(사 54: 5), 이스라엘 백성은 여호와의 "뿔라" 곧 "결혼한 땅"이 될 것이다(사 62: 4). 이런 결혼의 유비는 예언자 호세아에서 더욱더 명확하게 그려져서, 여호와는 부정한 아내인 이스라엘을 끝까지 보듬어 안는 남편처럼 묘사되고 있다. 이렇게 하나님과 믿는 백성 사이를 묘사하는 결혼의 유비는 신약성서에 와서는 더욱 분명해진다. 그리스도께서 교회를 사랑하심은 남편이 아내를 사랑함 같고(엡 5: 25), 그리스도께서 다시 오실 때 그분은 신랑이요 교회는 그를 기다리는 신부이다(계 19: 7-8).

물론, 결혼에 대한 성서적 사유의 중요성은 그것이 창조의 질서요 하나님이 정한 신적 제도라는 것만이 아니다. 또한 결혼이 지닌 종교적 유비의 힘에만 있는 것은 아니다. 성서는 결혼이라는 사회적 사건과 제도 안에서 이뤄지는 성과 사랑, 가족의 중요성, 나아가 가족들로 구성되는 국가와 민족의 삶 등 제반 사항들이 모두 연결되어 있음을 설파하고 있다. 특히 가족 구성원의 부재나 상실로 인한 경제적 어려움과 그에 대한 대책 등 실로 광범위한 것을 말하고 있다.

그중에서도 성서의 결혼관에서 특히 중요한 것은 종교적 이상 중의 하나인 불멸 혹은 불사가 바로 이 결혼과 연관한 가족의 형성과 연관되고 있다는 점이다. 종교적 개념인 불멸 혹은 영원한 생명에 대하여 고대 히브리인들이 뚜렷한 개념이 없었다는 것은 널리 인정되고 있다. 이런 불멸 혹은 영생이란 개념은 오히려 자손 즉 후사의 존재를 통해 성립될 수 있었다. 그러므로 "너로 큰 민족을 이루게 하리라"(창 12: 2)든가 "네 자손으로 땅의 티끌 같게 한다"(창 13: 16)는 약속은 곧 결혼과 그로 인한 후손을 얻음이 얼마나 중요한 사고였는지를 확인시켜 주고 있다. 그렇기 때문에 "자식은 여호와의 주신 기업이요, 태의 열매는 그의 상급이로다"(시 127: 3)라고 시인은 노래하였다. 그렇다고 한다면, 자식이 없음은 일종의 저주요(창 15: 2) 수치스러움이었다(창 16: 4). 그리하여 구약에서 결혼을 하지 않거나 못함은 사회적으로 수치스러운 일이었다(사 4: 1). 또한 독신 생활은 일종의 하나님께 심판을 받는 것과도 같은 일이었다(렘 16: 1-4). 마찬가지로 신약에서도 "모든 사람은 혼인을 귀히 여기라"라고(히 13: 4) 가르치고 있고, "혼인을 금하는" 가르침은(딤전 4: 3) 잘못되고 미혹하는 거짓 가르침으로 단죄되고 있다. 사도 바울이 임박할 종말을 생각하며 혼인을 하지 않음이 나을 듯하다고 가르친 것은 단지 특수 상황에서의 일이다(고전 7: 25-28).

## 5. 우리 문화의 결혼관

결혼의 기원이나 당위에 대하여 우리 문화나 동아시아 문화에서 뚜렷한 설화나 합리적 설명을 찾기가 쉽지 않다는 것은 무엇을 말할까? 그것은 결혼이 '배고프면 밥을 먹는 것처럼 사람이 성숙하면 결혼한다'는 자연적 이치 때문이 아니었을까 추측해본다. 동양의 신화를 연구한 정재서 교수의 연구물들을 보아도, 창조설화를 혼돈에서 태어난 거인 반고의 죽음으로 인한 것 등을 소개하나, 여기에서도 결혼의 기원이나 이치는 내비쳐지지 않는다.[3] 여와라는 여신이 황토로 인간을 만들었다는 설화에서도[4] 남녀의 창조와 결혼 이야기는 비쳐지지 않는다. 결혼에 대한 언급이라 할 수 있는—홍수로 모든 만물과 인간들이 죽고 난 뒤에 살아남은—복희와 여와 남매의 금기적인 결혼 이야기가 처음 나오고 있기는 하나[5], 이것도 어떻게 홍수 후에 인간이 계속 번성할 수 있었는지에 대한 설명이지 결혼에 대한 설명은 되기가 쉽지 않다.

오히려 우리의 단군신화에서는 혼인이 매우 중요한 모티브로 등장한다. 말하자면 하늘의 신 환인의 아들 환웅이 이 땅위에 내려와 가장 먼저 한 일은 자신의 짝을 찾는 것이었다. 곰이 인간으로 변화한 웅녀와 만나 환웅이 결혼하는 것에 우리 민족의 기원이 이뤄지게 되었다고 본다. 나라의 시작도, 가족의 시작도, 이렇게 결혼으로 출발한 것이다.

결혼은 고어에서 '昏'으로 표기되었다. '昏'은 원래 태양이 사람의 어깨 아래 정도 낮게 지는 것을 상형한 문자로 어둠과 흐릿함을 뜻하는 문자였다.[6] 얼마 후 여기에 '女'가 변으로 붙어 '婚'으로 쓰어지기 시작하였으나 그 시기는 자세히 알 수 없다. 다만 옛날에는 결혼식을 밤에 하였고, 여성이 음陰을 상징하므로, 자연히 이 '婚'은 여성 즉 부인을 가리키는 말이 되었다. 따라서 남자가 장가를 드는 것으로 '婚'이란 말이 쓰이고, 여자가

---

3) 정재서, 『이야기 동양신화』, 황금부엉이, 2004, p. 43 이하.
4) 앞의 책, p. 49 이하.
5) 앞의 책, p. 55 이하.
6) 단국대 동양학연구소편 『漢韓대사전』의 (昏)과(vol. 6), (婚)을(vol. 3) 참조하라.

시집을 가는 것은 '姻'이란 말을 썼다.

오늘의 동아시아 문화를 형성하는 크나큰 역할을 한 『사서』와 『삼경』에서도 결혼에 대한 뚜렷한 이유나 설명을 찾기 어려움은 놀라운 일이다. 결혼에 대한 의미 있는 언급은 『시경』의 여러 시들 안에 간접적으로 매우 많이 언급되고 있다. 시란 것이 인간의 감정에 관한 언급이 많은 것이므로 결혼한 부부 사이의 서러운 감정을 토로하는 것들이 많은데, 특히 남편이 다른 여자를 얻어[新昏] 자신을 몰라라 하는 것 등에 대한 안타까움이 많다. 예로 「패풍邶風, 곡풍谷風」 같은 작품을 들 수 있다. 그렇지만 특히 「패풍邶風, 천수泉水」를 보면,

여자의 가는 길에는
부모형제를 떠나가는 것이 있다
女子有行, 遠父母兄弟

고 결혼의 모습을 시로써 노래하는 것이 있다. 또한 「제풍齊風, 남산南山」 같은 작품은 결혼할 때에는 부모에게 고하고 동시에 결혼은 중매를 통해 이뤄지는 것임을 말하기도 한다.

어떻게 아내를 얻는가?
필히 부모에게 고해야 하지
取妻如之何, 必告父母

어떻게 아내를 얻는가?
중매가 아니면 얻지 못하지
取妻如之何, 匪媒不得

바로 이 시가 『맹자』의 결혼에 관한 설명의 모티브를 제공한다. 동아시아의 예禮의 시원이라 할 수 있는 전설적 왕 순 임금이 결혼할 때, 부모에게 고하지 않고 하였는데, 이를 어찌 해석해야 하는가라고 만장萬章이 물었을 때 맹자가 답한다.

만일 말하였으면 결혼을 하지 못하였을 것이오. 남녀가 결혼한다는 것은 사람의 큰 도리인데, 말하여 그런 도리를 성취하지 못한다면 그 부모에게 원망이 갈 것이오. 그래서 고하지 않은 것이오.
告則不得娶 男女居室 人之大倫也 如告 則廢人之大倫 以懟父母 是以不告.
「萬章 上」

이로 볼 때 결혼을 얼마나 중요한 삶의 과정으로 맹자가 생각하였는지를 우리는 알게 된다. 맹자가 이렇게 결혼을 중요하게 본 것은 바로 '가家'의 중요성을 그가 주장하였기 때문이다. 그러나 이런 결혼은 개인적인 감정에 의한 것이 아니라 반드시 중매나 가족의 동의를 통해 이뤄질 것을 맹자는 또한 가르친다.

장부는 일생에 결혼하여 가정을 가지기를 바라고, 여자도 또한 일생에 결혼하여 가정을 이루기를 바란다. 그것이 부모의 마음이다. 모든 사람이 그렇다. 그러나 부모의 명령과 중매인의 말을 기다리지 않고 담 구멍을 파고 서로 엿보며 담장을 넘어서 서로 따라가면 부모나 사람들이 이를 천하게 여긴다.
丈夫生而願爲之有室 女子生 而願爲之有家 父母之心 人皆有之 不待父母之命 媒妁之言 鑽穴隙相窺 踰牆相從 則父母國人皆賤之.「滕文公 下」

이렇게 맹자를 통해 정비되는 결혼에 대한 생각은 『순자』를 거치면서 그 예에 대한 면으로 더욱 발전한다.

남녀의 결합과 부부 사이의 분별과 혼인하여 폐백을 드리는 일과 신부를 전송하고 마중하는 데에 예의가 없다면, 이런 경우에는 사람들에게 남녀가 결합하지 못하는 걱정이 생긴다. 그러므로 배필을 구하는 데에 분란이 생길 것이다.
男女之合 夫婦之分 婚姻娉內 送逆無禮 如是 則人有失合之憂 而有爭色之禍矣.「富國篇」

이렇게 발전되어 가던 결혼에 대한 생각들은 관혼상제 같은 인륜에 대한 제도적 정비가 이뤄지고 그에 대한 철학적 사고가 충분히 완숙된 전한대前漢代 말에 가서야 비로소 온전히 체계화된다. 이때에도 결혼에 대한 논의는 계속하여 '가家'나 '부부의 예'와 연관되어 이뤄진다. 이것이 결혼에 대한 동양사상의 특이한 면이다. 즉 결혼이란 그야말로 '인륜지대사'로서 논의되지, 거기에 사랑이나 성 혹은 친밀감 등으로 이야기되는 면이 거의 없다.

이렇게 결혼에 대한 체계적이고 집중적 논의는 오늘날 전하는 『예기』에 집성되어 있다. 『예기』가 언제 오늘의 모습으로 확정되었고, 그 안의 내용들의 기원이 언제인가를 일일이 따지는 것은 본인의 능력 밖이거니와 여기서 그리 중요한 것도 아니다. 다만 동아시아 문명의 오늘의 모습을 있게 만든 한나라시대 기원전 1세기 경에는 오늘의 모습으로 분명하게 자리 잡았음이 널리 인정받고 있다. 이런 『예기』 가운데 노나라의 애공이라는 치자가 공자와 문답하는 것으로 이뤄진 「애공문哀公文」에서 공자는, 예로서 백성을 다스리는 일에 대하여 설명하면서 혼인이 지극히 중요한 예의 대표적인 것임을 이렇게 말하고 있다.

> 천지가 합하지 않으면 만물이 나지 않으니 혼인이야말로 만세에 이어나갈 일입니다. 군께서는 어찌 너무 무겁다 이르십니까?
> 天地不合, 萬物不生. 大昏, 萬世之嗣也, 君何謂已重焉?

또한 제사 등 예에 관한 것을 말하는 「교특생郊特生」에서 혼인은 이렇게 설명되고 있다.[7]

> 천지가 합한 뒤에 만물이 일어난다. 남자가 혼인하는 것은 만세의 시초이다. 다른 성을 가진 사람을 취하여 서로 먼 사람들을 만나게 하고, 그럼으로써 그 분별을 두텁게 함이다. 예물은 반드시 정성껏 하고 예를 갖춘 말은 많지 않고 간결하여야 한다. 바르고 신실함이 있도록 고해야 한다. 믿음이

---

7) 인터넷 사이트(www.sacred-texts.com)를 참고하라. 『예기』 영역본이 나와 있다.

란 사람을 대함에 있는 것이요, 믿음이란 부녀자의 덕이다. 한 번 같이 하면 몸이 다하도록 (죽을 때까지) 고치지 않는다. 그렇기 때문에 (여인은) 남편이 죽어도 시집가지 않는다. 결혼하는 남녀가 서로 보는 예식 때에 남자가 여자보다 먼저 하는 것은 강유의 의리이다. 하늘은 땅보다 먼저이고, 임금은 신하보다 먼저이니, 그 의리가 한가지이다. 지(폐백하는 물건)를 잡고 상견례를 하는 것은 공경을 분명하게 밝히는 것이다. 남녀가 분별이 있은 뒤에야 부자가 친해지고 부자가 친해진 뒤에라야 의리가 생긴다. 의리가 생긴 뒤에라야 예가 생기고, 예가 생긴 뒤에라야 만물이 편안해진다. 분별이 없고 의리가 없으면 이것은 금수의 도인 것이다.

天地合而后萬物興焉. 夫昏禮, 萬世之始也. 取於異姓, 所以附遠厚別也. 幣必誠, 辭無不腆, 告之以直信. 信, 事人也. 信, 婦德也. 壹與之齊, 終身不改, 故夫死不嫁. 男子親迎, 男先於女, 剛柔之義也. 天先乎地, 君先乎臣, 其義一也. 執摯以相見, 敬章別也. 男女有別, 然後父子親. 父子親, 然後義生. 義生然後禮作. 禮作然後萬物安, 無別無義, 禽獸之道也.[8]

---

[8] By the united action of heaven and earth all things spring up. Thus the ceremony of marriage is the beginning of a (line that shall last for a) myriad ages. The parties are of different surnames; thus those who are distant are brought together, and the separation (to be maintained between those who are of the same surname) is emphasised. There must be sincerity in the marriage presents; and all communications (to the woman) must be good. She should be admonished to be upright and sincere. Faithfulness is requisite in all service of others, and faithfulness is (specially) the virtue of a wife. Once mated with her husband, all her life she will not change (her feeling of duty to him) and hence, when the husband dies she will not marry (again). The gentleman went in person to meet the bride, the man taking the initiative and not the woman, according to the idea that regulates the relation between the strong and the weak (in all nature). It is according to this same idea that heaven takes precedence of earth, and the ruler of the subject. Presents are interchanged before (the parties) see each other[1];-this reverence serving to illustrate the distinction (that should be observed between man and woman). When this distinction (between husband and wife) is exhibited, affection comes to prevail between father and son. When there is this affection, the idea of righteousness arises in the mind, and to this idea of righteousness succeeds (the observance of) ceremonies. Through those ceremonies there ensues universal repose. The absence of such distinction and righteousness is characteristic of the way of beasts. (tr. James Legge)

같은 『예기』 내에서 군자의 혼례에 관하여 설명하는 「혼의昏義」에서도 비슷한 내용이 서술되고 있다.

> 결혼이란 장차 두 성이 좋게 합하여 위로는 종묘를 섬기고 아래로는 후세를 잇는 것이다. 그러므로 군자는 이를 중시하였다.
> 昏禮者, 將合二姓之好, 上以事宗廟, 而下以繼後世也. 故君子重之.

사실, 『예기』는 그 책 제목이 의도하는 바대로, 사람이 살아가면서 지켜야 하는 예에 관하여 광범위한 논의를 담고 있다. 관혼상제가 여기서 모두 논의되고 있고, 그 논의의 짜임새는 이미 천지화합과 가족제도 나아가 국가제도의 중요성 그리고 그 안에서 이뤄지는 인륜적인 면을 망라하고 있다. 따라서 결혼에 대한 설명도 이제는 일정한 철학적 체계 속에서 이뤄지고 있다. 여기서 우리가 주목할 바는 결혼이 이미 가계와 연관하여 가족제도의 근본으로 여겨지고 있다는 점이다. 그것은 제사를 지낼 후손의 획득과 연관되고[萬世之嗣], 남편과 아내 사이의 관계에 대한 자세한 규정[夫婦有別]이 다른 중요한 관계 즉 부자와 군신의 관계와 동류를 이룬다. 그렇다면 결혼이 인류사회의 가장 중요한 세 가지 강령 중 하나로 동아시아 문화권에서 얼마나 중요하게 여겨졌는지는 말할 나위 없는 것이다.

이런 맥락에서 『주역』의 '열 개의 날개+翼' 중 「서괘전序卦傳」에서는 괘의 모양을 논리적으로 설명하는 데, 이때 천지만물의 이치 중에서 하나로 언급되는 남녀관 즉 결혼에 대한 사유도 바로 위의 『예기』의 논의의 연장선상에서 이해된다.

> 천지가 생겨난 이후에야 만물이 있고, 만물이 있게 된 후에야 남녀가 있게 되었으며, 남녀가 있게 된 후에 부부가 생겨났다. 부부가 있은 연후에 부자가 생겨났으며, 부자가 있은 후에 군신이 있게 되었다. 군신이 있은 후 상하가 있게 되었으며, 상하가 있은 후에야 예의가 자리 잡게 되었다. 부부의 도는 오래도록 계속되지 않으면 안 된다. 그렇기 때문에 다음 괘는 '항恆'으로 받는다.
> 有天地 然後有萬物 有萬物 然後有男女 有男女 然後有夫婦 有夫婦 然後有父子 有父子 然後有君臣 有君臣 然後有上下 有上下 然後禮義有所錯 夫婦之道不可以不久也 故受之以恆?

위의 글만 가지고 추론한다면, 동아시아 문화권의 유교적 사유에서 결혼이란 음양으로 나눠진 천지만물의 대표적 관계이며, 어떤 의미에서는 모든 윤리적 관계 즉 삼강오륜의 으뜸이다. 흔히 유교의 사고체계에서, 그리고 동아시아의 인간관계에서, 부자 관계가 언제나 우선하는 듯 여겨지지만 사실은 그 이전에 분명히 부부 관계가 존재하는 것이다. 그것은 남녀간의 관계가 있어야 비로소 '가家'의 형성이 가능하기 때문이다. 그렇기 때문에 결혼은 어느 쪽으로 보든 '가족'과 '가계'와 연관하여 그 중요성을 지닌다. 그리고 남녀를 이야기할 때도 개개의 남자와 여자가 아니라 가정을 형성하는 요소로서의 남과 여가 이야기된다. 이것은 동아시아인의 정체성 형성에 있어서 개인적 정체성individual self보다도 집단적 정체성collective self 혹은 가족적 정체성familial self이 훨씬 우선한다는 널리 알려진 이론 그대로이다. 우리는 결혼이 곧바로 '가족적 정체성'의 획득의 기본 계기라는 점에서 가장 중요한 의미를 지님을 다시 확인할 수 있다.

예를 들어, 우리는 한 개인을 지칭하면서도 그를 '화가'니 혹은 '소설가'니 하면서 하나의 가족으로 그를 지칭한다. 나아가 나라까지도 '국가'로 표현함으로 가족이라는 단위체가 모든 것을 표상화하는 기본 이념으로 쓰이고 있음을 발견할 때, 결혼을 하지 않는다는 것은 자연의 이치를 어긴다 하는 측면만이 아니라 그 사회와 문화의 가장 기본적인 규율을 어긴다는 측면을 생각해 볼 수 있다.

### 6. 결혼, 자연인가 선택인가

이상에서 보듯, 결혼이 창조의 질서요 자연의 일부이고 당연한 삶의 과정으로 여겨짐은 동서양을 막론하고 기본적으로 있던 생각인 듯하다. 그러나 이런 창조의 질서요 자연이던 결혼이 어떻게 하여 인위와 선택의 영역으로 들어오게 되었을까? 이 질문에서 중요한 점은, 결혼이 '만남'으로서는 자연이요 창조적 질서이지만, 결혼의 사회적 습속과 가족의 의미는 시대마다 지역마다 다를 수 있었다는 것이다. 따라서 결혼이 창조적 질서의 영역으로서만이 아니라, 사회적 질서의 범위에서 다뤄질 때, 거기서 생겨난 것이 사회적 관습으로서의 결혼이었다. 그리고 이혼이나 기타 여러 가지 다른 형태의 결혼의 법규들이 나오는 것도 바로 이런 영역에서의 일이다. 그리고 이런 사회적 영역에서의 결혼의 의미가 당사자들끼리의 '계약contract'이라는 것은 자연스러운 일이다. 결혼이 '계약'으로 이해될 때, 이혼이나 파혼이 가능한 것이요, 그에 따른 여러 가지 규정이나 과정이 가능해지기 때문이다.

그러나 계약으로서의 결혼이 창조의 질서나 자연의 질서로서 이뤄지는 것인가, 아니면 순전히 당사자의 이해와 목표에 의한 인위적 결단에 의해 이뤄지는가는 매우 큰 차이를 지닌다. 이 점에서 결혼에 대한 우리의 생각 깊숙이 숨겨져 있는 내적인 역동을 아는 것이 매우 중요한 일인 듯하다. 즉 결혼이 자연의 질서가 아닌 인간의 선택에 의해서만 결정되는 것이라면 그 선택의 근거가 무엇이냐가 매우 중요해지기 때문이다. 여기서 결혼의 사회학적 의미가 중요해진다. 결혼이 당사자들의 성적 관계에 대한 사회적 용인이라든가, 일종의 재화의 교환적 의미를 갖는다든가, 정치 경제력의 협력이나 유대 등을 의미하는 것이 바로 이런 점들이다.

이러한 사회적 의미로서의 결혼이 갖는 계약상의 목표나 숨어 있는 동기와 달리 결혼이 심리적인 의미 때문에 그 계약상의 바탕을 갖는다는 점도 또한 매우 중요하다. 그리고 이런 점이 역사상 매우 최근에 등장하였다는 것도 중요하다. 그것은 결혼의 근본적인 이유가 '가정의 형성'과 '가족을 통한 불멸의 성취' 라는 숨어 있는 동기가 아니라, "사랑하기 때문에 결혼한다"는 매우 새롭게 등장한 이유라는 것이다. 그리고 바로 이것이 오늘의 결혼의 위기 속에 숨겨져 있는 주된 원인이라고 본인은 생각한다. 즉 오늘 우리시대의 바뀌진 환경, 경제·정치·사회적인 결혼의 어려운 점 등등이 있으나, 그 바탕에는 결혼이 '사랑'이라는 낭만적 개념과 연관됨으로 해서 오히려 그것이 결혼을 어렵게 하는 요소로 등장할 수 있다는 것이다. 그리고 결혼에 대한 '삶의 신학적 성찰'도 바로 이 점에 착안해야 한다고 생각한다.

물론, 결혼에 대한 기원 설화나 고대로부터의 결혼관에 이런 애정에 바탕 한 결혼관이 없는 것이 아니다. 결혼이 남녀간의 애정과 그에 기반하여 이뤄지는 것임은 창세기의 가정 제정 설화에서 첫 남자 아담이 첫 여자 하와를 보고서 "내 살 중의 살이요, 내 뼈 중의 뼈로다"라고 환호하는 것에서 그 편린을 볼 수 있을 것이다. 그리고 수많은 설화들과 신화에서 남녀가 사랑하기 때문에 함께 살려고 하는 모습은 말할 나위 없이 뚜렷하고 많다. 그러나 이런 것이 결혼이란 남녀의 끌림과 그 애정에 근거하여 이뤄져야만 한다는 사회적 동의와 계약적 바탕이 됨은 최근의 일이다. 즉 서로가 서로에게 매혹당하고 끌려서 결혼에 이르는 것은 창조의 질서요 자연의 순리이다. 그러나 "사랑해야만" 결혼해야 한다는 사회적 관념이 형성되고 그것이 계약의 바탕이 되는 것은 엄밀히 말해서 다른 차원의 문제다.

바로 결혼이 선택의 요소로 등장하는 데에는 위의 후자의 생각이 밀접한 관계가 있는 듯하다. 그리고 그것의 바탕에는 개인적 자아가 집단적 자아에 우선하여 존재한다는 생각이 자리하고 있다. 결혼이 가족이나 환경의 중매나 조정에 의하여 이뤄지기보다는 개인적 선택으로 이뤄지려면 개인적 자아가 집단적 자아보다 우월해야 할 것이기 때문이다.

그러면 언제 이런 개인적 자아 이념이 탄생하였으며 그것이 어떻게 확립되게 되었는가? 서구 사회에서는 이런 개인적 자아의 출생이 중세기 교회가 집단적 자아의 모체로서 가장 힘을 크게 발휘할 때에 개인의 낭만적 감정과 그에 충실하려는 삶의 모습에서 비로소 구체화되기 시작하였다고 본다. 그리고 이런 실례를 학자들은 중세의 로망스 즉 낭만적 사랑의 이야기에서 찾는다. 예를 들어, 서구 사회의 개인적 낭만적 사랑의 전범처럼 여겨지는 엘로이즈Heloise1100-1163의 예가 바로 그것이다.

파리 귀족의 17세 딸이었던 엘로이즈는 자기보다 20년 연상의 수도사 가정교사 아벨라드Abelard1079-1142와 사랑에 빠져 임신을 하게 되었다. 사회적 출세를 위해서는 독신이어야 할 필요가 있던 아벨라드는 밖의 사람들에게는 알리지 않는 '비밀 결혼'을 제안하나, 엘로이즈는 반대하였다. 그녀의 보호자 삼촌에 의해 강제로 거세당한 아벨라드는 결국은 수도사로서의 삶을 계속 살아가게 되고, 엘로이즈 또한 아벨라드의 뜻에 따라 수녀가 되나, 그녀는 끝끝내 자신의 사랑이 결혼이라는 제도나 관습으로 부과되는 사랑이 아닌, 아벨라드에 대한 개인적 순수한 의도에서 비롯된, 오늘날로 말하면 진정한 낭만적 사랑임을 주장하였다.

> ······내가 오로지 당신만을 바랐지, 당신 안에 있는 그 어떤 것도 바라지 않았다는 것을 하나님은 아십니다. ······나는 결혼증서를 바라지 않았습니다. 결혼지참금도 바라지 않았습니다. 채워졌으면 하는 내 자신의 쾌락이나 소망도 바라지 않았습니다. 당신이 잘 아시듯이, 오로지 당신의 즐거움과 당신의 소망만을 바랐습니다. 혹 아내라는 이름이 보다 거룩하고 보다 구속력이 있는 것처럼 들릴지 모르겠습니다. 그러나 언제나 내게 더욱 달콤하게 들리는 것은 '정부' 혹은—그리고 이런 단어를 사용하는 것이 허용된다면— '첩'이나 '창부'라는 말입니다······.[9]

……당신은 혼인에 의한 결합보다는 사랑을, 결혼의 쇠사슬보다는 자유를 선호하는 내 주장에 침묵하셨습니다. 그러나 다음의 내 말에 하나님이 증인이십니다. 만일 온 세상을 다스리는 황제가 내게 결혼을 청하여 온다고 하여도, 그리고 온 세상을 내게 소유하라고 준다 하여도, 황후라고 불리는 것보다는 당신의 '창녀whore' 라고 불리는 것이 내게는 더 기쁘고 영예스러울 것입니다.[10]

오늘날까지 현존하는 그녀의 편지들 덕택에 우리는 당시의 결혼 제도와 엘로이즈가 주장하는 사랑과 결혼이 어떤 차이를 갖는지 1차 자료로서 생생하게 목격할 수 있다.[11] 여기서 우리가 눈여겨보아야 할 것은 엘로이즈가 주창하는 것이 연애가 결혼보다 더 중요한 것이라는 서구 중세의 낭만적 애정관이다. 이때의 연애는 기사와 유부녀인 귀부인 사이에도 가능한 것으로서 연애와 결혼은 분리되어 실행될 수 있는 것이었다. 즉 결혼과 연애는 반드시 겹쳐져야 한다는 생각이 부재하였던 것이다. 결혼은 가문이나 사회적 환경의 필요에 의해서 이뤄지는 것이고, 연애는 그와 관계없이 이뤄질 수 있었다.[12]

이런 연애와 결혼이 어떻게 서로 결합될 수 있었던가? 그것은 결혼으로 이뤄지는

---

9) *The Letters of Abelard and Heloise*, translated and edited by Betty Radice (London: Penguin Books, 1974), p. 113.
10) 앞의 책, p. 114.
11) 오늘날에 와서는 흔하게 여겨질 이런 사랑의 이야기가 집단에 대비되는 개인의 탄생으로서 여겨지는 것은 다름 아닌 교회, 가문, 사회적 관습과 전통이라는 외적인 권위에 대하여 과감하게 자신의 개인적 내면적 감정과 내적 생각을 엘로이즈가 따르고 있다는 면모 때문이다. 개인을 통제하는 시스템과 역동성이 개인의 외부에 있지 않고 내면에 존재한다. 그리고 그 시스템과 역동도 잘 짜인 내적 계산이나 계획에 의한 것이라기보다는 자발적으로 우러나오는 감정에 기반을 둔 모습이다. 그리하여 그 감정에 바탕을 두고 개인적 선택과 결단이 이뤄진다. 따라서 그 행동과 사고의 기준도 외적인 행위가 아니라, 내적인 의도이다. 우리는 바로 여기에서 중세가 무르익던 순간에 나타나 문예부흥과 종교개혁을 거쳐 지속적으로 형성되어 온 '자기중심의 인간상'의 온전한 첫 모습을 목도한다.
12) 또한 엘로이즈는 자신의 사랑과 결혼에서 몸과 성이 갖는 중요성을 수녀원장의 신분으로 편지를 쓰면서도 진솔하게 말하고 있다. "……우리들이 나누었던 연인들이 느끼는 쾌감은 너무도 달콤하였습니다. 그것들은 나를 한번도 역겹게 한 적이 없거니와 내 생각에서 지워진 적이 거의 없습니다. 내가 어디에서 무엇을 하든 그것들은 항상 내 눈 앞에 있고, 그리움과 환상들을 자꾸만 일깨워줍니다. 그리하여 심지어는 잠을 이룰 수 없기도 합니다. 심지어는 미사를 드리는 동안에도 또는 순전한 기도를 드리는 시간에도 그 감미로웠던 은밀한 기억들이 내 영혼을 사로잡습니다."(앞의 책, p. 133)

가정이 어떤 경제나 집단적인 기능상으로의 역할보다는 일종의 정서적인 홈베이스로서의 역할을 주로 담당하게 되면서 이뤄진 것이었다. 즉 서구 산업혁명의 여파로 생산의 기반이 가족으로부터 분리되어 공장이나 기업으로 이관된 것이다. 따라서 가족은 생산과 노동의 기반이 아니라 오히려 바깥 세상을 피하여 휴식하고 재충전하는 그런 안식처로서의 기능을 주로 담당하게 되었다. 이렇게 될 때에 결혼은 사회·경제적 요구와 환경에 의한 제도라기보다는 개인적 필요와 선택에 의해 구성될 수도 있고 그렇지 않을 수도 있는 임의적 제도로서 보다 크게 부각될 것은 당연한 일이었다. 그리고 그 개인적 필요라는 것은 물론 자녀 생산과 양육이라는 기본적 기능을 포함하는 것이었지만, 심리적 감정적 홈베이스로서의 역할과 보다 밀접하게 연관되기에 이르렀다. 이렇게 될 때, 결혼은 어떤 사회·경제적 요소에 바탕을 둔 가문과 사회의 조정이기보다는 당사자 사이의 낭만적 사랑으로 인한 선택과 결단으로 이뤄진다. 결혼이 개인적인 선호에 의하여 결정되는 것이다.

이런 변화에는 결혼의 한 주체인 여성의 사회적 지위와 사회적 기능의 변화 또한 큰 몫을 차지하였다. 동시에 성이 임신과 분리됨으로 나타난 성의 자유와 개방적 추세도 여기에 힘을 더해 주었다. 이것은 결혼 및 성이 출산과 분리되어 생각될 수 있다는 가능성을 열어놓았고, 결혼의 중요한 기능이 출산과 노동력 및 가족 만들기라는 차원만이 아니라, 친밀감을 보다 중시하는 정서적 만족의 통로로, 낭만적 사랑의 연장으로 확장되기에 이르렀다.

이런 문맥에서 본다면, 결혼이란 '창조의 질서'요 '신적인 제도라기보다'는 '감정적 유대의 연합이다'라는 식의 표현이 보다 현실적인 것으로 등장한다. 그리고 이런 문맥 속에서라야 비로소 출산과는 관계없는 동성애 결혼이라든가, 이혼으로 인한 가정의 해체, 자녀를 출산하지 않는 부부, 동거에만 그치고 있는 감정적 이혼 상태의 부부 같은 '창조적 질서'의 요소를 포함하지 않는 형태의 결혼이 많이 생겨날 수밖에 없음을 인정하게 된다.

그렇다면, 사랑이 결혼의 가장 중요한 근거로서 작용할 때, 여기서 말하는 사랑이란 무엇을 말하는가? 그것은 신체적으로 말하면 성적 매혹과 열정적인 관계를 말할 것이다. 동시에 그것은 친밀한 관계와 정서적 유대를 포함한다. 나아가 그것은 서로가 서로의 안위를 염려하고 서로를 위해서 헌신하는 태도와 행동을 포함할 것이다. 이 점에서 결혼의 근거로서의 사랑은 기본적으로 양자적 관계이다. 즉 자녀 관계나 부모 관계, 형제자매 관계나 친족 관계보다도 남편과 아내라는 양자의 관계가 중심이 되어버린다. 그리고 사회나 국가 혹은 더 나아가 생태적 환경과는 더욱 거리가 멀어진다. 그러므로 결혼을 창조의 질서나 자연의 도리라고 이해하여도, 그것은 남녀간의 관계요 애정과 결합의 관계로 이해되지, 결혼이 수반하는 제도나 질서로서의 본유적 가치는 점차로 묻혀지는 듯하다.

## 7. 결혼, 이데올로기인가 현실인가

"결혼이란 해도 후회하는 것이요, 하지 않아도 후회하는 것이다"라는 자주 인용되는 발언은 그 자체가 결혼이 이미 선택적인 일이 되었음을 반증하는 근대 이후의 결혼관을 가리키고 있다. 그렇다면 결혼이 이렇게 양가감정적인 상태가 된다는 것은 무엇을 말하는 것인가? 그것은 결혼이 하나의 이데올로기로서 작용하고 있었음을 말하는 것이요, 현실과는 상합하지 않는 역기능적인 요소들을 많이 지니고 있다는 증거이다. 우리 사회에 우스갯소리로 떠도는 것 가운데에, 결혼과 연관하여 '신혼이 무엇인가' 라는 질문이 있다. 흔한 답은 신혼이란 '깨가 쏟아지는 때', 혹은 '허니문으로 꿀처럼 단 때, 그러나 달이 찼다 기울 듯이 곧 기우는 것'이리라. 그러나 이 질문에 대한 우스개 답은 '한 사람은 신나고, 한 사람은 혼나는 것'이란다. 웃음을 자아내는 이런 답도 기실은 우리 사회의 결혼의 헛된 이데올로기를 폭로한다고 볼 수 있다.

이데올로기란 한 개인이나 사회 혹은 문화가 주창하는 관념이나 이념의 체계이다. 그것은 자연으로서의 인간이 삶을 위해서 샅샅이 프로그램화되어 있거나 결정되어 있지 못하므로 그 삶을 살아가기 위해서 필요한 생에 대한 이해, 목표, 그것을 향한 가이드를 제공하는 일종의 구성적 프로그램이다. 마치 낯선 땅을 여행하는 사람에게 지도나 나침반과도 같은 것이다. 이것을 저명한 인류학자 클리포드 기어츠Clifford Geertz는 일종의 '문화적 시스템'이라고 말하면서 이런 이데올로기도 상징들로서 구성되어 있음을 설파하였다.[13]

결혼도 분명 자연의 질서로서 인류의 역사에서 과거에도, 현재에도, 그리고 미래에도 필수불가결한 것이다. 그러나 동물과 달리 사람은 언제, 어디서, 누구와, 왜, 어떻게 결

---

[13] Clifford Geertz, *Ideology as a Cultural System*, in The Interpretation of Cultures (New York, Basic Books, 1973).

혼할지에 대해서는 완전하게 프로그램화되어 있지 못하였다. 따라서 시대를 따라 결혼에 대한 일종의 문화체계 즉 상징체계가 있어왔고, 그것이 그 시대에는 지도와 나침반의 역할을 해왔다. 여기서 우리가 주목하게 되는 것은 결혼에 대한 기원 설화를 포함하여 모든 결혼관이 이렇게 이데올로기적 요소를 포함하고 있다는 것이다. 여자가 남자를 돕는 '배필'로 창조되었다는 것도 하나의 이데올로기요, '결혼하였다가 남편이 죽으면 여자는 개가하지 않음壹與之齊, 終身不改, 故夫死不嫁'도 또한 하나의 이데올로기이다. 이데올로기는 특성상 그것이 생겨난 시대와 지역의 삶을 위해서 어떤 기능을 담당한다. 그러나 시대와 지역이 바뀌고 달라지면 그 이데올로기는 순기능보다도 어떤 역기능적 요소를 지니게 될 수 있다. 그러면 새로운 이데올로기는 생성되고 이렇게 생성된 이데올로기는 이전의 이데올로기와 여러 가지의 관계를 맺게 된다. 여기서 중요한 것은 이데올로기의 영향을 받지만, 이데올로기를 점검하고, 판단하며, 때로는 이데올로기를 허무는 역할을 하는, '현실' 혹은 '하부구조'가 존재한다는 것이다.

  이런 식으로 본다면, 결혼이 창조의 질서요 자연의 도리라고 가르친 성경이나 우리 문화의 오랜 습속도 하나의 이데올로기적 성격을 지니고 있었음이 드러난다. 동시에 이런 이데올로기가 서구 사회와 문화의 근대적 전개와 더불어 새롭게 등장시킨 생각, 곧 결혼도 하나의 선택이요, 그것이 '사랑'에 기반한 것이어야 한다는 관념도 일종의 이데올로기적 성격을 지니고 있음도 확인된다.

  그렇다면 오늘의 우리 사회의 결혼 풍속에 어떤 이데올로기가 존재하고 있는가? 그리고 그 이데올로기는 어떻게 변모되고 있으며, 또 어떤 이데올로기가 새롭게 형성되어 가고 있는가? 이데올로기는 그 의미상 시대와 지역에 따라, 또는 사회계층이나 사람의 퍼스낼리티마다 다르고 또 다를 수 있다. 그러나 대체로 우리의 상식과 전통에 의하면 다음의 것들이 우리의 결혼에 관한 이데올로기라 볼 수 있을 것이다. 무엇보다도 결혼이란 우리에게 있어서 여성이 원 가족을 떠나 남성의 가족에로 편입됨을 말한다. 즉 남자는 장가를 들고, 여성은 시집을 가지만, 실제에 있어서는 여성이 남성의 가족에게로 온다. 이것은 얼마 전에 폐지된 호주제 같은 것에서 그 실증을 찾아볼 수 있는 것이었다. 이런 이데올로기는 물론 조선시대 유교의 영향, 즉 부자로 이어지는 가부장적 제도의 영향이다. 그렇기 때문에 결혼할 남자는 가장이 될 만큼 신체적, 사회적, 경제적으로 어느 정도의 능력과 기반을 갖추고 있어야 한다는 관념이 강하게 자리하고 있다. 이것은 결혼 당사자의 나이나 학력에 있어서 남자가 더 높아야 하고, 그리고 부부 취업의 경우 남자의 수입이 여자의 수입보다 많아야 한다는 관념체계까지 포함한다. 따라서 남자는 집안을 대표하고 빵을 벌어오는 사람이요, 여성은 그것을 집안 내에서 돕고 보살피는 '내자'라는 관념체계가 가능해진 것이다. 이것은 남녀의 역할 분담과 사회활동과 가사노동 사이의 엄격한 분리를 가져왔다. 명절이면 주부들이 앓는다는 '명절증후군' 등이 바로 이런 이데올로기의 산물이었음을 두말할 나위 없다.

우리는 여기서 전통적인 결혼관에 얽힌 이데올로기적 요소를 일일이 거론할 수는 없다. 다만 이런 이데올로기가 분명 우리 사이에서도 다소간 변형된 모습으로 존재하고 있고, 또 그것이 실제로 다소간 우리의 생활 속에서 작용하고 있음을 인정할 수밖에 없음을 시인해야 한다. 다만, 우리의 '삶의 신학적' 반추를 위해서, 오히려 중요한 것은 이런 이데올로기가 과연 급변하는 오늘의 우리 사회와 문화 속에서 어떻게 기능을 하는지 혹은 기능을 하지 못하는지를 살펴보면서, 이것을 현실과 맞추어 새롭게 그 모습을 혁신 혹은 재형성해 가는 것이 더욱 시급한 문제라는 것이다.

사실, 위에서 간단히 언급한 전통적 결혼 이데올로기가 가부장적 이념체계요 그것이 현대사회에서는 얼마나 현실과 유리된 것인가에 대해서는 더 이상 설명이 필요치 않다. 그러나 '애정'에 근거하여 결혼한다는 새롭게 등장한(그리고 아직도 현재진행형인) 이념체계도 우리 사회의 현실에 제대로 상합하지 못하는 것이 사실이다. 여기서 중요한 것은 이념체계의 이상적인 면이나 내적으로 그리고 이론적으로 '멋있음'이 아니라 그것이 얼마나 현실에 바탕하고, 현실을 설명하며, 현실에 대하여 혹은 미래에 대하여 인도하는 힘을 지니고 있느냐 하는 점이다. 바로 이 점 때문에 우리는 결혼에 대하여 '창조의 질서'나 '자연의 도리'를 말하기 이전에 현실과 이 현실을 움직이고 있는 '자연의 또 다른 질서'를 보아야만 한다.

최근, 우리 사회의 결혼 및 가족에 관한 통계들과 이에 따른 걱정 및 논의들은 기실은 우리의 현실과 우리가 형성한 혹은 형성하고 있는 결혼에 관한 이념체계들이 서서히 무너져 가고 있음을 보여준다. 여기에는 크게 몇 가지의 요소가 작용하고 있는 듯하다. 하나는 인구학적으로 결혼을 할 해당 연령의 남녀가 얼마나 존재하느냐는 것이다. 그리고 이것은 지역이나 계층에 따라 매우 다를 수 있다. 동시에 이런 인구 중에 실제로 결혼을 원하거나 혹은 원치 않는 사람들이 어떤 모양새로 분포하고 있느냐는 것도 중요하다. 둘째는 이러한 전반적인 인구학적 배경을 뒤로 두고, 그 동안의 남녀평등 혹은 여성지위 향상을 위한 사회적 관념과 노력들이 결혼에 어떤 영향을 미치고 있는가라는 점을 파악

해야 한다. 여성의 사회적 역할, 즉 여성의 직업과 경력 및 경제·정치적 힘이 결혼과 많은 관련성을 맺고 있다는 가정을 실제 현실상으로 확인해 볼 필요가 있다. 세 번째로 결혼을 원하지만, 실질적 조건이나 환경이 그에 상응하지 못하여 결혼에 이르지 못하는 경우에 대한 점검이다. 예를 들어, 경제적 능력 때문에 혹은 결혼보다도 경력이나 승진 혹은 다른 가치에 몰두함으로 실제로는 결혼 의사가 우선 순위에서 혹은 선택 순위에서 밀릴 수 있는 경우가 있기 때문이다. 네 번째로는 위에서 살펴본 '사랑이 결혼의 기본'이라는 새로이 생겨난 결혼 이데올로기를 생각한다면, 자신에게 적절한 상대가 나서기까지 얼마나 오래 기다릴 수 있는가라는 것이다. 즉 다른 조건이 모두 허용된다 하여도 '맘에 맞는 상대'의 부재는 곧 결혼의 가능성을 떨어뜨릴 수 있다. 예를 들어, '한 사람은 신나고 한 사람은 혼나는 것'이 신혼이라면, 혼나는 쪽의 사람은 결혼을 하려는 마음이 있고, 결혼할 환경이 이뤄져 있어도, 혼나게 할 사람이 아닌 사람과 맺어지기 전까지는 결혼에 이를 가능성이 높지 않을 것이다.

    이런 점을 생각할 때에, 잘못된 결혼 이데올로기 때문에 결혼이 문제를 맞고 있다는 견해는 매우 협소한 관측인 것으로 보인다. 오히려 현실이 어떻게 변화하고 있는지를 보면서 그에 대하여 변화하고 있는 결혼에 관한 이념체계를 살펴봄이 보다 적절하다. 이런 점에서 지난 3월 통계청이 발표한 '2005년 결혼·이혼 통계'는 우리의 대화를 위해서 시사하는 바가 매우 크다.

    ○ 2005년 혼인은 316,375건(쌍)으로 전년에 비해 5,431건이 늘었으나 이것은 외국인과의 혼인 증가에 힘입은 것임(하루 평균 867쌍이 혼인한 셈).

    ○ 초혼 비율은 줄고 재혼 비율이 늘고 있다(초혼 비율: 73.9% 재혼 비율: 25.2%); 남자 초혼과 여자 재혼인 쌍은 2만여 건에 달해 전체 결혼의 6.4 퍼센트에 해당; 남자 재혼과 여자 초혼인 쌍보다 남자 초혼과 여자 재혼인 쌍이 1996년경부터 더 많아졌다는 것도 매우 주목할 만한 것.[14]

14) 부부의 혼인형태별 혼인건수(단위: 천 건, %)

| 년도 | 1995 | 1996 | 1997 | 1998 | 1999 | 2000 | 2001 | 2002 | 2003 | 2004 | 2005 |
|---|---|---|---|---|---|---|---|---|---|---|---|
| 계 | 398.5 | 434.9 | 388.6 | 375.6 | 362.7 | 334.4 | 320.1 | 306.6 | 304.9 | 310.9 | 316.4 |
| 남(초)+여(초) | 341.6 | 370.8 | 329.9 | 315.4 | 298.1 | 273.1 | 254.1 | 241.2 | 235.6 | 233.1 | 233.7 |
| 남(재)+여(초) | 14.1 | 15.7 | 13.2 | 13.1 | 12.8 | 11.5 | 12.2 | 11.8 | 11.9 | 12.1 | 13.1 |
| 남(초)+여(재) | 14.1 | 16.5 | 15.6 | 16.5 | 17.0 | 16.3 | 17.9 | 17.1 | 17.5 | 19.1 | 20.1 |
| 남(재)+여(재) | 25.7 | 28.6 | 28.1 | 30.3 | 33.6 | 32.0 | 34.6 | 35.4 | 38.2 | 17.5 | 46.4 |

○ 남녀 모두 20대 이하 혼인은 감소, 30대 이상 혼인은 증가; 평균 초혼 연령은 남자 30.9세, 여자 27.7세임.

○ 초혼 부부 중 동갑인 부부는 15.0퍼센트; 여자 연상 부부는 12.2퍼센트에 달한다; 여자가 10년 연상인 경우 전체 결혼의 0.1퍼센트 (약 300건); 여자가 3-9년 연상인 경우 전체 결혼의 2.9퍼센트(약 900건).

○ 외국인과의 혼인은 총 혼인 건수 중 13.6퍼센트로 2005년 한 해 동안 혼인한 부부 100쌍 중 13.6쌍이 외국인과 혼인한 셈임; 외국인 신부의 국적은 중국, 베트남, 일본 순이며, 외국인 신랑의 국적은 중국, 일본, 미국 순임.

○ 2005년에 혼인한 농림어업종사자(남자) 8,027명 중 2,885명이 외국 여자와 혼인하여 비율은 35.9퍼센트.

○ 2005년 이혼은 128,468건(쌍)으로 전년 대비 10,897건(-7.8%) 감소함; 최근의 혼인 건수 감소, 이혼숙려기간의 시범 도입 등이 이유인 듯; 남자는 40대 초반, 여자는 30대 후반의 이혼율이 높음.

○ 20년 이상 함께 살았던 부부의 이혼은 전체 이혼의 18.7퍼센트로 10년 전(95년)의 8.2퍼센트보다 약 2.3배 증가함; 동거 기간이 4년 이하인 부부의 이혼 구성비는 25.9퍼센트로 10년전(95년) 32.6퍼센트보다 6.7퍼센트 감소; 미성년 자녀(20세 미만)가 있는 이혼은 전체의 63.3퍼센트.

○ 2005년 이혼 주된 사유는 성격 차이 49.2퍼센트, 경제 문제 14.9퍼센트, 가족간 불화 12.2퍼센트, 배우자 부정 7.6퍼센트, 정신육체적 학대 4.4퍼센트, 건강 0.6퍼센트 등이다.[15]

○ 2005년 한 해 동안 전체 부부 100쌍당 1.06쌍이 이혼한 셈; 외국인과의

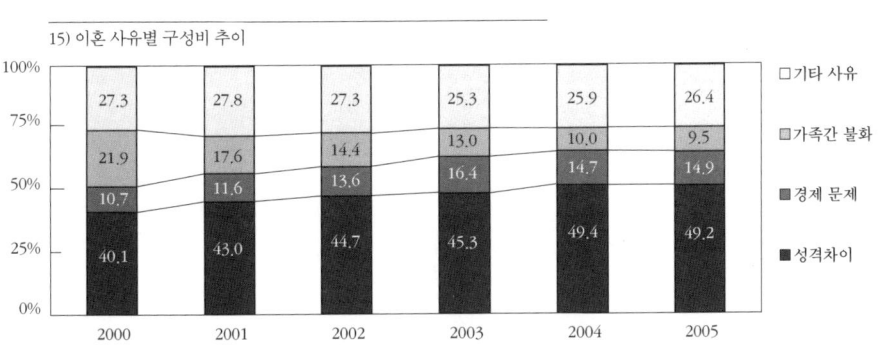

15) 이혼 사유별 구성비 추이

이혼은 4,278건; 총 이혼 128,468건 중 3.3퍼센트에 달함.

여기서 우리가 제일 먼저 주목하게 되는 것은, 20대 결혼이 줄고 30대 결혼이 늘어 가고 있다는 것이다. 이것은 남녀 모두 사회인이 되기 위하여 교육의 연한이 늘고, 사회적 경험과 가정 밖에서의 활동을 중시한다는 남녀평등 및 자기성취를 중요시 여기는 문화적 변화와 관계가 깊다. 그러나 동시에 결혼을 하기 위해서는 남자가 경제적 기반과 사회적 준비를 어느 정도 해야 한다는 관념이 자리하고 있음도 무시하기 어렵다. 즉 남성과 여성이 결혼을 하고 같은 환경 위에서 서로 힘을 합하여 사회, 경제, 문화적 기초를 다져간다는 생각은 아직 미미한 것이다. 그렇기 때문에 2005년 한 신문이 조사한 결혼 풍속도를 보면 남성들은 배우자가 교사(35.6%)나 사무직(26.8%) 및 전문직(21.7%)이기를 바랐고, 여성들은 남자가 사무직(43.8%), 전문직(35.0%), 그리고 공무원(7.6%)이기를 바라는 것이다.[16]

이렇게 결혼연령이 늦어지게 되는 것에는 또한 배우자를 만나기가 쉽지 않다는 사회 문화적 변화도 작용한다. 특히 결혼이 가족의 주선이나 맞선에서 이뤄지기보다 직접 만나 사귐을 통하여 이뤄지는 형태로 변화되는데, 실제 생활에서는 그런 경우가 이뤄지지 쉽지 않음도 또한 현실과 이념의 괴리를 보게 하는 중요 요인 중의 하나이다. 이런 면에서 이웃 나라 일본 내의 결혼에 관한 한 보도도 우리의 주의를 끈다. 그들도 미혼 인구의 급증으로 걱정을 하고 있는데,[17] 일본의 여성들이 결혼을 안 하거나 못하는 이유 중의 하나는 결혼 상대자를 만날 기회가 많지 않기 때문이기도 하다는 것이다.

여기서 우리가 생각하여 볼 수 있는 것은 우리나라도 일본처럼 '적당한 상대를 만나가 어렵다'는 점이 보다 큰 이유로 등장하고 있다는 것이다. 맞선이 일본에서 급격히

---

16) 『동아일보』, 2005년 7월 12일 (인터넷 판)
17) 2000년 현재 일본의 30-34세 미혼자는 남성 43%, 여성 27%이다 (1950년에는 남성 8%, 여성 6%였다; 평균으로 하면 35%이다). 2002년 '일본국립사회보장인구문제연구소'에 의하면 18-34세의 일본남녀는 90% 정도가 결혼을 원하고 있으며, 결혼할 생각이 없다고 한 사람은 5%이다. 다음 표는 일본 내 미혼 여성 조사결과; 20-34세 미혼 여성 1,000명을 조사한 결과이다.

| | 1970~1974년 | 1985~1989년 | 2000~2004년 |
|---|---|---|---|
| 결혼한 사람 수 | 160명 | 99명 | 72명 |
| 맞선 | 54명 | 20명 | 4명 |
| 직장/업무관계 | 52명 | 33명 | 23명 |
| 친구/형제 통해 | 24명 | 18명 | 23명 |
| 학교/아르바이트/서클 | 20명 | 18명 | 15명 |

✢자료: 『동아일보』 2006년 5월 30일 화요일 A15면

줄어든 것처럼, 우리나라도 이제는 맞선보다는 직접적인 관계를 통해 결혼에 이르러 할 것인데, 적절한 상대를 만나기가 어렵다는 것이 실제로 큰 문제가 되어가고 있다.

이렇게 실질적인 혼인 배우자를 만나기 어렵다는 현실을 넘어, 배우자 자체의 부족은 우리 결혼 문화에서 순혈 결혼이라는 관습까지 깰 수 있다는 데에서 우리는 놀라게 된다. 결혼 이데올로기가 아무리 강해도 현실적 구조의 문제는 이데올로기를 쉽사리 깰 수 있다는 가능성의 발견 때문이다. 외국인과의 혼인이 총 혼인 건수의 13.6퍼센트(총 43,121건)로 전년에 비해 21.6퍼센트나 증가하였다. 이것은 남녀 비슷한 수치였다. 이것은 2005년 한 해 동안 혼인한 부부 100쌍 중 13.6쌍 비율로 외국인과 혼인하였다는 것이며, 우리 사회의 결혼 이데올로기가 근본적 붕괴와 변화를 겪고 있다는 확실한 증거이다. 특히 농어촌에서 이뤄지는 결혼의 열 쌍의 결혼 중 네 쌍 정도가 외국인과의 결혼이며 그 중 동족이라 할 수 있는 중국 교포와의 결혼을 제외하고서라도 (약 절반 내외 정도), 열 쌍 중 두 쌍 정도가 순전한 외국인과의 결혼이라 볼 수 있다. 특히 2005년 경우 베트남 여인과의 농어촌 남성의 결혼은 절반을 넘어섰다(총 2,885건 가운데 1,535건).

'2005년 혼인 이혼 통계'에서 또 하나 주목하게 되는 것은 남자는 초혼이고 여자는 재혼인 경우의 결혼이 전체 결혼의 6.4퍼센트에 달하고 있다는 것이다. 남녀 모두 초혼인 경우는 줄고, 어느 쪽이든 재혼인 경우가 전체 혼인의 4분의1에 이르는 것도 놀랍지만 (우리의 전통적인 결혼 이데올로기상에서), 가부장적 이데올로기가 아직도 존재하는 우리 사회에서 열여섯 결혼 중 한 결혼이 남자 초혼에 여자 재혼이라는 것은 정말로 새로운 현상이라 아니할 수 없다. 동시에 남자는 재혼이고 여자는 초혼인 경우보다 남자는 초혼이고 여자는 재혼인 경우가 더 많다는 것도 놀라운 일이다. 이것은 여성의 개가를 금기시하던 과거의 이데올로기가 급속히 무너지고 있음을 보여준다. (또한 많은 여성들이 생존상의 여건으로 재혼을 하지 않으면 안 되는 환경적인 요인에 의해 결혼을 할 수밖에 없는 점을 보여주는 듯도 하다.) 이것은 동시에 전체 결혼의 12.2퍼센트가 여성이 연상인 경우라는 것과도 관계가 있는 듯하다. 여기에는 여성이 사회적으로 활동하고 경제적 기반을 닦은 경우 남성이 오히려 경제적으로나 사회적으로 여성에게 의존하는 형태의 결혼이 늘고 있음을 의미할 수 있기 때문이다.

이 점에 있어서, 일부 우리나라의 최근 결혼 풍속이 최근 『뉴스위크』[18]에 실린 미

---

[18] 『뉴스위크Newsweek』, 2006년 7월 5일자 참조.

국인들의 결혼에 관한 기사와 어느 정도 유사점을 가지고 있지 않은지를 생각하게 한다. 이 최근의 기사는 1986년 6월 2일호의 『뉴스위크』 표지기사에 실렸던 미국 여성들의 결혼에 관한 기사가 잘못되었음을 시인하는 것으로 결혼에 관한 현실이 얼마나 예측하기 어려우며 동시에 결혼에 영향을 미치는 여러 가지 요소들이 얼마나 다양하고도 독특한 점을 지니고 있는지를 아주 잘 보여주는 것이었다. 1986년의 기사는 '부서져가는 결혼 Marriage Crunch' 이란 표지 기사로 미국 여성들이 20대에 결혼하지 못하면 이후의 결혼 기회는 심각하게 줄어들어, 나이 30세의 미혼 여성은 20퍼센트의 기회, 나이 35세의 미혼 여성은 5퍼센트의 기회, 그리고 40세의 미혼 여성은 결혼으로 골인할 확률보다 "테러리스트에 의해 살해될 확률이 더 높다"고까지 이야기한 것이었다(실제는 2.6%). 이 통계는 하버드와 예일대의 교수들이 연구한 것으로 사실은 그 엄밀한 방법론과 의미가 제대로 전달되지 못한 채 숱한 논쟁과 물의를 불러일으켰고, 20년 후 그 결과를 살펴보면서 미국 내 결혼에 대한 실제의 현실을 보도한 것으로 매우 의미가 깊었다. 다음이 우리의 논의를 위해 매우 중요한 내용들이다.

- 다른 인구학자들이 다시 조사한 결과 1980년대의 미국 40세 미혼 여성이 후에 결혼으로 이어진 비율은 17-23퍼센트였다(뉴스위크에 게재된 원연구의 비율은 2.6%). 그러나 이 후속 연구도 참으로 어려운 예측을 한 것이었다. 결혼 풍속이 많이 달라졌으므로.
- 1946-1964년에 태어난 베이비 부머들의 90퍼센트 정도는 결혼을 했거나, 할 것이다.
- 이 베이비 부머들 중 14퍼센트의 여성들이 30세 이후에 결혼하였다(요즈음의 미국 초혼 연령은 여자 25세, 남자 27세).
- 1996년 통계에 의하면 40세 미혼 여성이 이후 결혼할 확률은 40.8퍼센트다.
- 1986년 미혼으로 『뉴스위크』에 실렸던 14명의 여성 중 11명이 결혼했으며, 3명만 아직도 독신이고, 이 결혼한 이들 중 이혼한 이는 없다.
- 1980년 이전에 30세 이전에 결혼하지 않는 여성은 독신으로 남을 확률이 많았을 수 있으나, 이후의 여성들은 "결혼이 싫어서가 아니라, 보다 나은 결혼을 위해서는 기다리는 것이 훨씬 더 나을 것이라고 판단하고

있었다"고 볼 수 있다.

- 40세가 넘어서도 독신인 여성들은 계속 결혼을 희망하고 있으며, '결혼 본능marriage instinct'은 전 인구 영역에 걸쳐 매우 강하다.
- 여성이 직업적으로 성공하면 결혼할 확률이 낮아진다는 것이 이전의 상식이었으나, 그렇지 않다. 성공한 여성의 결혼 가능성이 다른 면으로 높을 수 있게 결혼 문화가 변하였다.
- 부모들의 이혼을 경험한 세대들은 이후 결혼 시 배우자에 대한 헌신이 높아지는 등의 결혼 문화의 변화가 일어났다.

1986년 『뉴스위크』 기사의 시대적 배경은 베이비 부머들의 결혼 행태였다. 1956-1964년에 태어난 이들은 이전 그들의 부모 시대와는 매우 다른 가치관 속에서 성장하고 생활하고 있었으므로 여러 가지 신기한 예측이 많이 나왔다. 특히 1957년이 베이비붐의 절정이었는데, 여성들이 서너 살 위의 남성과 결혼하는 경향성을 생각하여 1957년 이후에 태어난 여성들이 30세 이전에 결혼하지 않는다면, 결혼할 남성 자원이 모자란다는 단순한 수치 비교가 위의 예측의 중요한 배경이 되었다는 것이다. 또한 남녀평등운동이 번지면서 결혼으로 '매몰'되는 삶을 여성들이 원치 않고, 독신 여성으로 아이를 양육하여 키우는 예가 많아지며, 여성들의 지위 향상으로 인하여 그에 걸맞는 상대를 구하기 어려워질 것이라는 등의 바뀌어가는 사조 또한 이런 연구의 배경이 되었다.

물론, 이런 외국의 사례들이 그대로 우리의 현실에 적용될 수는 없다. 그러나 고학력의 여성들이 늘어나고, 취업률이 높아지며, 전문직 여성들이 많이 등장하는 우리 사회의 앞날의 결혼에 대하여 시사하는 바가 적지 않다. 그런 것들을 정리한다면 다음과 같은 것들을 예측할 수 있다.

- 결혼할 여건이 맞지 않아서 미혼이 늘어나지, 결혼하려는 '본능'이 사라지고 있는 것은 아니다.
- 남녀평등 및 성역할 균등이 이뤄지면서 가부장적인 결혼관으로는 결혼에 성공하기 어려워진다.
- 여성의 취업 및 전문직 추구 등으로 여성의 결혼연령이 점점 더 늦어질 것이다.

○ 여성의 결혼연령이 늦어지면서, 연하의 남성과 결혼하는 경우가 늘어날 것이다.

○ 여성의 결혼연령이 늦어지면서 초산 평균 연령도 높아질 것이다.

○ 결혼한 부부들의 자녀의 숫자도 경제적인 이유로서만이 아니라 사회문화적인 이유로도 줄어들 것이다.

○ 전통적인 결혼만이 아니라, 동거나 계약 결혼 동성애 결혼 등의 형태도 보다 많이 그리고 다양한 형태로 나타날 것이다.

○ 결혼이 아닌 미혼 상태에서의 입양이나 다른 형태의 가족 구성 형태가 생겨나고 늘어날 것이다.

여기서 필자는 우리나라의 결혼 현실에 경제적인 상황이 끼치는 영향에 대하여 논하거나 의견을 제시할 능력이 없다. 배우자가 될 사람과 함께 결혼을 원하나 경제적인 이유로 결혼을 하지 못하는 경우에 대한 확실한 데이터나 논거를 필자는 가지고 있지 못하다. 필자가 중요하다고 역설하고 싶은 것은 우리의 전통적인 결혼 이데올로기가 현실적인 하부구조의 변화 속에 여지없이 무너지고 있으며, '사랑이 결혼의 조건'이라는 새로이 등장한 결혼 이데올로기도 실제로는 그리 강한 이념체계가 되고 있지 못하며, 오히려 우리의 결혼 풍속과 결혼에 대한 관념 속에는 현실적 구조가 강하게 작용하고 있다는 점이다.

## 8. 삶의 정체성을 향하여

인간이 만물의 영장이라 하지만, 기실은 우리의 형제요 친구인 동식물들로부터 많은 것을 보고 배운다. 『탈무드』에서 말하고 있듯이, 따지고 보면 식물과 동물은 태어난 순서로 치면 우리보다 나이가 많은 형이요 누이들이다. 우리는 풀이나 나무가 꽃을 피우고 열매를 맺는 것에서 그의 존재의 의미를 충실하게 함을 본다. 동물들에게서도 마찬가지이다. 암수가 짝을 짓고 새끼를 낳아 키움으로 그 존재의 주기를 완성함을 본다. 이렇게 본다면 결혼이란 인간의 존재의 의미를 충실케 하는 가장 중요한 삶의 과정이라 할 수 있다. 그렇기 때문에 이성의 짝을 찾는 것을 희랍신화에서는 잃어버린 반쪽이라 말하기도 하였고, 칼 융은 모든 사람 안에 양성적인 면이 존재하며, 이성의 모습이 원형으로 무의식 속에 자리하고 있음을 말하기도 하였다. 동아시아 사상이 음양을 말하면서 남녀의 결합을 우주의 원형으로 말한 것은 위에서 지켜보았다.

현대의 삶에서 이런 형이상학적 원형적 논의는 결혼의 의미를 오히려 가리는 듯하다. 그것은 오히려 타도하고 도태시켜야 할 과거의 결혼 이데올로기로 보여지고 있다. 그렇다고, 결혼에 대하여 근대와 현대에 등장한 '낭만적 결혼의 이데올로기'도 또한 보편적으로 적합 타당한 것 같지도 않다. 위의 현실에서 보았듯이, 사회 및 환경적 영향 속에서 낭만으로서의 결혼은 오히려 복잡한 현대 생활 속에서 역기능을 담당하고 있는 듯하다. 차라리 결혼도 이제는 합리와 효율, 편의와 이익, 경쟁 속의 생존을 위한 정보화와 국제화의 시대에 삶을 위한 방편의 하나로 여기는 것이 새롭게 등장하는 이데올로기의 면모인 것 같다. 그렇기 때문에 사람들은 "하늘이 맺어준 짝"을 찾기보다는 "컴퓨터가 선택해주는 최적의 짝"을 궁금해 하고 있다. 이런 면에서 '경제가 불확실한 시대'에 가장 이상적인 배우자는 '직업이 안정된 공무원'이라는 등의 이야기나, '강남 8학군 출신의 남성은 같은 지역의 여성과 결혼한다'는 식의 이야기가 회자된다.[19]

그렇다면 '삶의 신학'에서의 결혼의 의미는 어디에 있는가? 결혼이 '하나님께서 창조하신 이 세계 속에서' 가지는 의미는 무엇인가? 성sex이 본능으로서 생명체와 연관하여 뗄 수 없듯이, 결혼 혹은 만남mating도 본능으로서 우리의 삶과 무관하게 생각할 수 없다는 것은 자명하다. 다만 그 결혼의 이데올로기와 사회학적 형태 및 기능이 달라지고 있는 것뿐이다. 그렇다면 이렇게 달라진 시대와 문화 속에서 결혼의 '삶의 신학'적 의미는 어떻게 찾을 수 있는가? 전통적 이데올로기의 재해석 및 새롭게 등장하는 이데올로기에 대한 평가와 가이드 등을 통해서 제시될 수 있을 것인가?

결혼에 대한 최근의 우리 사회의 논의는 고령화 및 저출산 문제와 연관되어 있다. 저출산 문제만 하여도 단순히 가임 인구의 줄어듦만이 아니라, 우리의 가족 문화와 경제 사정이 많이 이야기되고 있다. 아이를 낳아도 부부 맞벌이에 양육의 문제가 너무나 크고, 또한 사교육비의 엄청난 증가로 경제적 부담 때문에 저출산이 만연하고 있다는 것이다. 이렇게 보면 결혼의 의미가 결국은 출산과 양육이라는 개인적인 영역과 사회적 요구가 겹쳐지는 곳에서 한정되는 듯한 모습도 띤다.

---

19) 『동아일보』, 「2005 한국의 결혼 풍속도 상」, 2005년 7월 12일(인터넷 판).

결혼을 '삶의 신학'의 견지에서 반추해볼 때, 결혼이 어떤 본유적 의미를 지니는 지를 우리는 묻지 않을 수 없다. 이것을 신학적으로 말한다면, 결혼이 영원한 삶 혹은 본래적인 삶의 측면에서 어떤 가치와 의미를 지니는지를 찾아보는 것이다. 이것은 과거 가부장적인 삶과 그 제도에서 결혼이 남성의 입장에서 여성을 취함으로 성취하는 어떤 개인적·사회적 기능의 입장으로 보는 것이 아니다. 혹은 결혼을 '사랑'의 완성으로 보면서 거기서 이뤄지는 행복한 결말로 혹은 '스위트 홈sweet home'의 언약으로 보는 것도 아니다. 그렇다고 결혼을 사회나 국가 혹은 어떤 집단의 존속을 위한 거래와 계약으로 보자는 것은 더더구나 아니다.

결혼이 하나님의 창조의 질서의 '온전한 충만'이요, 세상의 종말이 거룩한 성 "새 예루살렘"이 신부가 신랑을 위해 단장한 것 같이 하늘에서 내려온다 함처럼 결혼의 유비가 만물의 마지막을 형용하는 것이라면, 결혼이 무엇이길래 이렇게도 성서와 신학적 전통에서 중요해지는 것일까?

기독교 전통 특히 가톨릭 전통에서 결혼은 거룩한 성례전 중의 하나였다. 그것은 결혼이 세례나 성찬처럼 거룩한 신비의 요소를 지닌 제도였음을 말한다. 그렇다면 결혼의 어떤 요소가 그렇게 거룩하고도 신비한 것이었을까? 결혼의 무엇이 '성례전적'인 의미를 지니는 것이었을까? 사실 성사sacramentum로서의 결혼은 어떤 외부로부터의 공식적 예전이 끼어들 수 없는 유일한 성례이다. 집례하는 성직자가 할 수 있는 일은 당사자의 서약을 듣고 선포를 하는 것 이외에는 다른 것이 없다.[20] 오히려 이 성례의 주인공은 바로 결혼 당사자들이다. 그렇다면 어디에 거룩과 신비의 요소가 내재하는가? 한때 결혼의 성례전적 요소는 두 당사자의 성적 결합을 통한 혼인의 성취에 있다고 본 적이 있었다. 그러나 이런 성적 결합이 교회사적인 전통에서 취약한 면이 있었음을 두말할 나위 없다.[21] 따라서 성례적인 의미를 성혼을 선포하는 성직자의 선언과 축복에서 찾는 견해도 있었다. 그렇다면 일반 세속적인 결혼은 성례적인 면이 없단 말인가?[22] 그런가 하면 두 당사자 사이의 서약과 그렇게 하여 맺어지는 관계 위에 성례적인 면이 있다고 보는 견해도 대두하였다.[23]

---

20) John Witt, Jr., *From Sacrament to Contract: Marriage, Religion, and Law in the Western Tradition* (Louisvile, Kentucky: 1997), p. 27.
21) 앞의 책, p. 27.
22) 앞의 책, p. 28.
23) 앞의 책, p. 28.

그러면 출생, 결혼, 나이 듦, 죽음을 신학적 견지에서 살펴보는 '삶의 신학'에서는 이 결혼이 어떤 '신학적' 의미를 지니고 있을까? 즉 우리는 결혼에서 무엇을 '거룩한' 요소로 보고 그것이 지닌 '신성the sacred/sacramental nature of marriage'을 따져볼 수 있는 것일까? 필자는 그 해답을 결혼이란 '관계의 정립을 통한 정체성의 확립'임에서 찾고 싶다. 이것은 거시적으로는 하나님과 사람 사이의 관계, 자연과 인간 사이의 관계, 그리고 남자와 여자 사이의 관계 등으로 보겠지만, 논의의 폭을 좁혀서, 현대인에게 결혼이라는 관계는 '내가 누구인지를 알게 하는 정체성의 근거'로서의 관계란 것을 의미한다. 이때의 '관계'와 '정체성'이라는 용어는 최근 상담심리학에서 말하는 일종의 정신건강적 패러다임과 관련성을 갖는다. 잘 아는 대로, 개인의 주체성과 정체성이 근대 및 현대의 가장 중요한 정신적 패러다임으로 등장하면서 정신건강과 행복에도 이런 개체적 정체성이 강조되어 왔다. 그것이 개인을 함몰시키는 집단, 이데올로기, 역사적 왜곡 등등에 대한 항거와 독립으로 이뤄진 것은 주지의 사실이다. 바로 이런 문맥 속에서 결국에는 결혼과 가정이라는 것조차 일종의 반주체적·반개체적인 제도로 보여지게 되었던 것이다.

그러나 20세기 후반, 개별적 자아individual ego는 확실하게 자리하고 있지만, 건강한 심리적 자기psychological self를 갖지 못한 사람들이 많아지면서—소위 '자기애적'이라고 명명되지만 사실은 '자기가 결핍된' 사람들—나르시시스트들narcissists이 편만하기에 이르렀다. 그리고 학자들과 정신건강 전문가들은 이것이 산업사회 및 후기산업사회 속에서 전통적 가족과 그런 가족 내 양육이 무너지면서 생겨난 '대상관계object relations'의 함몰, 즉 엄마—아기 사이의 관계상의 결함에서 생겨나는 것이라고 설명하기에 이르렀다.

출생한 아기는 엄마(혹은 엄마로 대변되는 양육자, 때로는 아빠, 혹은 할머니 등등)와의 관계에서 자신의 소중함을 깨달으면서 서서히 엄마와 자신이 서로 분리되어 있고, 개체적인 존재임을 깨달아간다. 그러나 이런 분리 개별화의 과정 속에서 오히려 아기는 자신을 심리적 주체요 개별적 존재로서 깨달아가는 것이다. 이때 엄마와의 관계가 너무 급작스런 분리되면 자기가 '버림받았다abandoned self'고 느끼게 되고, 계속하여 엄마의 품속에서만 존재하도록 양육되면 엄마에게 '삼켜져 버렸다engulfed self'고 느끼게 된다.[24] 결국 육체

---

[24] Margaret Mahler, Fred Pind and Anni Bergman, *The Psychological Birth of the Human Infant* (New York: Basic Books, 1975); James Masterson, *The Real Self: A Developmental, Self, and Object Relations Approach* (New York: Brunner/Mazel, 1985).

와 사회적 기능을 감당하는 에고는 존재하되, 자신이 누구이며 왜 살아가고 있는지 그것을 느끼고 알게 하는 주체적 '심리적 자기'는 부재하는 삶을 살게 되는 것이다. 이렇게 '속이 텅 빈 자기depleted self'를 지닌 사람들이 편만하게 된 것은 아이러니하게도 개체성과 주체성을 중시하는 근현대 문화와 그에 따른 핵가족화 및 탈가족화와 관계가 깊다는 것이다. 그리고 이것은 동시에 결혼 문화와 결혼 풍속의 급격한 변화 및 가족 구조의 이완이나 해체와 관계가 깊다고 설명된다.

이런 면은 주체 혹은 개체는 탄생하였는데, 그것이 관계적 맥락을 잊어버려 결국은 자기를 상실한다는 역설적 상황을 단적으로 보여준다. 프로이트의 근대적 자아—성적 욕구와 그것에 대한 충족을 1차 과정의 지상 목표로 삼는 근대적 주체—가 자아중심주의 solipsism에 빠졌다면, 그 3세대 이론인 정신분석적 대상관계론은 하나의 주체는 또 다른 주체와 만남으로서만 비로소 자기를 확립하고 건강한 자기상을 성립하기에 이른다는 것을 역설하고 있다. 그리고 이런 주체끼리의 만남의 첫 관계가 건강한 가족의 엄마—아기 관계임을 서슴없이 이야기하고 있다.[25]

이 점에서 현대의 대상관계론은 정신건강에서 아버지—아들의 관계가 중심이 되던 프로이트의 오이디푸스 콤플렉스 이론의 허점을 지적하면서, 생애 최초의 관계를 형성하는 어머니—아기 관계(임신부-태아 관계 포함)를 강조하고 있다. 그렇다면 이런 최초의 인간관계의 요람은 두말할 나위 없이 결혼과 가족의 형성 및 그 가족의 건강한 유지를 필요로 한다.

여기서 학자들은 매우 뜻있는 비유를 들고 있다. 즉 최초의 관계 엄마—아기의 관계는 평생에 걸친 인간관계의 전형을 이룬다는 것이다. 이것은 학동기 아동의 선생—학생 관계, 사춘기 청소년의 친구—친구 관계, 그리고 혼인기의 남편—아내 관계의 원형이라는 것이다. 그리고 이 남편—아내 관계는 또 다른 엄마—아기의 관계를 형성한다는 면에서 삶의 주기의 한 정점을 이루게 된다. 이렇게 본다면, 남편—아내의 관계는 단순히 '사랑의 완성'으로서의 성적 관계나, 사회적 기초 단위로서의 사회학적 관계를 넘어, 정신적 차원에서 삶의 완성이요 인생의 정체성 확립이라는 측면으로 이해될 수 있다.

---

25) 모성을 강조함으로 이것이 혹시 여성을 가족 안에 구속시키려는 의도가 있는 것이 아닌가 하는 여성운동으로부터 의혹을 받기도 하였다. 그러나 거꾸로 건강한 자기의 탄생을 위하여 이런 점이 모성이 지닌 강점이요 사명이란 면에서, 즉 오히려 여성성을 중시하고 가정을 중시한다는 면에서 현대 여성운동에서 환영을 받기도 하였다.

이것을 결혼에 대한 기원 설화의 빛 아래에서 조명해 본다면, 첫 사람들은 홀로 있을 때, 자기가 누구인지 무엇을 위해 존재하는지 확실히 알 수 없었다. 따라서 하나님께서는 '홀로 있음이 좋지 못함'을 아시고, 짝을 만들어 주셨던 것이다. 그것은 대상이 있음으로 비로소 주체가 주체임을 확인하게 되는 변증법dialectic의 원리와도 같다. 또한 하늘과 땅, 빛과 어둠 등 만물의 대극적 존재 양태가 서로가 서로를 인정하고 그것들의 관계를 통해서 비로소 삶과 역사가 전개되는 것을 전범으로 남성과 여성의 만남을 이야기하는 동아시아적 결혼 기원관과도 일치한다.

### 참고문헌

www.sacred-texts.com/cfu/ (2006년 5월 현재)

Witt, Jr. John., *From Sacrament to Contract: Marriage, Religion, and Law in the Western Tradition*. Louisvile, Kentucky: 1997.

Geertz, Clifford. *"Ideology as a Cultural System"*, in The Interpretation of Cultures. New York, Basic Books, 1973.

Mahler, Margaret, Fred Pind and Anni Bergman, *The Psychological Birth of the Human Infant*. New York: Basic Books, 1975.

Masterson, James., *The Real Self: A Developmental, Self, and Object Relations Approach*, New York: Brunner/ Mazel, 1985.

*Newsweek*, 2006, July 5.

Radice, Betty., Translation and edition. *The Letters of Abelard and Heloise*. London: Penguin Books, 1974.

김미숙,「한국가족 어디까지 왔나? - 가족위기 대 재구조화 논쟁」,『보건복지포럼』, 2006년 6월호.

단국대동양학연구소편,『漢韓대사전』, vol. 6, vol. 3.

『동아일보』,「2005 한국의 결혼풍속도 상」, 2005. 7. 12. (인터넷판 www.donga.com)

정재서,『이야기 동양신화』, 황금부엉이, 2004.

# '그런' 가족은 없다 :
# 살림 가족의 탄생을 위한
# 생태여성신학적 제언[1)]

**구미정** 숭실대 겸임교수, 기독교윤리학

### 1. 들어가는 말

남편이 밖에서 제 구실을 못한다, 아이가 밖으로만 나돌고 공부는 뒷전이다, 노인들이 애완견보다 못한 취급을 받는다…… 다 여자(마누라/엄마/며느리) 탓이다, 여자들이 살림을 못해서 그렇다…… 쯧쯧, 어쩌다가 한국의 가정이 이렇게나 무너졌는가, 가정이 살아야 나라가 사는데……. 오늘 우리 사회의 가족 위기 담론은 주로 이런 식으로 흘러간다. 이른바 가족 위기론자들은 고이혼과 저출산, 그리고 싱글single족의 증가로 특징 지워지는 이 시대의 가족 해체 현상을 '망국亡國'의 징조인 양 부풀리면서, 모든 책임을 페미니스트 내지는 여성부에게 전가하는 식으로 문제에 접근한다.[2)] 여자들이 전통적인 가족 가치에 충실하여 희생하고 인내하면서 살면 괜찮은데, 자아실현입네 뭡네, 남편을 우습게 여기고, 애도 낳지 않으려고 하고, 급기야 혼인까지 거부하니까, 가족 해체가 일어났다는 것이다.

이러한 발상의 밑바닥에는 남성—생계부양자, 여성—전업주부라는 성별 분업의

---

1) 이 글은 『페미니즘과 기독교윤리』에 실린 필자의 졸고, 「울타리 가족을 넘어 생명 가족에로: 호주제 폐지 및 건강가족법 시행에 즈음한 페미니스트 기독교윤리적 반성」을 참고로 대폭 수정·보완한 것임을 밝힙니다.

공식이 한몫을 담당한다. 가족의 생계를 담당하는 남편이 가정에서 확고부동한 지위를 점유하는 것, 그리고 가사와 육아, 노인(시부모) 부양 등 소위 '살림'을 담당하는 아내가 남편의 내조를 잘하는 것, 이 원칙이 잘만 지켜지면 원만한 가정생활이 보장된다는 식이다. 이 논리는 가정을 사회와 유리된 폐쇄 공간으로 취급한다는 점에서 낭만적이고, 가족을 둘러싼 복잡다단한 문제의 원인을 지나치게 단순화한다는 점에서 환원주의적이며, 오로지 전근대적인 가부장적 가족 모델을 이상화하여 그것의 상실을 '위기'로 진단한다는 점에서 반동적이기까지 하다.

모든 위기 담론이 마찬가지겠지만 가족 위기 담론에서도 역시 위기를 기회로 삼는 지혜가 필요하다면, 섣불리 위기를 선언하기에 앞서 도대체 어떤 기준에서 무엇이 위기라는 것인지 구체적으로 되물을 필요가 있다. 그런데 여기서 말하는 위기가 특정 이데올로기에 기반한 특정 가족 모델의 붕괴를 의미하는 한, 이것은 사실상 위기라기보다는 변화로 읽어내는 편이 맞을 것이다. 오늘의 가족에 대해 이야기할 때 위기론적 시각에서 바라보는 것과 변화론적 시각에서 바라보는 것 사이에는 커다란 차이가 있다. 전자는 과거 사회를 지탱했던 소위 정상 가족 모델을 염두에 두고 오늘의 가족을 보기 때문에 복고적 해결을 도모하기 마련이지만, 후자는 변화하는 사회 현실을 수용하면서 그에 따른 요구에 능동적으로 대처하고자 하기 때문에 열린 가능성을 모색하게 된다. 이러한 맥락에서 탈근대 시대의 가족 담론으로는 위기론적 시각보다도 변화론적 시각을 채택하는 것이 훨

---

2) 가족 위기론의 선봉에 서 있는 정통가족제도수호범국민연합(정가련)과 한국성씨총연합회 등의 견해를 살펴보는 것이 도움이 된다. 이 단체들은 2005년 3월 2일 호주제 폐지 법안이 국회 본회의를 통과함으로써 바야흐로 호주제가 역사의 뒤안길로 사라지게 되자, 다음과 같은 논지로 '오호통재라'를 외쳤다. "이제 가족 해체는 필연적 수순이 될 것이다. 여성부는 '가족을 지키는 것은 호주제가 아니라 사랑입니다'라고 강조하지만, 조금만 깊이 생각해 보면 이 말이 얼마나 잘못된 사고에 바탕을 둔 말인지 쉽게 이해할 수가 있다. 일찍이 전통 가정에서는 사랑보다는 가족 안에서의 남녀의 '역할과 책임' 그리고 '직분에 따른 의무와 희생정신'을 가르치고 그것을 강조해 왔다. 만일 여성부의 주장대로 이러한 덕목이 가정 안에서 사라질 때 무책임과 이기주의, 역할의 전도 등에서 오는 분열과 혼란을 무슨 수로 막을 수 있다는 것인가? 지금도 벌써 효의 정신과 가족 윤리 마비로 노부모에 대한 부양 회피, 가족 분쟁과 이혼, 기아 문제와 청소년들의 비리와 범죄가 만연하고 있는데, 사랑 타령만으로 가정이 온전하고 사회 구성원이 모두 행복해질 수 있다고 말할 수 있겠는가? 이는 국민을 기만하려는 발상이고 어떤 면에서는 위험하기까지 한 망상이 아닐 수 없다." 정가련에서 2005년 3월 10일 발표한 성명서, 「걸레가 되어 버린 우리의 가족법」참고. 정가련 홈페이지 www.guard.or.kr에서 발췌함.

씬 더 유용하고 적합하리라 생각된다.

더 나아가 가족 위기론자들이 말하는 위기는 사실상 가족 자체의 위기라기보다는 사회구조적인 측면에서 발생한 총체적인 위기로 파악하는 편이 옳다고 본다. 오륙도(56세까지 직장에서 버티면 도둑)·사오정(45세면 벌써 정년)·삼팔선(38세가 되도록 정규직을 잡지 못하면 평생 비정규직 신세)·이태백(20세 태반이 백수) 등 신조어에 담긴 우리 사회의 모습은 신자유주의 경제 태풍 앞에서 초토화된 초상집 같은 풍경이다. 이렇게 불안정한 경제구조에서는 기혼 여성이 더 이상 '전업주부'로만 머물 수 없고, 언제라도 남편의 생계벌이를 대치 혹은 보조하는 역할에 동원될 수 있도록 '산업예비군'이 되어야 한다.[3] 그러나 이러한 때 대중매체는 고실업의 원인과 실태, 그 해결 방안을 심층 분석하여 제시하기보다는, 고개 숙인 가장의 이미지와 거리를 헤매는 아이들 또는 공원에 방치된 노인들의 이미지를 크게 부각시켜 전달함으로써, 사회가 공동으로 책임져야 할 몫을 개별 가족의 어깨 위로 전가시키고 있다. 아울러 자녀의 사교육비를 충당한다는 명목 등으로 노래방이나 전화방 도우미를 전전하면서 생활전선에 뛰어든 여성에게 탈선의 이미지를 덧씌움으로써, 가족 문제는 마치 '집사람/안사람'의 직무유기에 그 원인이 있는 양 오도하는 역할도 서슴지 않는다. 전통적인 집사람/안사람을 집안에서 끌어내어 음지 노동으로 몰아넣는 부조리한 경제 현실에 대한 고민은 별로 치열하게 이루어지지 않고 있다.[4] 그러므로 이른바 가족의 위기를 가족 '내' 문제로 축소시키는 발상은 무책임한 단순화의 오류에 지나지 않는다.

두말할 나위 없이 오늘 한국의 가족은 1998년 외환위기 이전, 혹은 더 거슬러 올라

---

3) 기혼 여성의 경제활동 참가율은 2001년 현재 49퍼센트에 달하고 있고, 계속해서 증가할 것으로 예상된다. 특히 도시 저소득 영세지역의 기혼 여성은 빈곤으로 인해 어떤 형태로든 취업하지 않을 수 없어서, 무려 92.3퍼센트의 높은 취업률을 보인다. 변화순 외, 『한국 가족의 변화와 여성의 역할 및 지위에 관한 연구』, 한국여성개발원, 2001.

4) 85개국에서 900여 명의 정치, 경제, NGO 여성 지도자들이 참가한 가운데 '리더십, 테크놀로지, 성장'이라는 주제로 열린 2004 세계여성지도자회의(Global Summit of Women)에서 발표된 매킨지 보고서에 의하면, 한국 여성의 경제활동 참가율(60%)은 아시아 국가들 가운데 중국(83%), 태국(79%), 일본(66%), 인도네시아(61%)다음에 위치해 있는 것으로 나타났다. 특히 대졸 여성의 취업률은, 대졸 남성의 90퍼센트에 훨씬 못 미치는 53퍼센트에 머물러 있어, G7 국가의 평균 71퍼센트보다 훨씬 낮게 나왔다. 매킨지 보고서는 주요 선진국들이 모두 국민소득 2만 달러 시대로 접어든 때에는 여성의 경제활동 참가율이 다른 시기에 비해 빠르게 증가한 때라고 분석하면서, 여성 노동력의 적극적인 활용만이 국가 경쟁력을 높일 수 있음을 역설하였다. 『세계일보』, 2004. 5. 28.

가서 88올림픽 이전까지만 해도 나타나지 않았던 복잡다단한 사회적 변수들에 영향을 받아 엄청난 변화의 소용돌이를 겪고 있다. 가족 문제를 다룬 일련의 영화들, 즉 〈결혼은 미친 짓이다〉(2001), 〈바람난 가족〉(2003), 〈싱글즈〉(2003), 〈가족의 탄생〉(2006) 등 몇 편의 제목만 훑어보더라도 우리 사회의 변화하는 가족상이 한눈에 들어온다. 바야흐로 지금 한국의 가족은 가족의 형태와 크기뿐만 아니라 그 내용과 인식 면에서도 엄청난 변화의 중심에 놓여 있다. 이러한 변화를 우리 그리스도인들은 어떻게 해석하고 대응할 것인가? 기독교가 반동적인 보수 이데올로기로 전락하지 않고 오히려 미래지향적인 삶의 비전을 제시할 수 있으려면, 어떤 전망과 대안을 가지고 이 문제에 접근해야 할까?

## 2. 가족의 신화 벗기기

가족 담론이 추상적 사변으로 흐르지 않고 실천적 의미를 획득하려면, 무엇보다도 가족에 대한 객관적이고 합리적인 연구가 선행되어야 할 것이다. 그러나 연구 대상을 가족으로 삼을 경우, 사실상 객관적이고 합리적인 연구가 수행되기 어려운데, 그 이유는 가족을 둘러싼 '신화적 믿음'이 우세하기 때문이다. 가족 연구에 지대한 영향을 미치는 대표적인 가족 신화에는 다음과 같은 것들이 있다. 첫째, 가족은 혈연에 기초한 보편적 제도로서, 성역할 분업 논리에 들어맞아야 정상이라는 신화이다. 둘째, 가족은 경쟁 사회의 안식처이며 지상 낙원이라는 신화이다. 셋째, 가족은 공적 영역인 사회와 구분되는 사적 영역이라는 신화이다.

먼저 첫 번째 신화에 대해 검토해 보자. 가족은 흔히 생물학적 혈연관계를 필요로 한다고 여겨지지만, 그 조건이 충족되지 않아도 여전히 가족인 경우가 많다. 김태용 감독의 영화 〈가족의 탄생〉이 그렇다. 이 영화에서 미라(문소리 분)와 무신(고두심 분), 그리고 채현(정유미 분)은 서로 아무런 혈연관계도 없다. 무신은 미라의 동생 형철(엄태웅 분)이 데리고 들어온 스무 살 연상의 동거녀이고, 채현은 무신의 전남편이—무신이 아니라—전처와의 사이에서 낳은 딸이다. 어찌어찌 얽히고설켜 한 집에서 살게 된 이들은 형철이 집을 나감으로써 서로를 매개할 공통의 끈이 사라진 다음에도 지속적인 유대관계를 이루고 산다. 혈연관계가 없는, 말하자면 입양 비슷한 절차를 통해 들어온 한 소녀가 두 어른 여자를 공히 엄마로 부르는 이런 형태는 일종의 동성애 가족이라 할만하다.

가족 위기론자의 시각에서 보면, 이 영화는 영락없이 가족의 '탄생'보다는 '해체'나 '파탄'을 그리고 있다고 생각될 것이다. 그러나 감독은 이런 식의 인적 조합도 여전히 가족이라고 강변한다. 과거에는 가족의 필요조건으로 '혈연'이 중요했으나, 이제는 '정'이나 '돌봄', '서로에게 의지함' 같은 심리적 요인이 가족 구성의 주요 원리로 작용한다는 것이다. 쉼터나 공동육아방, 그밖에 다양한 종류의 생활공동체가 비혈연군거 가족을 이루고 있는 현실에서, 또한 영화에 묘사된 것 이상의 다양한 동성애 가족이 점증하는 현실에서 '피는 물보다 진하다'는 논리는 하나의 폭력이 될 수 있음을 감독은 말하려고 하는 것 같다. 가족의 진정성은 소위 정상 가족의 꼴을 갖추었느냐는 외형적 측면보다는 구성원 간의 친밀하고 지속적이며 책임 있는 관계의 질에 달려 있음을 재고할 필요가 있다.

근본적으로 정상 가족의 개념이란 것은 정상과 비정상을 가르는 기준이 무엇이며, 누가 가르는가에 따라 다른 평가가 나올 수 있는 법이다. 정상 가족을 양부모 가족으로 한정한다거나, 전통적인 성별 분업 논리에 맞게 '남성—생계부양자, 여성—가사전담자'로 고착시키는 관점은 현실 가족의 다양화 추세에 역행하는 편협한 시각이라고 생각된다.[5] 현실 가족은 한 부모 가족, 입양 가족, 재혼 가족, 기러기 가족[6], 캥거루 가족[7], 딩크Dink 가족[8] 등 획일적인 잣대로 가늠하기 어려운 다양성을 보여준다. 우리나라 총 가구 중에서 가구주가 여성인 경우만 해도 전체의 18.5퍼센트에 달하고 있고,[9] 기혼 여성의 경제활동 참가율은 2001년 기준 49.0퍼센트로 집계될 정도이다.[10] 이러한 수치는 더 이상 기존의 정상 가족 개념이 통하지 않는 시대가 되었다는 뜻이다.

---

5) 여성계에서는, 2004년 2월에 제정되어 2005년 1월부터 시행에 들어간 '건강가족법'이 '건강가족=가부장적 가족'이라는 등식을 암암리에 뒷받침한다며 비판한다. 이 법은 이성 간의 결혼과 여성의 출산을 개인의 선택이 아닌 국민의 의무로 규정한다는 점에서, 가부장적 가족 이데올로기의 변형에 불과하다는 것이다. 여성학자 이재경은 건강가족법긴급진단토론회의 발제를 통해 "제8조 1항(모든 국민은 혼인과 출산의 사회적 중요성을 인식하여야 한다)의 법조문은 출산을 하지 않거나 자녀를 하나만 낳는 행위, 이혼하는 행위, 동거, 독신, 동성과 함께 사는 행위는 잘못되었으며, 이는 사회적 책임을 다하지 못하고 있음을 암시"하는 것이라고 지적하였다. 2004년 3월 16일, 한국여성민우회에서 "건강가정 있다, 없다"는 주제로 마련한 건강가족법긴급진단토론회 발제문은 『우먼타임즈』(www.iwomantimes.com) 159호(2004. 4. 20.) 참고.
6) 기러기가족이란, 해외로 조기 유학 간 자녀와 그 자녀를 뒷바라지하기 위해 따라간 아내, 그리고 이들에게 학비와 생활비를 '물어다 주는' 아버지로 구성된 가족 형태를 말한다.
7) 캥거루 가족이란, 대학 졸업 후 자녀가 취직할 나이가 되었음에도 불구하고, 취직하지 않고/못하고 부모에게 얹혀사는 가족 형태를 말한다. 일본에서는 이렇게 부모에게 기생하는 자녀를 가리켜, 'parasite(기생충)'과 'single(독신)'을 합쳐 '파라싱글족'이라고 부른다.

정상 여부를 떠나서 어쩌면 우리는 인류의 가족 형태가 고정불변의 보편적 제도가 아니고 그 시대의 생산/생활양식에 따라 변화해 왔다는 소박한 깨달음부터 구해야 할지도 모르겠다. 프리드리히 엥겔스Friedrich Engels의 고전적 연구에 따르면, 인류의 가족제도가 군혼·혈연 가족·푸날루아 가족·대우혼 가족으로 발전한 것은, 수렵채취사회로부터 정착농경사회로 이행하는 과정에서 인간의 현실적 생활 조건들이 달라짐에 따라 자연스럽게 형성된 결과라고 한다.[11] 가족을 고정된 실체로서가 아니라 물리적 조건들과의 상호작용을 통해 능동적으로 변해가는 과정적 실재로서 볼 때, 가족의 정상성이라는 개념도 얼마든지 수정과 변화가 가능한 상대적 개념이 될 수 있다.

제인 콜리어Jane Collier 같은 여성주의 가족 이론가들은 가족 문제를 다룸에 있어 우리가 기능주의적 관점보다는 이데올로기적 관점에 호소할 필요가 있다고 강조한다. 가족을 "특정 공간(가정)에서 지내며 특정한 애정적 유대(사랑)를 가지는 특정한 사람들의 집단(아마도 핵가족 내의 부부 및 부모자녀 관계)이 애정적 보살핌의 '기능'을 수행하는 것"[12]으로 보는 견해는 왜곡된 이데올로기에 지나지 않는다는 것이다. 필연적으로 반反여성주의자일 수밖에 없는 가족 위기론자들의 주장은 다음과 같은 삼단논법으로 요약된다고 한다.

첫째, 인간은 애정적 보살핌을 필요로 한다.
둘째, 애정적 보살핌의 기능을 담당하는 것은 가족이다.
셋째, 그러므로 가족은 필요하고, 가족제도는 유지되어야 한다.

그런데 이데올로기적 관점을 가지고 접근해 보면, 삼단논법의 대전제부터가 문제

---

8) Dink 가족이란 Double Income, No Kids의 약자로, 의도적으로 자녀를 낳지 않고 맞벌이로 살아가는 부부 중심 가족을 일컫는 말이다.
9) 『국민일보』 2002. 7. 4.
10) 변화순 외, 앞의 책, 참고.
11) F. 엥겔스, 『가족, 사유재산, 국가의 기원』, 김대웅 역, 아침, 1995. 엥겔스에 따르면, 수렵채취 사회에서는 어머니와 아들이 가장 손쉬운 성교 상대가 되는 무규율 성교 형태만 존재하다가, 그 후 가족의 첫 단계로서 부모-자식 간의 성교를 배제하는 혈연 가족이 등장하게 되고, 그 다음에 형제자매 간의 성교를 배제하는 푸날루아 가족을 거쳐, 모든 혈족 간의 성교를 금지하는 일부일처 대우혼 가족으로 발전하게 되었다고 한다.
12) 제인 콜리어 외, 「가족은 존재하는가: 새로운 인류학적 시각」, 베리 쏘온·매릴린 얄롬 편, 『페미니즘의 시각에서 본 가족』, 권오주 외 공역, 한울아카데미, 1991. 참고.

라는 것이다. 애정적 보살핌이 정확히 무엇을 의미하는지는 접어두고라도, 그 애정적 보살핌을 필요로 하는 '인간'이 누구이며, 베풀어야 하는 '인간'은 또 누구인지가 명확하지 않다. 아니, 오히려 너무 뻔해서 문제다.

  기존의 사회 통념은, 아내로서 여성에게 주어진 지상 과제는 생계 벌이의 전쟁터에서 살아 돌아온 남편에게 최고의 안식처를 제공하는 것이라고 말한다. 전업주부는 흔히 남편이 벌어다 주는 돈으로 살림 '이나' 하는 아줌마로 분류되는데, 이러한 평가에는 무불노동인 가사노동을 비천하게 보고 지불노동인 직장노동을 가치 있게 보는 자본주의 이데올로기가 전제되어 있다. 그러나 직장에 다니는 취업 아내라고 해서 가사노동으로부터 자유로운가 하면 그렇지 않기 때문에, 현행 자본주의 체제는 가부장제와 긴밀한 공조체제를 이루고 있다는 혐의를 받게 된다.

  어디 그뿐인가? 어머니로서 여성은 학교 공부에 지친 자녀들에게도 최고의 휴식과 재충전의 기회를 마련해주는 것이 의무처럼 되어 있다. 자녀가 어느 대학에 들어갔느냐, 얼마나 성공하고 출세했느냐가 어머니 노릇을 잘 했느냐 아니냐의 판단으로 자동 직결되는 풍토이다 보니, 자녀 양육의 책임이 고스란히 어머니에게 전가되는 현실이다. 자녀 양육의 내용에는 사회적 규범이나 성역할 분업을 자녀 세대에게 전수하는 것도 포함되기 때문에, 혹시 자녀 중에 사회적·성적 일탈자가 생기면 그에 대한 사회적 비난도 어머니가 감수해야 한다. 결국 여성이 어머니 역할에 집착하게 되는 것은 모성 본능 때문이라기보다는 '모성은 본능이다'라는 가부장적 이데올로기 때문이라는 것이다.

  이러한 맥락에서 가족에 대한 두 번째 신화의 문제점이 명백히 드러난다. 가정을 경쟁 사회의 안식처이며 지상 낙원이라고 보는 관점은 정말이지 지나치게 낭만적인 '신화'에 불과하다는 말이다. 이는 그러한 신화적 믿음 자체가 잘못되었다는 뜻이 아니라, 가족 구성원 간의 가족 경험은 가족 내 지위와 역할에 따라 다를 수밖에 없다는 현실적 인식을 강조하기 위함이다. 말하자면 가정을 안식처요 천국으로 경험하는 것은 남편과 자식의 것일 뿐, 주부요 아내요 어머니에다가 며느리 역할까지 감당해야 하는 여성에게는 "시지포스의 형벌을 닮은"[13] 지겨운 노동 현장이기 십상이라는 것이다. '주부우울증', '명절증후군' 같은 심신질환이 있다는 사실 자체가 여성에게 가족이란 결코 낭만적인 이

---

13) 시몬 드 보부아르, 『제2의 성』下, 조홍식 역, 을유문화사, 1996, p. 127.

상이 아님을 보여준다. 어느 해 설 명절 무렵, 인터넷을 뜨겁게 달구었던 한 중년 여성의 신세타령 시조는 이 땅의 가족이 과연 누구를 위해 존재하는지를 새삼 묻게끔 만든다.

> 이제부턴 가부좌네 다섯시간 전부치네
> 남자들은 티비보네 뒤통수를 노려봤네
> 주방에다 소리치네 물떠달라 난리치네
> 음식장만 내가했네 지네들은 놀았다네
> 절하는건 지들이네 이내몸은 부엌있네
> 명절되면 죽고싶네 일주일만 죽고싶네
> 이십년을 이짓했네 사십년은 더남았네[14]

시몬 드 보부아르는, 가사노동을 예찬하는 것은 대개 가사를 돌보지 않거나 또는 돌볼 일이 드문 남녀 작가들일 뿐,[15] 실제 이 일을 날마다 도맡아 하는 주부들로서는 결코 창조의 기쁨을 느끼기 어렵다고 일침을 가한다.[16] 전업주부에게 있어서 가사노동은 반복적이고 단조롭고 기계적이고 소모적인 노동에 불과한 것으로 신경증의 원인이라는 것이다.[17] 더 나아가 보부아르는 결혼 이외의 출산이 대단히 죄악시되는 풍조를 들어, 모성이라는 것도 이성애적 결혼 관계 안에서만 허용되고 예찬되는 이데올로기이지, 자연발생적이고 보편적이며 절대적인 본능은 아니라고 말한다. 그럼에도 불구하고 모성을 여성의 성스러운 소명 내지는 자기희생적 사랑의 현현으로 치하해 마지않는 것은 여성에게 온전한 인간성을 허용하지 않고 남성 지배를 보다 용이하게 하려는 가부장적 현상 유지의 전략이라는 것이다.

---

14) 『동아일보』, 2005. 2. 9.
15) 예를 들면, "여자들의 권력의 원천인/ 부엌이여/ 이타의 샘이여……"로 시작되는 정현종 시인의 「부엌을 살리는 노래」는 '손에 물마를 새 없이' 평생을 '부엌데기'로 살아야 하는 어머니들에게 별 위안가가 되지 않을 것이다. 류터는 모성의 승화는 모성의 정복이나 부정과 마찬가지로 여성 억압의 이데올로기라고 지적한다. R. R. 류터, 『새 여성·새 세계』, 손승희 역, 현대사상사, 1980, pp. 15-52.
16) 시몬 드 보부아르, 앞의 책, pp. 135-137.
17) 앞의 책, p. 130, 138.
18) 앞의 책, p. 54.

이와 같이 모성을 가부장적 사회제도의 맥락에서 비판적으로 분석하는 여성주의자들은 가족에 대한 세 번째 신화, 곧 공/사 이분법의 신화를 날카롭게 해부한다. 여성주의적 고찰에 의하면, 사적 영역과 공적 영역 사이의 명확한 분리라는 개념은 인간 역사에서 비교적 최근에 등장한 것이지, 보편적이거나 항구적인 개념이 아니라는 것이다. 초기 정착 생활에서부터 산업혁명기에 이르는 장구한 세월 동안 가정은 외부 세계와 단절된 도피처라기보다는 생계 노동의 중심지로서 세상의 일부였다. 가정에서 여성과 남성, 그리고 어느 정도 일을 거들 수 있는 연령대의 자녀들은 함께 곡식을 재배하고 준비하고 처리하며, 가죽과 진흙, 염료, 기름, 약초를 다루고, 옷감을 짜고 옷을 만들며, 술을 빚고, 비누와 양초를 만들고, 치료하고 간호하는 일에 참여하였다.[18]

그러나 산업혁명이 점차 가속화되면서 공장이 가정으로부터 먼 곳에 위치하게 됨에 따라, 여성들은 아이들만 집에 놔둔 채 일터로 나가게 된다. 전업주부란 부르주아 여성에게나 주어진 특권이지, 노동계급 여성에게는 사치스러운 꿈에 지나지 않았다. 이렇게 직장과 육아 영역이 분리되자, 일하는 어머니와 자녀 모두에게 불편과 고통이 초래되었다. 아이를 돌볼 사람을 고용하지 못한 어머니는 아이가 집안에 가만히 있도록 아편을 먹이기까지 했다.[19]

한편, 여성의 직장 노동은 여성이 더 이상 남성에게 의존하지 않아도 되는 계기를 마련함으로써 가부장적 결혼 제도를 위협하기 시작했다. 동시에, 남성에 비해 상대적으로 임금이 더 싼 여성 노동자는 남성 노동자에게 부담스럽고 위협적인 존재가 아닐 수 없었다. 이러한 두 가지 요소, 즉 아동 복지적 측면과 가부장적 가치를 위협한다는 두려움이 결합되어 공/사 이분법의 논리가 탄생하게 된 것이다. 공장에서 일하는 어머니를 위한 정부의 육아 지원 대책을 촉구하는 목소리가 전혀 없었던 것은 아니었지만, 그 때마다 정부가 가정사에 개입하는 것은 "가정의 신성함과 사생활의 보호에 위배된다."[20]는 이유로 묵살되었다.

여성주의자들은 가족이라는 사적 관계와 경제 및 정치 등 공적 세계 사이에 명확한 경계를 짓기란 애당초 불가능하다고 지적함으로써 공/사 이분법의 논리에 저항한

---

18) 앞의 책, p. 54.
19) 앞의 책, p. 56.
20) 앞의 책, p. 57.

다.[21] 그러한 경계 짓기는 경쟁적이고 적대적인 외부 세계가 하려고 들지 않는 것들을, 가정에서 특히 아내이자 어머니인 여성이 도맡아 해주기를 바라는 가부장제의 전략적 선택일 뿐, 보편적 진리가 아니라는 것이다.

### 3. 탈근대시대 가족의 새로운 길 찾기

여성신학자 류터Rosemary R. Ruether는 오늘을 위한 가족 가치를 재발견하려면, 우선 가족 형태의 다양성을 수용하고 지지하는 일이 선행되어야 한다고 강조한다. 그는 '규범적인 가족normative family'이란 허구일 뿐이며, 가족 다양성은 이미 현실이라고 말한다. 그러므로 "단일 모델로서 근대 핵가족 이데올로기는 이제 다양성을 인정하는 탈근대적 가족 모델로 대치되어야 한다."[22]는 것이다.

그에 따르면, 오늘날 기독교 우파에서는 남성을 머리로 하고 여성이 그에 복종하는 형태의 가부장적 가족 모델을 '성서적'이라고 우겨대지만, 실제로 이 모델은 성서와 아무런 상관도 없다고 한다. 왜냐하면 성서 속에서 예수는 기독교 우파의 기대와 달리 '반反가족antifamily'의 관점을 종종 드러내기 때문이다.[23] 공관복음은 예수운동이 대체로 자신의 가족과 직업을 버리고 반문화 공동체로 모여든 주변부 남녀들의 모임이었다고 묘사한다.[24] 이 공동체는 자연적 가족을 부정하고 새로운 종말론적 가족을 표상하였다. 예수의 제자가 되려면 누구도 자신의 가족을 예수보다 우선시해서는 안 되었다.

---

21) 법학자 박홍규(영남대 교수)는, 호주제 폐지에 앞장서던 아무개 씨가 "우리 사회의 공적인 영역에 국가보안법이 있었다면, 사적인 영역에는 호주제가 있었다"고 말한 것에 대해 언급하기를, "호주란 기본적으로 권력 관계이기 때문에 순수한 의미의 사적인 관계라 보기 어렵다."고 지적한다. 오히려 "호주제는 국가보안법이 상징하는 가장 반민주적인 체제의 최소 단위"이기 때문에 "호주제 자체가 국가보안법인 것이다"라고 말함으로써, 공/사 이분법의 논리를 비판한 바 있다. 『기독교사상』(2005년 3월호), p 209.
22) Rosemary R. Ruether, *Christianity and the Making the Modern Family* (Boston: Beacon Press, 2000), pp. 210-211.
23) 앞의 책, p. 25.
24) 일례로, 마태복음 4장 21-22절에 보면, 예수가 세베대의 아들 야고보와 요한을 제자로 부르자, "그들은 곧 배와 자기들의 아버지를 버려두고 예수를 따라갔다"고 묘사된다.

> 누구든지 내게로 오는 사람은, 자기 아버지나 어머니나, 아내나 자식이나, 형제나 자매뿐만 아니라, 심지어 자기 목숨까지도 미워하지 않으면, 내 제자가 될 수 없다.(눅 14: 26)

> 나는 아들이 제 아버지를, 딸이 제 어머니를, 며느리가 제 시어머니를 거슬러서 갈라서게 하러 왔다. 사람의 원수가 제 집안 식구일 것이다. 나보다 아버지나 어머니를 더 사랑하는 사람은 내게 적합하지 않고, 나보다 아들이나 딸을 더 사랑하는 사람도 내게 적합하지 않다.(마 10: 35-37)

이렇게 말하는 예수도 역시 자기 가족을 버렸다. "어찌하여 나를 찾으셨습니까? 내가 내 아버지의 집에 있어야 할 줄을 알지 못하셨습니까?"(눅 2: 49)라고 부모에게 당돌하게 말하는 열두 살 예수에게서 출가出家의 의지가 엿보인다. "누가 내 어머니이며, 내 형제들이냐?······ (그리고 주위에 둘러앉은 사람들에게 말씀하시기를) 보아라, 내 어머니와 내 형제들이다. 누구든지 하나님의 뜻을 행하는 사람이 곧 내 형제요 자매요 어머니다(막 3: 33-35)"라고 하신 예수는 과감히 '새 가족'을 향해 나아갔다.

예수는 남자와 여자, 주인과 노예, 유대인과 헬라인, 정결한 사람과 부정한 사람을 밥상공동체食口로 불러 모았다. 하나님 나라 운동에 동참한 사람들은 예수 안에서 새로운 친족 관계를 형성하였다. 이렇게 해서 세워진 새 가족은 기존의 가족 체제에 대항하는 반문화적 특징을 띠었다. 엘리자벳 피오렌자Elisabeth Schussler Fiorenza는 이 새 가족이 "평등한 제자직 공동체"[25]로서 가부장적 가족 관계를 상대화하고 무력화한다고 주해하였다.

그러나 이러한 '전복적인subversive' 가족관은 예수운동의 제도화 과정에서 희석되고 변질될 수밖에 없었다. 왜냐하면 그것은 기존의 사회적 위계질서를 뒤엎고, 여성과 어린이, 노예에 대한 지배를 어렵게 하는 특징이 있었기 때문이다. 교부들은 희랍철학의 영/육 이분법을 가지고 가부장적 금욕주의를 강조하는 것으로 문제 해결을 도모했다. 그리하여 중세 기독교 사회에서는 '독신남성 집단—독신여성 집단—결혼한 평신도 집단'으

---

25) 엘리자베스 S. 피오렌자, 『크리스찬 기원의 여성신학적 재건』, 김애영 역, 종로서적, 1986, p. 178; 구미정, 『이제는 생명의 노래를 불러라』, 올리브나무, 2004, pp. 244-248 참고.

로 계층화된 삼층 구조의 가족 모델이 자리 잡게 되었다.

한편, 종교개혁자들은 가톨릭 전통에 들어있던 모호성, 곧 성례전으로서의 결혼에 대한 긍정과 성性에 대한 금욕주의적 거부 사이의 부조화를 인식하여, 양자 모두를 거부하는 쪽으로 나갔다. 결혼은 성사聖事라기보다는 창조와 죄의 영역에 속하는 것으로, 또한 결혼 내에서 남성의 지배와 여성의 예속은 하나님이 정한 질서로 재해석되었다. 오늘날 미국에서 전통적인 가족 가치의 회복을 주장하고 나선 기독교 우파의 주장은 가부장적 가족을 하나님이 명령하신 창조질서로 본 종교개혁 이후 개신교 신학자들의 관점에서 비롯된 것이다.

19세기에 들어서면서 개신교와 가톨릭은 결혼·가정·가족을 낭만화하는 쪽으로 선회하였다. 산업혁명으로 달라진 생활상, 더욱이 생산과 교육, 보건과 종교 활동 등이 가정 밖의 기관으로 옮겨간 상황에서 가족은 사회 안정을 위한 안식처의 기능을 담당하도록 요구되었다. 이에 교회는 가족을 '천국의 선취'라는 표상으로 이념화했는데, 여기서 아내는 '천사 같은' 가정 사역자로 이상화되었다. 여성은 무성적無性的으로, 즉 동정녀 마리아의 화신으로서 자기주장이나 요구를 드러내지 않고 묵묵히 희생하는 삶을 살아야 한다는 것이다.[26]

류터는 오늘날 '붕괴' 된 것은 바로 이러한 낭만화된 가족 형태이지, 가족 그 자체가 아니라고 지적한다. 고대 노예제부터 빅토리아적 핵가족에 이르기까지 다양한 형태를 띤 가부장적 가족은 인간의 구성물이지, 하나님의 명령이 아니다. 고대에는 주인, 곧 지배 남성이 여성과 어린이, 노예 위에서 억압적인 권력을 휘둘렀다면, 빅토리아 판에서는 돈 잘 버는 남성이 천사 같은 아내를 집안에 묶어두는 양상으로 바뀌었을 뿐, 가부장적 가족 모델의 기본 개념은 같다는 것이다. 그 개념이란 남성 생계부양자를 갖지 못한 수많은 가족들을 경제적 빈곤과 사회적 편견, 그리고 종교적 비난에로 몰아넣는 것이다. 따라서 가부장적 가족 모델이야말로 "다수의 정의와 안녕을 저해하는 악마적 왜곡"이며 "하나님으로부터 소외된 세계의 원리와 권력을 대변한다."[27]는 사실을 똑똑히 깨달아야 한다고 류터는 강조한다.

---

26) Rosemary R. Ruether, *Christianity and the Making the Modern Family*, pp. 83-106.
27) 앞의 책, p. 229.

그렇다면 오늘날 탈근대 시대의 가족을 위한 새로운 윤리적 처방은 무엇이어야 할까? 창조와 구속, 육체와 영혼, 결혼과 독신, 여성과 남성, 가족과 직장, 사랑과 정의 사이에 넘지 못할 선을 긋는 것이 아니라, 둘 사이를 역동적 상호 관계로 매개할 지혜는 어디서 얻을 수 있을까? 필자는 여성주의적 관점, 그 중에서도 자연의 원리로 여성 문제를 풀어보려는 생태여성주의적 관점이 하나의 대안이 될 수 있다고 본다. 생태여성주의 윤리는 먼저 여성과 남성이 서로 동반자 관계 안에서 온전한 인간성을 누리고 충만한 생명력을 나누는 것을 목표로 한다. 이러한 성 정의를 바탕으로 사회 및 생태공동체 전체의 안녕과 복지를 지향하는 데까지 나아가는 총체적 전망이 그 안에 들어 있다.

이렇게 볼 때, 생태여성주의 윤리적 전망에서 가족을 바라보는 일은 우선 현실 가족의 다양성을 인정하고 존중하는 것에서부터 시작되어야 할 것이다. 교회는 정상 가족만을 환영하는 닫힌 공간이 아니라, 정상과 비정상의 틀 자체를 해체하고 혼인과 가족의 의미를 새롭게 제시해 줌과 동시에 소외된 가족 형태를 끌어안는 열린 공간이 되어야 한다. 더 나아가 생태여성주의적 전망에서 새롭게 재구성되는 가족은 생명을 이어나가는 창조의 리듬 안에서 삶의 다양한 영역들 간의 조화를 도모하는 양상으로 나타날 것이다. 여기에는 일중독을 부추기는 삶의 양식에 저항하는 것, 정의로운 부의 분배를 낳을 수 있는 지속 가능한 경제 질서를 꿈꾸는 것, 가족의 생활 주기에 따른 맞춤형 가족 정책으로 정부가 지속 가능한 가족 지원을 아끼지 않는 것 등이 포함된다.

가족이라는 울타리 너머로는 아무 것도 관심하지 않고 아무 것도 나누지 않는 가정이란 고여 있는 물과도 같다. 기독교적 가족은 무엇보다도 '살리는' 가족이 되어야 할 것이다. 죽임의 세력에 맞서 살림의 자원을 안팎에서 함께 나누는 건강한 가족이 되어야 한다. 그러기 위해서는 섬김과 나눔의 윤리가 가족 안팎에서 구현되어야 한다고 본다. 섬긴다는 것은 사실상 강자 편에서 약자를 향해 이루어지는 행위이지, 그 역이 아니다. 섬김의 윤리는 가정과 사회에서 다른 모든 구성원들을 희생시킨 채 한 사람만 계속 발전해가는 식의 독점에 저항한다. 그래서 나눔의 덕목으로 이어진다. 이때의 나눔은 비례적 균등의 원리보다는 호혜적 보살핌의 원리에 근거할 것이다.[28] 가족은 무엇보다도 같은 집oikos, eco에서 살림살이economy를 공유하는 하나의 단위, 곧 유한한 자원을 지혜롭게 나누어 쓰며 모두 함께 자신의 삶을 꽃피울 수 있도록 공동 협력하고 공동 부양하는 생명공동체를 의미한다. 그렇게 볼 때, 하나의 가족은 지구라고 하는 대가족의 하부구조로서, 지구의 건강까지도 염려하고 보살피는 영성 실천의 장이 되어야 할 것이다.

## 4. 나가는 말

인간의 역사는 곧 가족의 역사라고 해도 과언이 아닐 정도로, 가족은 역사상 가장 오래된 조직임에 틀림없다. 인류가 존속하는 한 앞으로도 가족은 결코 소멸하지 않을 것이다. 그러나 이때의 '가족'은 경험으로서의 가족이지, 제도나 이념으로서의 가족이 아니라는 점을 분명히 짚고 넘어갈 필요가 있다. 오늘날 가족이 해체 위기에 처해 있다는 평가는 어디까지나 후자와 관련된 것이지, 전자와는 무관하다.

교회는 본래 메시아적 잔치를 미리 맛보는 대안 공동체로서 출발하였기에, 사회변혁적인 특징을 갖는다. 이제 이 땅의 교회는 가족에 대한 변화된 이해를 바탕으로 새로운 가족 가치를 제시해야 할 시대적 요청 앞에 서 있다. 바야흐로 지금은 이 땅의 가족들이 가부장적 가족 규범이라는 죽임의 권세로부터 벗어나서 살림 가족을 향해 출애굽을 단행할 때이다. 그 변화의 소용돌이 속에서 방향을 몰라 서성대는 가족들에게 교회는 새로운 비전을 제시해 주어야 한다.

끝으로 필자는, 무너졌던 가족이 새롭게 재건된 예로서 룻과 나오미 이야기를 재해석해 보고자 한다.[29] 이 사례는 성서 판 '가족의 탄생'이라 할 만한 것으로, 살림 가족이 세워지는 원리를 보여준다고 하겠다. 룻기의 도입부는 상당히 비관적이다. 전쟁 드라마도 아니고 멜로 드라마인데, 첫 회에 벌써 등장인물의 대부분이 죽어버린다. 시작이 너무 암울한 이 이야기는 이스라엘이 사사시대를 마감하고 왕정으로 넘어가는 과도기에 벼랑 끝으로 내몰린 가난한 사람들을 주인공으로 하고 있다.

집안에 남자란 남자는 모조리 죽어버렸다. 울타리도, 바람막이도 다 사라졌다. 허허벌판에 오롯이 남은 세 여자. 서방 잡아먹었다고 손가락질 당하기 딱 좋은 팔자 사나운 여자들이다. 고부姑婦관계란 본래부터 타고 나는 혈연관계가 아니라, 혈연을 매개로 한

---

28) '보살핌의 윤리'를 제창한 길리건은 보살핌의 윤리가 정의를 대치하는 개념이 아니라고 말한다. 무엇보다도 보살핌이 필요한 사람과 그 필요를 제공해 주는 사람과의 정의로운 관계가 전제되지 않으면, 보살핌은 쉽게 일방적인 희생 이데올로기로 이용될 수 있다. 그러므로 가족 관계와 같이 친밀한 관계에서는 보살핌의 원리가 정의와 더불어 구현되어야 하고, 정의 역시 보살핌과 병행될 필요가 있다고 한다.(캐롤 길리건,『심리 이론과 여성의 발달』, 허란주 역, 철학과현실사, 1994.)
29) 이하의 룻과 나오미 이야기는『기독교사상』2006년 12월호에 실린 필자의 졸고,「공의 신학」을 참고.

사회적 관계이기에, 그 연결고리가 사라지면 서로를 묶을 필연적인 구실도 사라지기 마련이다. 억지로 엮으려고 별별 구실을 다 갖다 붙이는 사람들도 많건만, 나오미는 달랐다. 욕심 같아서는 끝까지 시어미를 부양하라고, 이 집 귀신이 되라고 붙잡고도 싶지만, 그러자니 며느리들의 남은 삶이 너무도 가엾다. 무슨 권리로 이들의 푸르른 삶을 저당 잡는단 말인가? 욕심을 접자. 마음을 비우자. 나오미가 며느리들을 '딸'로 생각하고 그렇게 부른다는 것은 이미 그들을 남이 아닌 나의 연장으로 보고 있음을 뜻한다(룻 1: 11-13 참고).

며느리 중 오르바는 친정으로 돌아가기로 결심한다. 나쁘다거나 이기적인 여자라서 그런 것 같지는 않다. 현실적인 선택이었을 뿐이다. 나오미는 그런 오르바의 선택을 존중해주며 입 맞추고 축복해 준다. 하지만 룻은 달랐다.

> 나더러 어머님 곁을 떠나라거나,
> 어머님을 뒤따르지 말고 돌아가라고는 강요하지 마십시오.
> 어머님이 가시는 곳에 나도 가고,
> 어머님이 머무르시는 곳에 나도 머무르겠습니다.
> 어머님의 겨레가 내 겨레이고,
> 어머님의 하나님이 내 하나님입니다. (룻 1: 16)

'죽음이 우리를 갈라놓을 때까지' 시어머니 곁에 꼭 붙어서 살겠단다. 당신과 내가 더 이상 둘이 아니라 하나란다. 혼인서약처럼 성스럽고 단단한 결심이다. 룻이라는 이름의 뜻이 '친구'라면, 누군가의 친구가 된다는 것은 이렇듯 불이不二의 깨달음을 전제로 하는 것일까? 자기를 비운 자리에 상대방을 채우지 않고서는 절대로 진정한 친구가 될 수 없는 법이다. 자기를 비운 만큼 상대방의 자리가 생기기 마련이므로, 많이 비울수록 많이 사랑한다는 뜻이겠다.

나오미가 자기를 비우니, 룻도 이에 화답한다. 둘 사이에 우정이 생기니, 상하 관계가 수평 관계로 변혁된다. 룻을 보아스와 어떻게든 엮어주려고 은밀히 작업을 벌이는 나오미의 정체는 친구이지, 시어머니가 아니다. 심지어 룻이 낳은 아들은 나오미의 아들로 불릴 정도다(룻 4: 17). 이쯤 되면 둘의 사랑이 어떠했는지 짐작하고도 남는다. 나오미 안에 룻이 있고, 룻 안에 나오미가 있다. 예수 안에 하나님이 있고, 하나님 안에 예수가 있듯이 (요 10: 28 참고).

성서는 룻의 아들 이름을 마을 아낙들이 지어주었다고 보도한다. 룻과 나오미를 향한 동네 사람들의 애정이 어떠했는지 알 것 같다. 가부장적 가족제도를 뛰어넘어, 아름다운 자매애로서 서로를 대등하게 보살피고 배려하는 새 가족의 모델을 세웠더니, 사람들의 시각이 달라진 모양이다. 서방 '잡아먹고' 아들들까지 앞세워 보낸 박복한 나오미가 이방 며느리 하나 달랑 데리고 귀향했을 때만 해도 사람들의 입방정이 예사롭지 않았을 것이다. 그러나 나오미와 룻이 일군 살림 가족의 새 모델은 사람들에게 호감 이상의 귀감이 되었을 뿐만 아니라, 그 계보에서 예수 그리스도가 탄생하는 구원사의 주요 통로가 되었다.

살림 가족은 무엇보다도 제도보다는 생명이 우선이라는 지혜의 산물일 것이다. 만물이 서로 연결되어 있다는 생태학적 진리는 모든 가족들이 서로 연결되어 있다는 사회학적 믿음으로 전환되어야 한다. 아무리 원치 않아도, 소위 정상 가족이 비정상 가족과 분리된 채로 살 수 없는 게 현실이다. 그렇다면 모든 다양한 형태의 가족들이 거대한 생명의 그물망 속에서 서로 공생하는 길을 모색해야 하지 않을까? 가족의 '정상성' 내지 '건강성'을 측정하는 척도는 법이나 제도가 아니라 관계의 질質이다. 그 관계가 룻과 나오미처럼 서로를 돌보고 배려하는 연민과 우정의 패러다임 위에 기초해 있는가, 혹은 호세아서에 나오듯 정의, 공평, 사랑, 긍휼, 성실(호 2: 19)이라는 다섯 가지 혼인 예물 위에 서 있느냐 하는 것이 살림 가족의 중요한 잣대일 것이다.

바야흐로 지금 우리 사회는 전통적인 가부장적 가족 모델을 넘어 새로운 살림 가족으로 이행하기 위한 진통 과정에 있다고 해도 과언이 아니다. 이러한 때 교회가 세상 법이나 제도의 수호자로서가 아니라, 세상 안에 있으면서 세상과 다른 그리스도인의 삶의 길을 보여준다면, 교회의 사회적 위상은 저절로 높아질 것이다. 살림 가족을 향해 출애굽하고자 몸부림치는 이 땅의 그리스도인들에게 오늘의 교회는 풍부한 신학적·윤리적 자원을 제공함으로써 길라잡이 역할을 할 책임이 있다.

## 참고문헌

구미정, 『이제는 생명의 노래를 불러라』, 올리브나무, 2004.

구미정, 『한 글자로 신학하기』, 대한기독교서회, 2007.

구미정, 「울타리 가족을 넘어 생명 가족에로: 호주제 폐지 및 건강가족법 시행에 즈음한 페미니스트 기독교윤리적 반성」, 한국기독교윤리학회편, 『페미니즘과 기독교윤리』, 예영커뮤니케이션, 2005.

메리 데일리, 『하나님 아버지를 넘어서: 여성들의 해방철학을 향하여』, 황혜숙 역, 이화여대출판부, 1996.

베리 쏘온·매릴린 얄롬 편, 『페미니즘의 시각에서 본 가족』, 권오주 외 공역, 한울아카데미, 1991.

베티 프리단, 『여성의 신비』, 김행자 역, 평민사, 1996.

벨 훅스, 『행복한 페미니즘』, 박정애 역, 백년글사랑, 2004.

변화순 외, 『한국 가족의 변화와 여성의 역할 및 지위에 관한 연구』, 한국여성개발원, 2001.

시몬 드 보부아르, 『제2의 성』, 조홍식 역, 을유문화사, 1996.

아드리엔느 리치, 『더 이상 어머니는 없다: 모성의 신화에 대한 반성』, 김은성 역, 평민사, 1996.

엘리자베스 S. 피오렌자, 『크리스찬 기원의 여성신학적 재건』, 김애영 역, 종로서적, 1986.

장경섭, 「핵가족 이데올로기와 복지 국가: 가족 부양의 정치경제학」, 『경제와 사회』 제15호, 1991.

캐롤 길리건, 『심리 이론과 여성의 발달』, 허란주 역, 철학과 현실사, 1994.

F. 엥겔스, 『가족, 사유재산, 국가의 기원』, 김대웅 역, 아침, 1995.

R. R. 류터, 『새 여성·새 세계』, 손승희 역, 현대사상사, 1980.

Rosemary R. Ruether, *Christianity and the Making the Modern Family*, Boston: Beacon Press, 2000.

Lisa Sowle Cahill, *Family: A Christian Social Perspective*, Minneapolis: Fortress Press, 2000.

『세계일보』, 2004. 5. 28.

『국민일보』, 2002. 7. 4.

『동아일보』, 2005. 2. 9.

『기독교사상』, 2005년 3월호.

『한겨레신문』, 2004. 4. 19.

# 토론기록
_삶의 신학 콜로키움 : 셋째 모임

## 결혼, 그것이 무엇인가?

때 | 2006년 6월 16일
곳 | 대화문화아카데미
정리 | 심광섭

결혼이란 남녀가 장성하여 부부의 인연을 맺고 부모를 떠나 새로운 한 가정을 이루게 되는 과정을 말하는 것이라고 일반적으로 생각한다. 결혼이란 단지 이벤트성 결혼 예식에 있는 것이 아님은 너무나 자명하다. 결혼을 하지 않고 홀로 사는 사람들도 있지만 모든 사람에게 결혼은 탄생이나 죽음처럼 인생의 중요하고도 결정적인 전환점이자 새로운 삶으로 나가기 위한 매듭이기도 하다. 한국 사회에서는 무엇보다 결혼을 함으로써 자신의 혈족, 곧 부모나 형제자매가 아닌 타자와 함께 살게 되는 체험은 매우 새롭고도 경이로우면서도 신천지를 개척해야 하는 것과 같은 어려움도 따를 수 있겠다. 달리 말하자면, 결혼은 가정 혹은 가족을 통하여 개인의 삶의 정체성을 유지시켜주는 기반이면서도 가족이라는 새로운 멍에를 이는 것으로 체험될 수도 있다.

앞서 발표된 두 글에서 목회상담학자인 감리교신학대학교 안석모 교수는 결혼을 삶의 정체성의 기반이어야 함을 제시했고, 생태여성학자인 숭실대학교 구미정 교수는 결혼을 가족의 탄생과 연관시켜 보면서, '모름지기 결혼과 가족은 이래야 하는 법이여!'와 같은 어떤 이념이나 관습에 고정된 시각에서 가족을 보는 것은 현대판 가족 신화이며 결혼은 '살림 가족'이 되어야 함을 역설하고 있다.

안석모 교수는 최근 한국 사회에서 결혼이 '하나님이 정하신 질서'이거나 '하늘이 명한 자연스러운 일'로 여기지 않고 각자가 선택할 수 있는 하나의 사안으로 변하고 있는 현실을 직시한다. 안석모 교수는 결혼의 감소와 결혼 건수 중에서도 재혼이 증가하고 있는 사실을 최근의 통계자료를 분석함으로써 결혼이 필연적인 하나님의 질서나 하늘의 명命이 아니라 선택 사안이 되어가고 있음을 실증한다. 한 마디로 결혼관이 변하고 있다는 것이다. 어디에서 어디로 변하고 있는 것인가?

안석모 교수는 전통적인 결혼관을 신구약성서와 우리 문화에서 찾아 제시한다. 성서는 야훼와 이스라엘 백성의 관계 그리스도와 교회의 관계를 결혼의 유비로 제시할 뿐만 아니라 결혼을 영원한 삶을 위한 전제 조건으로 보고 있다는 것이다. 우리 문화에서는 역사적인 변천이 있지만 결혼이란 '인륜지대사'로서 사랑, 성, 친밀감이 배제된 가문과 가문의 만남으로 여기면서 개인적 정체성보다는 집단적 정체성을 중시했지만, 남자가 장가들고 여자가 시집가는 혼인婚姻도 동북아의 근본적 실재관인 음양론에 근거해 이해함으로써 혼인을 자연의 이치에 귀속시키고 있다. 결혼이란 전통적으로 동서양을 막론하고 창조의 질서요 자연의 일부이고 당연한 삶의 과정으로 받아들이고 있다.

전통적인 결혼관의 변화가 촉발된 이유는 "사랑하기 때문에 결혼한다"는 생각이 등장하면서부터이다. 안석모 교수에 따르면 바로 여기에 전통적인 결혼관의 근본적인 변화와 오늘의 결혼관의 위기가 숨겨져 있다. 이제 결혼의 정체성은 집단적이 아니라 개인적이며, 결혼은 하나님의 창조질서나 하늘의 명이 아니라 인간 개인의 선택에 달려 있다. 여기에 성생활과 출산을 분리할 수 있게 됨으로써 결혼이 수반하는 제도나 질서로서의 본유적 가치가 더욱 묻혀지고 있음을 안석모 교수는 지적하고 있다. 이어 결혼의 지연뿐만이 아니라 외국인과의 결혼의 증가, 여성이 재혼이고 남성이 초혼인 경우의 증가, 싱글 맘의 증가 등이 보여주는 것처럼 전통적인 결혼관이 현실적인 하부구조의 변화 속에서 여지없이 무너지고 있을 뿐만 아니라, 근대사회의 산물인 '사랑이 결혼의 조건'이라는 결혼 이데올로기도 실제로는 강한 이념 체계가 되고 있지 못하고 있다. 그렇다면 결혼의 정체성을 어디서 찾을 수 있을 것인가? 안석모 교수는 결혼의 정체성을 존재론적인 질서나 개인적 사랑이나 사회적 혹은 심리적 기능에서 찾지 않고 결혼이 지닌 '동반자적 성격' 즉 '원형적 관계성'에서 찾을 것을 제안한다.

안석모 교수가 변화된 시대 속에서 결혼의 정체성을 다시 정립하고자 시도했다면 구미정 교수는 변화된 시대 속에서 나타난, 전통적인 가치관에서 보면 가족이라고 말할 수 없는 새로운 가족, 곧 '살림 가족'을 세우는 결혼을 제시한다. 살림 가족이란 어떤 가족인가?

> 한국의 가족은 지나치게 버거운 짐을 지고 있고 그 짐을 다 견뎌내지 못하면 정상적이 아닌 가족(가정)으로 낙인찍힌다는 것이다. 구미정 교수는 그 짐을 벗기 위해서 '가족 신화'로부터 탈신화해야 한다고 주장한다. 그녀가 지적하는 가족 신화는 세 가지 이다. 첫째, 부모와 자녀를 중심으로 이루어진 핵가족은 정상 가족이라는 신화이다. 그러면 그 외의 가족 가령, 부부끼리 무 자녀로 사는 가족(Dink족)과 '독신 가족', '한 부모 가족', '입양 가족', '재혼 가족', '기러기 가족', '캥거루 가족' 등은 비정상 가족이냐는 반문이다. 둘째, 가족은 경쟁 사회의 안식처이며 지상 낙원이라는 신화인데 여성의 입장과 경험으로는 정말 맞지 않는다는 지적이다. 셋째, 가족은 공적 영역인 사회와 구분되는 사적 영역이라는 신화인데, 이것은 근대 가부장적 제도의 산물에 불과하다는 주장이다.

> 가족 신화로부터 벗어나 '살림 가족'을 세우는 길은 무엇인가? 구미정 교수는 가족 형태의 다양성을 수용하고 지지하는 일이 선행되어야 하며, 결혼, 가정, 가족을 낭만적으로 받아들이는 경향에서도 벗어나 여성과 남성이 서로 동반자 관계 안에서 온전한 인간성을 누리고 충만한 생명력을 나누는 것을 목표로 해야 한다는 입장이다. 동반자 관계를 이끄는 윤리는 섬김과 나눔의 윤리여야 하며 살림 가족은 제도나 관습의 지배를 받기보다는 정의와 사랑, 긍휼과 성실로써 맺는 관계로 형성되어야 한다.

이상 두 분 교수의 글에서, 안석모 교수가 결혼의 정체성을 다시 탐색해보는 과제를 제시하면서 새로운 정체성을 원형적 관계성, 곧 동반자적 성격에서 찾았고, 구미정 교수가 전통적 가족의 위기와 해체를 맞이하면서 새로운 가족의 살림 원리로써 가족 구성원, 특히 부부의 동반자 관계를 제시하는 것을 보면, 남녀의 동반자 관계야말로 결혼과 가족(가정)의 필수적 구성 요소가 아닌가 싶다. 두 분 교수가 발표할 당시 사회를 본 사람으로서 이제 두 분의 본문으로 인도하는 글을 마무리하면서, 한국 개신교회가 전통적인 교회의 결혼에 대한 신학적 이해 중 하나인 성례전성(성사성)을 회복했으면 하는 바람이 있다. 혼인은 혼인 당사자들과 양가의 욕망이나 이기심을 충족시키는 인생의 기회가 아니라 두 남녀의 만남과 사랑을 통해 가족과 이웃을 사랑하고 사회와 우주를 사랑하며, 궁극적으로 하나님을 사랑하는 맑은 통로, 곧 성사聖事인 것이다.

넷째 마당

# 나이듦과 인간의 성숙이란

# 여성주의적 관점에서 본 나이 듦

**임 희 숙** 아시아기독교여성문화연구원

낡은 사진 한 장을 들여다본다. 전에는 나도 꽤 괜찮았다. 여자 마음을 훔치는 도적 같은 얼굴에 검은 머리도 많았다. 언젠가 한번은 심심해서 검은 머리카락을 세어 보고 싶었는데 너무 많았다. 지금은 한 가닥 밖에 남지 않았다. 마지막 남은 나의 검은 머리카락. 왜 매년 사진만 찍으면 내 모습이 점점 보기 딱할까? 사진사를 바꿔야 할까 보다. 좀더 젊은 사람으로? 왜 매일 아침 거울만 들여다보면 내 모습이 점점 보기 딱할까? 낡은 거울이라 새 걸로 바꿔야 할까 보다……. 주름은 깊어지고, 검버섯은 늘어가고, 피부는 탄력을 잃어간다. 피부는 주름이 잔뜩 져서 늘어지고 있다. 이러다 주름에 발이 걸리고 말겠다. 나는 늙은 코끼리를 닮아가고 있다. 곧 아이들이 나를 보면 겁내겠다. 내가 날 봐도 추해 보인다. 어쩌면 겨울이어서일까? 겨울이 지나고 나면 알게 될 것이다. 여름에도 마찬가지라는 것을.

장 루이 푸르니에의 「나의 마지막 남은 검은 머리카락 하나」 중에서

### 1. 머리말

'이제 나도 나이가 들었나?' 하고 사람들이 처음 생각하는 때는 언제일까? 그때 얻는 느낌은 어떤 것인지 궁금하다. 나이는 태어난 뒤에 계속 늘어가는 것인데 새삼스레 나이를 의식하고 나이의 부피와 무게를 크게 느끼는 까닭은 무엇일까? 아마 그 순간은, 삶의 표준인 양 여기고 일상적으로 누려왔던 "젊음"에서 벗어나는 때가 아닌가 하는 생각이 든다.

어린 시절에는 나이를 실제보다 늘려서 말하기를 좋아하고, 나이가 들면 실제 나이보다 어리게 보이기를 좋아한다고 한다. 나이는 누구에게나 공평하게 한 살씩 보태지지만 그 나이를 받아들이는 경험은 사람마다 다른 것 같다.

우리 사회에서 나이는 성별gender처럼 개인을 확인하고 구별하는 중요한 기준이 되고 있다. 성별에 따라 여자다움과 남성다움에 합당한 품성과 역할을 보여야 하듯이, 우리는 나이에 따라 '나잇값'을 제대로 할 것을 요구받는다. 전통적으로 나잇값은 생애주기 상의 발달 단계와 그에 따른 과제의 수행과 밀접한 관계를 맺는다고 생각되어 왔는데, 이러한 주장도 우리 시대의 문화 변동으로 인해 큰 도전을 받고 있다. 이러한 도전은 무엇보다 과학기술의 발달에서, 신자유주의적 세계화로 나타나는 오늘의 자본주의에서, 가부장제를 탈피하면서 새로운 대안을 모색하려는 페미니즘 등에서 비롯되고 있다.

이 글에서 나는 '나이에 대한 인식과 평가'가 오늘을 살아가는 사람들과 사회에 어떤 영향을 미치는가에 주목하고자 한다. 한국의 중년 여성으로서 여성주의적 관점에서 우리 시대에 나이 듦이 갖는 의미를 생각하는 데서 논의의 실마리를 찾고자 하며, 나이 듦의 기독교교육적 함의를 생각해 보고자 한다. 이 글은 아래의 질문에 하나씩 대답하는 방식으로 진행될 것이다.

1. 나이 듦의 인식을 변화시키는 것은 무엇인가?
2. 나이든 여자는 왜 나이든 남자와 다르게 살아야 하나?
3. 나이가 들어도 신나게 사는 삶은 무엇일까?

## 2. 나이 듦의 인식을 변화시키는 것은 무엇인가?

태어나서 성장하다 마침내 죽는 사람에게 생애주기적 발달의 관점life-span developmental approach은 나이 듦의 과정과 각 단계에서 요구되는 삶의 과제를 밝히는 데 도움이 된다. 단계별로 볼 때 10, 20대는 배움을, 30대는 일과 가정을, 40, 50대는 생활을, 60대 이후는 노화를 중요한 과제로 본다.[1] 이 도식에 통용되는 기본 관점은 나이 듦에 따라 달라지는 생물학적 변화와 사회적 역할의 상호 관계를 규명하는 것이다. 나이에 대한 인식과 평가는 시간이나 공간에 따라 동일하지 않다. 평균수명이 길어지고 과학기술의 발달로 인해 신체적 조건을 바꾸는 일이 가능해지면서 각 연령에 대한 사회적 기대와 역할이 달라지고 있다. 나이가 단순히 숫자로 표기되는 것이 아닌 다음에야 나이에 대한 접근과 해석은 다양할 수밖에 없다.[2]

나이 듦과 관련하여 특히 주목하고자 하는 것은 주관적 나이subjective age이다. 주관적 나이는 각 사람이 나이에 대해 갖는 느낌인데, 이에 대해서는 현상학적 접근phenomenological approach이 가능하다. 생활 나이chronological age가 같은 사람들 사이에서도 주관적 나이가 다른 경우가 많다. 이런 차이는 왜 나타나는 것일까? 한 연구에 따르면, 주관적 나이는 생활 나이가 증가하면서 노화에 대해 부정적인 생각을 많이 가진 사람일수록 높은 것으로 나타났다. 생활 나이가 증가하더라도 낮은 나이의 정체감을 가진 사람일수록 자존감self esteem이 높은 것으로 나타났다. 이것은 생활 나이가 증가하더라도 주관적 나이를 낮게 지각할 때 긍정적인 심리적 조건이 형성된다는 의미로 해석될 수 있다.[3] 또 다른 연구에 따르면 생활 나이와 주관적 나이의 차이 정도는 나이가 들어갈수록, 신체적 노화를 실감할수록, 자신의 나이에 대한 만족이 줄어들수록, 더욱 커지는 것으로 나타났다.[4]

이런 점에서 나이 듦은 주관적 나이와 깊은 관계가 있기에, 나이가 들더라도 삶의 질을 향상시키고 지속적인 성장과 발달을 모색할 수 있다.

---

1) 윌리엄 새들러, 『서드 에이지』, 김경숙 역, 사이, 2006.
2) 실례로 생물학적 나이, 사회적 나이, 심리적 나이 등을 들 수 있다.
3) 윤유경, 「주관적 연령의 예측 요인과 심리적 특성에 관한 연구」, 이대 대학원 박사학위 논문, 1995.
4) 서은현 · 윤가현, 「여성이 지각하는 주관적 연령: 신체적 · 정신적 차원 비교」, 『한국심리학회지: 여성』, Vol. 6, No. 1, 4, 2006.

주관적 나이를 적절하게 형성하기 위한 다양한 노력들 가운데 가장 일반적인 것은 몸의 변화를 꾀하는 것이다. 운동, 성형수술, 화장, 호르몬 요법 등 외모 가꾸기가 그것인데, 젊어지고자 하는 개인적 욕구와 소비 자본주의가 맞물려 오늘날에는 사회적 물의까지 일으키고 있다. 이런 현상을 부추기는 이데올로기가 곧 나이 차별주의이다. 나이 차별주의는 한편으로는 유교적 관행으로 연장자 우선주의 유형[5]과, 다른 한편으로는 젊음의 특권을 일방적으로 강조하는 연소자 중심주의 유형으로 나뉘어지는데, 우리 사회에는 이 둘이 혼재하고 있다. 특히 연소자 중심의 나이 차별주의는 시장경제의 생산성과 효율성을 삶의 모든 영역에 적용하려는 문화 전략과 손을 맞잡고 나이 차별을 확산시킨다.[6] 대중매체를 통한 이미지 효과는 젊음에 대한 강박을 낳고, 나이 듦에 대한 편견과 고정관념을 만들어낸다. 젊음을 매력, 순수, 열정, 능력, 희망과 동일시하고, 젊지 않음 또는 늙음을 상실, 교활, 무기력, 무능력, 추함, 불쌍함 등으로 상징화하는 사회적 인식은 이제 더 이상 낯설지 않다.[7] 이처럼 젊음과 생산의 이미지를 중시하는 소비문화에서 오래된 것은 낡고 무용한 것이기에 언제라도 새것으로 대치되어야 하는 것처럼, 늙음은 비생산적이고 무능하기 때문에 폐기되어야 한다는 생각이 자연스럽게 유포된다.

문제는 이와 같은 나이 듦에 대한 인식과 평가가 배제와 차별의 구조를 만들어내어 모든 연령층이 함께 사는 일을 방해한다는 데 있다. 무엇보다도 젊지 않은 단계로 들어선 사람들은 나이 듦으로 인해 일상적인 배제와 소외를 경험한다. 소위 세대차라는 합리적 경계 긋기는 세대 간 소통과 연대를 단절시키고, 세대 갈등이라는 개념도 젊음이 지니는 지배력을 은폐하는 경우가 많다. 나이든 세대가 지닌 잠재적 가능성은 폭력적으로 억눌리고, 같은 세대의 사람들이 지니고 있는 다양성은 속절없이 억압된다. 그러나 나이 차별

---

5) 나이가 들수록 성숙해지는 변화는 40세를 불혹(不惑), 50세를 지천명(知天命), 60세를 이순(耳順)으로 명명하는 전통에서도 잘 엿 볼 수 있다.
6) 그 단적인 예로 우리 사회에서 중년기 사람들에 대한 공공연한 사회적 퇴직 압력을 표현한 '사오정(사십 중반이면 정년퇴임이라는 뜻의 준말)'이란 용어를 들 수 있다.
7) 인생 후반기에 대한 사회적 인식을 D로 표현하면 다음과 같다: 쇠퇴(decline), 질병(disease), 의존(dependency), 우울(depression), 노망(decrepitude), 죽음(death).

주의의 피해자는 나이든 사람들만이 아니다. 아직 젊은 사람들도 나이 듦에 대한 막연하고 근거 없는 두려움과 불안에 사로잡혀 자유롭지 못하다.[8]

이러한 사회문화적 맥락에서 나이 듦의 가치와 의미를 논하는 것은 단순한 일이 아니다. 장유유서의 경로사상을 창조적으로 계승하고 나이 듦의 성숙한 목표를 강조하는 원론적인 작업도 물론 중요하지만, 그러한 입장은 오늘의 삶과 유리되어 추상화되는 한계가 있다. 오히려 나이 차별주의를 생산하고 유지하는 기제로서 다양한 자본주의적 문화 권력과 그 통제 방식을 분석하는 것이 중요하다. 이러한 분석에서 주목해야 할 것은 자원과 권력을 생산하고 소유하는 능력을 중심으로 늙음과 젊음의 가치를 정의하고, 바로 그와 같은 정의를 자발적으로 수용하게 만드는 것이 무엇인가이다. 과학기술이 급속도로 발전하고 신자유주의적 자본주의가 지배적인 오늘의 세계에서 젊은 나이는 높은 업적과 이윤(고령자에 비해 상대적으로), 낮은 고용 비용을 상징한다. 따라서 나이 듦이란 단순히 '젊은 몸'의 상실만을 뜻하지 않고, '새로운 능력과 역할'의 결핍, 부족, 쓸모없음, 열등함 등을 의미한다. 이런 현실에서 인간의 수명이 길어지는 것이 과연 축복인지 우려된다.

### 3. 나이든 여자는 왜 나이든 남자와 다르게 살아야 하나?

자본주의적 문화 권력과 가부장제가 결합되어 있는 사회에서 나이 듦에 대한 불안은 남자보다 여자에게 더 크다. 이와 관련된 논의를 성역할과 여성의 몸을 중심으로 생각해보고자 한다.

가부장제 사회에서 임금노동을 통하여 부양자의 역할을 맡는 남성들은 나이 듦에 따라 일정한 사회적 지위와 경제권을 지니게 된다. 따라서 남성들에게 나이 듦은 종종 권위와 능력을 상징한다. 이에 반해 사회 참여가 미약했던 여성들에게 나이 듦은 젊음의 상

---

[8] 나이 듦에 대한 한 연구는 나이든 사람들이 자신의 노화를 인정하고 수용함으로써 젊은 시절처럼 더 이상 남의 시선에 매이지 않는 해방과 자유를 경험한다고 보고하고 있다. 윌리엄 새들러, 앞의 책, p. 96-101을 참조하라.

실이며, 은폐되어야 할 부담이다.[9] 또한 중년기에 이르러 남성들이 가정이나 사회에서 중요한 역할과 책임을 맡아 생활의 만족감을 얻는데 비하여, 중년 여성들은 자녀의 독립으로 인한 '빈 둥지 증후군'과 역할 상실의 허무감, 사회적 소외감, 무력감 등을 경험하게 된다. 취업을 하더라도 소수의 전문직 여성이 아니라면 직업의 성취감이 낮고, 남편의 조기 은퇴나 실직으로 생계를 유지하기 위해 노동을 하는 경우에도 만족감이 적다. 여기서 주목해야 할 것은 획일적인 성역할이 나이 듦을 수용하는 방식에 어떤 영향을 미치는가이다. 가부장제에서 고정된 성역할로 인해 여성들은 남성들보다 나이 듦과 관련된 부정적인 인식을 더 많이 갖는다. 그것은 여성의 성역할과 몸의 관계에서 보다 분명하게 나타난다.

여성이 담당하는 출산, 양육, 가사노동, 섹슈얼리티는 몸을 통해 이루어지고, 몸은 나이에 따라 달라진다. 이러한 차별화 과정에서 지배적인 권력을 행사하는 것은 여성의 주체성이 아니라 남성의 시선과 인정이다. 가부장제 사회에서 여성의 나이 인식은 여성의 몸에 대한 평가에 따라 좌우된다. 몸은 한 사회의 특징을 설명하는 문화 텍스트로서 그 문화에서 통용되는 규칙과 규범과 의미 체계를 담보하고 있다. 젊음과 여성의 성적 매력이 강조되는 사회에서 여성의 몸은 그에 부응하는 변화를 요구 받고 평가를 받는다. 이처럼 문화 규범에 따라 사회적 통제를 받는 여성의 몸은 여성 스스로 감시하고 훈육하면서 가꾸기에 길들여진 몸이다.[10] 젊은 여자의 몸이 여자의 능력이나 자원을 대체하고 그보다 더 중요한 기능을 하는 것이나 어리고 예쁜 여자가 사생활이나 직업상 '혜택과 특권'을 획득하기 쉬운 것은 결코 우연이 아니다.[11] 그것은 또한 노동시장이 취업 여성들에게 직업적 능력과 함께 일정한 성적 역할을 요구하거나 기대하는 것과 관련이 있다.[12] 한

---

9) 물론 나이 듦에서 누리는 남성의 특권이 모든 남성들에게 똑같은 것은 아니다. 신자유주의적 자본주의 사회에서 남성의 나이 인식도 계급적 양극화를 보이고 있다. 나이 듦과 계급의 관계가 그런 것이라면, 그것은 '가난의 여성화' 시대에 여성에게 결코 유리하지 않다.
10) 수전 보르도, 『참을 수 없는 몸의 무거움』, 박오복 역, 도서출판 또하나의문화, 2003, p. 208.
11) 유럽의 여성 관리자 1,114명을 대상으로 한 조사에서 독일 여성들은 직장에서 성공할 수 있는 첫 번째 조건으로 육체적인 매력(46%)을 꼽았다.(바바라 바라흐, 『바보 같은 성 여자』, 이미옥 역, 참솔, 2003, p. 173.)
12) 주로 여성들이 담당하는 감정노동은 아름답고 부드러운 성적 이미지로 직장의 분위기를 적절하게 조성하고 업무상의 긴장을 완화하는 기능을 가진다.

국 사회가 외국의 경우와 달리 젊은 여승무원을 선호하고 심지어 의사나 약사도 고객만 족도에 따라 나이든 여성을 회피하고 있는 것은 이를 보여주는 단적인 증거이다. 그러나 젊은 여자들도 나이가 주는 한계로부터 자유롭지 않다. 그들도 끊임없이 여성의 이상적인 몸(그러나 비현실적인 몸)을 요구하는 사회적 압력과 통제로부터 예외일 수 없기 때문이다. 어린 소녀들과 젊은 여성들이 왜곡된 외모주의에 맹목적으로 몰입하는 오늘의 현실이 이를 반영하고 있지 않은가.[13] 그런 점에서 한국 청소년들의 자아 존중감을 형성하는 데 자신의 신체적 매력을 지각하는 정도가 지대한 영향을 미치고, 나이가 들어가면서 외모와 관련된 스트레스는 남성보다 여성이 더 많이 받는다는 한 연구의 결과는 시사하는 바가 크다.[14]

이러한 상황에서 나이든 여자들이 경험하는 차별과 배제가 나이 어린 여성들보다 훨씬 심각하리라는 것을 상상하기는 어렵지 않다. 늘어나는 주름과 몸무게, 흰 머리카락과 노안, 신체적 정신적 기능의 저하는 여성들에게 건강과 생활의 불편함보다 성적 매력의 감퇴라는 점에서 걱정거리가 된다. 이것은 소비문화에서 몸 인식은 상당 부분을 시각적 이미지에 의해 지배 받고 대중매체를 통한 각종 광고가 상업화된 성적 이미지를 무차별적으로 확산시키는 현실을 두고 볼 때 이상한 일도 아닐 것이다. 성적 매력의 상실로 남성보다 여성이 자아존중심을 더 많이 상실하고 타인의 시선과 인정을 얻지 못하리라는 불안에 더 많이 시달린다. 이런 현상은 사회참여의 기회가 제한되고 직업을 통한 자립과 자아실현의 경험이 적은 여성에게 더 부정적인 효과를 가져와 우울증에 시달리게 하기도 한다.

나이 듦의 과정에서 여성들은 폐경과 갱년기를 겪으며 새로운 전환을 경험한다. 생물학적으로 볼 때, 폐경은 호르몬의 변화로 월경이 그치는 현상이다. 여성의 중요한 성징인 월경은 임신과 출산의 기능을 유지하고 있다는 표지로서 여성의 정체성 형성에 영향을 준다. 폐경은 모성 기능의 중단을 의미한다. 이와 관련된 연구들에 따르면, 폐경은 당

---

13) '얼짱', '몸짱', '동안(童顔)' 신드롬이 그것이다. 이것은 푸코가 주장하는 '생체권력' 이 여성들의 자발적인 동조로 확산되는 한 현상으로도 볼 수 있다.
14) 양계민·정진경, 「청소년기의 심리적 특성: 자신의 신체적 매력에 대한 인식이 자아 존중감에 미치는 영향: 청소년기를 중심으로」, 『한국심리학회논문집』, 1993.

사자들에게 나이 듦과 자신에 대한 부정적 인식을 갖게 한다. 여기서도 갱년기의 신체적 불편과 고통뿐만 아니라 성적 매력의 상실에 대한 우려도 나이 듦의 인식에 영향을 미친다고 볼 수 있다. 실제로 폐경에 대한 당사자의 부정적 인식은 성적 매력을 강조하는 문화일수록 높게 나타나고 있다.[15]

성적 매력의 기준은 문화마다 차이가 있겠지만 우리 시대의 상업화된 서구 중심의 성 이미지는 젊은 몸의 외형만을 강조하는 경향이 있는데, 이는 마땅히 비판되어야 한다. 이상적인 여성의 몸으로 유독 날씬함이 강조되는 현상은 "뚱뚱하면 늙어 보이고…… 충분히 여성적이지 않다"는 불안 의식을 반영한다.[16] 성적 매력은 신체적 조건과 지성적 측면과 심리적 차원을 아우르는 통합 개념으로 인식될 필요가 있다. 그것은 건강하고 다양한 성 정체성을 형성하고 나이 듦을 긍정적으로 수용할 수 있게 하는 전제이다.

### 4. 나이가 들어도 신나게 사는 삶은 무엇일까?

중년 연구자인 새들러는 중년 이후의 의미 있는 삶에 기본적으로 필요한 것은 경제적 준비, 정서적 성숙, 심리적 안정이라고 주장한다. 고전적인 발달이론은 성공적인 나이 듦을 위한 조건으로 자아 통합 혹은 지혜를 제안하면서, 과거에 대한 후회나 미련을 떨쳐버리고 남은 생애를 위해 의미 있는 목표를 설정하는 것의 중요성을 강조한다. 사회학적으로는 물질적, 경제적인 만족보다 주관적인 욕구를 충족하는 삶의 질을 중시한다. 이와 같은 제안들은 나이 듦에 대한 이상적인 모델이 따로 있는 것이 아니고, 나이가 들어가는 사람들이 바람직한 가치관과 삶의 의미를 추구해야 한다는 것을 시사한다. 따라서 나이 듦의 사회문화적 맥락을 중시하면서 보편적으로 제시되는 모델은 성별, 나이별, 계급별로 더 세분화되어야 할 필요가 있다. 이것은 중년층을 동일한 집단으로 규정하는 관점에서 벗

---

15) 한 비교인류학적 연구에 의하면, 성적 매력에 대한 사회적 압력이 높은 미국 여성들은 폐경 후 우울증 경험하는 경우가 많은데 비해, 나이든 여성들의 지혜와 사회적 역할을 존중하는 태평양의 섬에서 사는 많은 여성들은 오히려 폐경의 경험에서 해방감을 느낀다고 한다.
16) 김은실, 『여성의 몸, 몸의 문화정치학』, 도서출판 또하나의문화, 2001, pp. 140-143.

어나 문화, 사고방식, 경험, 역사, 창의성 등을 기준으로 해서 개별화하려는 시도라고 할 수 있다. 본 장에서는 여성주의적 나이 듦의 대안을 기독교와 관련하여 구상하고자 한다. 나이 듦과 종교의 상관성은 이미 많은 연구들을 통하여 그 중요성이 지적되고 있다. 성공적인 노화successful aging[17]에 종교 활동은 지대한 영향을 끼친다는 것이다. 일반적으로 인정되는 종교의 순기능적 역할은 주관적 안녕감의 강화, 우울증과 심리적 스트레스의 저하, 사망률과 질병 이환罹患의 감소, 신체적·정신적 건강의 유지 및 증진, 삶의 의미와 목적의 부여, 인생 만족도와 행복감의 증진, 긍정적인 자아 개념의 고취, 공동체 활동의 참여 그것이다.[18] 여성들이 종교에 참여하는 기회가 많고 종교 활동에 적극적인 점에서 여성들에게 연륜과 더불어 종교가 지니는 의미와 가치는 지대하다고 볼 수 있다.

**첫째, 위축되는 사람들의 기 살리기**

●

나이 듦이 젊음의 상실과 결핍을 뜻한다는 생각은 사람들로 하여금 나이가 들었다는 이유로 많은 것을 포기하게 하고 무력하게 만든다. 무엇보다 자신의 늙어 감을 인정하는 일은 쉬운 일이 아니다. 나이 듦이 확연하게 인식되는 과정에서 많은 사람들은 수치, 상실, 절망, 우울, 복수, 자기비하, 젊음에 대한 선망과 모방을 경험하게 된다. 아마도 이것은 젊음 중심의 사회에서 나이든 자신을 '버려지고 잊혀진 보이지 않는 존재'로 여기는 자기 인식의 다른 모습들일 것이다. 이를 극복하기 위해서는 젊음이 삶의 중심인 양 강조하는 생애 인식 자체를 바꿔야 한다. 나이 듦이 한 단계의 상실과 결핍을 뜻하기도 하지만 다른 단계의 시작과 성장이기도 하다는 인식이 중요하다. 그렇게 되면 진정한 나잇값은 무엇을 할 수 없는가보다 무엇을 할 수 있는가에서 찾을 수 있을 것이다.

그렇다면 인생의 전반기에 남성처럼 외형적으로 축적한 자산이 많지 않은 여성들

---

[17] 이 개념은 1986년 미국노인학회에서 처음 소개되었는데 그후 이와 관련된 다양한 연구들이 이루어졌다. 성공적 노화에 대한 개념의 정의는 '가능한 개인의 잠재력을 최대한 발휘하여 신체적, 사회적, 심리적으로 자신과 주위 사람들을 만족시킬 만한 상태에 도달하는 것'을 뜻한다. 전혜정, 「노년기 종교 활동이 정신건강에 미치는 영향」, 한국노인복지학회, 『노인복지연구』, 2004 가을호, Vol. 25, p. 170.

[18] 홍현방, 「성공적인 노화와 노인의 종교성 관계 연구」, 한국노인학회, 『한국노인학』, Vol. 22, No. 3, 2002, p. 246.

은 무엇으로 새 출발의 자원을 삼을 수 있을까? 요즈음 활발하게 전개되는 아줌마운동과 성인교육을—여성들의 생활사와 다양한 경험을 포함하는—새로운 성장 잠재력으로 볼 것을 제안한다. 외형적으로 내세울 것이 적다는 것은 달리 보면 이 시대의 파괴적인 경쟁 구조, 과소비 문화, 편협한 이기주의의 대열로부터 더 자유롭다는 것을 뜻한다. 양육과 가사에 공들인 젊음과 시간도 헛된 것이 아니다. 생명 노동자로서 개인을 살리고 공동체를 가꾸어 온 소중한 역사인 것이다. 생산과 효율을 중시하는 자본주의사회에서 이러한 여성들의 경험이 제대로 인정받지 못한다 해도, 그 경험의 가치를 재평가하고 제대로 활용할 때 그것은 여성들의 새로운 출발을 위한 훌륭한 성장 잠재력이 된다. 심리학자 융이 시사하듯이, 인생의 후반기는 삶의 목표를 외향적 물질적인 것으로부터 정신적 문화적 가치로 전환하는 시기이다.[19] 이 시기에 내면적 성숙을 지향하려는 여성들은 더 이상 물질과 업적을 중시하는 사회적 기대와 문화적 기준 앞에서 위축될 필요가 없다. 오히려 여성 자신의 바람직한 변화를 위해 부당한 기존 질서와 가치관을 거부할 수 있는 용기와 힘을 키워야 한다. 나이 듦을 수치스럽고 불안하게 만드는 사회구조나 문화에 대해 이유 있는 저항을 해야 한다. 나이에서 오는 지혜를 귀하게 여기고 사용해야 한다. 지혜는 자신의 실제 능력과 생활을 솔직하게 받아들이고 인생의 목표와 의미를 재발견하여 그것을 위해 자신의 시간과 재능을 더 현명하게 사용하게 만드는 힘이다.[20]

여성들의 새로운 시도와 의미 있는 저항은 혼자보다 함께하는 것이 바람직하고 위축된 여성들이 서로에게 용기와 지혜를 부여할 수 있다는 점에서 중요하다. 다음에 소개하는 사회교육 프로그램은 나이 듦에 대한 대안을 보여주는 한 방법으로 평생교육과 기독교 성인교육에도 시사하는 바가 많다.

> 대구시는 45세 이상 60세 미만의 중년 여성들을 대상으로 8월 29일-11월 7일까지 매주 화요일 10:00-12:00까지 '준비된 여성이 아름답다, 중년여성의 행복한 미래 만들기' 프로그램을 대덕노인복지회관에서 무료로 운

---

19) 게르하르트 베어, 『카를 융』, 한미희 역, 까치, 1998, p. 75.
20) 퍼트리샤 튜더산달, 『여자 나이 50』, 김수경 역, 에코리브르, 2006, p. 145.

영한다. 이 사업은 여성들이 중년기에 일어나는 신체적·정신적 변화를 이해하고 자신의 모습을 있는 그대로 수용·개방하여 자신의 성장과 행복한 미래를 준비하도록 프로그램을 구성, 다가오는 노후를 건강하고 활기찬 삶이 되도록 준비하는데 그 목적이 있다. (중략) 이번 행사의 주요 프로그램은 행복을 여는 이미지 메이킹, 중년기 올바른 건강법, 노블레스 오블리주(사회 참여와 자원봉사), 음악 치료의 효과 및 실습, 아름다운 여행, 웃음과 건강한 삶, 21세기 사회와 사회 변화 읽기 등이다. (한국여성개발원 홈페이지)

### 둘째, 분노를 힘으로 선용하기
●

가부장제 사회에서 여성들은 자신의 몸에 대한 억압을 경험하고 이와 관련된 분노를 품는다. 이 분노는 종종 공격적 형태로 발산되기도 하고 은폐된 형식으로 자신의 몸에 대한 부정적 의식을 내면화하기도 한다.[21] 여성들의 부정적인 몸 인식은 나이에 대한 인식과 관련되어 있기 때문에 나이 듦에 대한 인식을 전환하기 위해서는 분노를 극복하는 것이 중요하다. 그것은 자기 성찰을 통하여 자아 존중심을 높이는 일과 다르지 않다. 더 이상 젊고 아름답지 않기에 사랑받지 못할까하는 두려움을 극복하고 타인의 시선과 평가에 더 이상 종속되지 않도록 자아 정체감을 강화하는 일이다.[22] 이를 위해 페미니스트 교육학은 먼저 여성들이 자신들의 분노와 좌절을 자유롭게 드러내고 그 분노와 좌절이 부당하고 불의한 제도와 문화에서 비롯된 것을 깨닫게 하여 그 분노가 잘못된 사회구조와 인식을 바꾸는 원동력이 되도록 하는 방법을 제안한다. 이 과정에서 은폐되고 왜곡된 분노는 자기 긍정의 힘으로 변화된다. 자기를 긍정하게 되면 나이에 따라 변화하는 자신을 있는 그대로 수용하고 불필요하고 헛된 욕망을 포기할 수 있는 용기를 갖게 된다. 더 나아가 나이가 들면서 새롭게 요구되는 기대와 욕망에 더 충실함으로써 자기 성취감과 만족감을 얻는다. 하지만 불의에 저항하고 정의를 꿈꾸며 분노하는 사람은 자신이 당하는

---

[21] 분노와 관련된 성별 증후군에 대해서는 (P. Chesler, *Women and Madness*, 1995)를 참조하라.
[22] 이에 대해서는 (미리암 그린스팬, 『우리 속에 숨어있는 힘』, 고석주 역, 도서출판 또하나의문화, 1995)을 참조하라.

고통과 상처에만 집착하지 않는다. 다른 사람의 상처와 고통에 민감해지고 교감을 통하여 치유에 대한 열정을 갖는다. 온갖 생명의 울음소리에 귀 기울이는 영성을 지닌다. 이 과정에서 자신과 주위를 해치는 분노의 파괴력은 자신과 세상을 함께 살리는 진정한 힘으로 전환된다.

전통적으로 신학과 교회는 여성들의 분노에 대하여 성실하게 대응하지 않았다. 분노는 여성적이지 않다는 생각이 지배적이었고 분노와 관련된 갈등을 있는 대로 인정하기보다 무마하거나 회피하는 관행이 강했기 때문이다. 가부장제 문화에서 여성의 분노는 남성들은 물론 여성 자신들도 자연스럽게 받아들이기가 어려운 일종의 학습된 두려움이다. 이런 점에서 여성들의 억압된 분노는 무엇보다 다른 사람들의 공감과 이해를 통하여 적절하게 표현될 필요가 있다. 여기에 요구되는 것이 상호신뢰와 의사소통이다. 그러나 목회자나 지도자가 일방적으로 내용을 전달하는 교육은 여성 참여자들 사이의 신뢰적 의사소통을 어렵게 만든다. 바람직한 신앙교육은 참여자들의 관심과 경험을 중심으로 공동의 생활 지혜를 모으는 일도 배려해야 할 것이다.

### 셋째, 제대로 즐겁게 살아보기

●

나이가 들면서도 자아 존중심을 상실하지 않기 위해 주목해야 할 것은 나이든 사람들의 욕망과 그 실현이다. 경로사상으로 대접을 받든지 나이 차별주의로 푸대접을 당하든지 간에 나이가 들수록 사람들은 자신의 욕망을 제대로 표현하거나 그것을 충족하는데 더 큰 억압을 경험한다. 그것은 젊음의 상실을 욕망의 소멸로 맹신하게 하는 나이 듦의 신화에서 비롯된 한 결과이다. 나이든 사람들이 "몸은 늙어도 마음만은 그대로"라고 하면서 억울함을 호소하는 것도 그 때문이다. 나이 듦에 대한 편견으로 인해 너무 쉽게 은폐되거나 억압받는 욕망들, 즉 호기심, 상상력, 놀이의 즐거움, 순진함, 지적 추구, 질문, 개방성, 웃음, 장난, 모험정신, 자발성, 꿈, 유연성, 감수성, 보살핌을 받고자 하는 욕구 등은 마땅히 재평가되고 회복되어야 한다. 이런 욕망들은 나이 듦에 따라 저절로 소멸하는 것이 아니라 성인기의 업적과 성공을 위해 억압되고 거세되었을 뿐이다. 삶의 젊은 시기를 통과해서 보다 성숙한 삶의 의미와 가치를 추구하는 시점에 이른 사람들에게서 일시적으로 거부되었던 욕망들은 새롭게 인정받고 나이에 맞는 모습으로 복원되어야 한다. 왜냐하면 나이가 들어도 활기와 창조력, 삶의 풍요함을 유지하려면 이런 욕망들이 반드시 있어야 하기 때문이다. 또한 누군가의 관심을 끌고 위로와 인정을 받고 싶은 욕구는 모든 연령층에 나타난다는 인식을 가져야 한다. "그 나이에", "나이에 어울리지 않게"라는 말을 내세우며 자발적 포기와 좌절을 강요하는 '나이의 터부'는 극복될 필요가 있다. 나이에 맞는 정상적인 삶이 있다고 누군가 말을 한다면, 그가 어떤 의도로 그런 주장을 하는지 살펴보고 그것이 부당할 경우에는 저항해야 한다.[23]

나는 나이든 사람들의 욕망을 존중하고 이를 건강하게 표현하게 하는 방법으로 놀이를 통한 배움을 제안하고 싶다. 놀이는 모든 연령대에 걸쳐 성장의 중요한 요소이며 자기표현, 개방성, 창조력, 활력 등을 제공한다. 나이 든 사람들의 놀이 학습은 호모 사피엔스(고뇌하는 인간)와 호모 파베르(일하는 인간)와 호모 루덴스(유희하는 인간)의 개념을 통합하여 다양하게 전개될 수 있다. 성인교육의 엔드라고지 이론은 사이버 공간의 온라인과 오프라인을 통하여 창조적인 학습공동체의 형성에 도움을 준다. 나이의 제한 없이 학습자들의 필요와 요구에 부응하는 평생교육도 상호 학습의 좋은 모델이다. 한 실례로 사회 주부 운동은 가족 이기주의에 매몰된 모성에 대한 비판적 대안으로 사회적 돌봄 노동을 추구한다. 특히 출산, 양육, 가사의 부담으로부터 가벼워진 나이든 여성들이 이 과정에서 자신의 숨겨진 욕구와 재능을 발견하고 지도력을 발휘하면서 나이 듦의 새로운 모델을 창조하는 모습도 바람직하다.

이에 비하여 한국 교회는 아직도 금욕적인 전통이 강하고 놀이와 학습을 구분하는 경향이 강하다. 진리를 보고 익히는 방법으로 감각을 활용하는 일이 더 요구된다. 또한 재미와 흥미를 부여하는 것이 학습효과를 높일 뿐 아니라 교회 공동체의 친교를 강화하는 데 도움이 된다. 놀이와 교육과 종교를 결합하는 '놀이와 놀림의 교육', '유머와 웃

---

23) 우리 사회에서 아줌마들의 돌발 행위를 '뻔뻔하고 막 간다'고 일방적으로 폄하하는 현상도, 어떤 측면에서는, 오랫동안 타인의 욕구를 먼저 충족시키면서 자신의 욕구를 억압해 온 여성들이 이제는 눈치를 보지 않고 용기를 내어 자신의 욕망을 표출하는 과정으로 이해할 필요가 있다.

음의 교육'은 우리에게 시사하는 바가 많다.[24] 이를 위한 다양한 통합적 교육 모델을 개발하는 일이 중요하다.

### 넷째, 주체적 여성성을 정의하기

●

나이 듦의 터부에서 오랫동안 굳어진 고정관념은 탈성화脫性化이다. 중년기의 호르몬 변화는 전통적인 성별의 경계를 약화시킨다. 여성 호르몬 에스트로겐의 분비가 감소하면서 여성들은 이전보다 강하고 독립적이고 자기주장이 강해지고 경쟁적이 되어가고, 남성 호르몬 테스토스테론이 점점 더 적게 분비되면서 남성들은 점점 부드럽고 감성적이고 자상해지고 상처받기 쉬운 모습을 보인다. 이것은 가부장제 사회에서 표준화된 남성성과 여성성의 개념이 역전되는 현상이다. 성별에 따른 기질의 변화는 성역할의 교차를 초래하고 성 정체감에도 영향을 끼친다. 특히 폐경기에 이르러 여성의 생리적 기능이 중단되고 여성다움의 특성이 약화되는 시점에서 여성들은 종종 스스로에게 "내가 아직도 진정한 여성인가? 여성으로서 성적 매력을 갖고 있는 것인가?" 하고 묻는다. 이러한 물음은 성 정체성의 혼란과 탈성화에 대한 두려움을 반영하며, 이분법적 성별 구조를 전제로 한 것이다.

그러나 새들러의 연구[25]에 따르면, 남성적인 기질을 나타내는 중년 여성들은 이전보다 자신의 여성성에 더 예민해지고, 여성적인 특성을 보이는 중년 남성들도 여전히 자신의 남성성을 강화한다고 한다. 이러한 연구 결과는 기존의 분리적 성별 개념과는 달리 중년기의 여성과 남성 모두에게 양성적 특성이 나타날 수 있음을 시사한다. 그것은 중성화를 뜻하기보다 고정화된 성 정체성의 의미가 확대된 것으로 해석된다.

가부장제 사회에서 여성들의 성 정체성 강화는 남성의 평가와 인정에 의해 지대한 영향을 받는다. 여성은 남성의 시선을 의식할 때에는 자신의 여성성을 최대한 강조하고, 남성 세계의 인정을 얻고자 할 때에는 자신의 여성성을 최대한 억압하는 경향을 보인다. 이와 같은 분열적인 성 정체성은 여성의 주체성을 방해하고 성숙을 저해한다. 여성이 남

---

24) 찰스 멜처트, 『지혜를 위한 교육』, 송순남·김도일 역, 한국장로교출판사, 2002, pp. 439-449.
25) 새들러는 200여 명의 40, 50대 성인들을 인터뷰하여 삶의 패턴을 살피고, 그 가운데 50여 명을 12년간 추적하여 마흔 살 이후의 변화 과정을 조사하였다.(앞의 책, p. 91.)

성보다 낮은 자아 존중감을 갖게 되는 것도 이런 맥락과 무관하지 않다.[26] 나이가 들수록 사람들에게 가장 부족한 것은 능력이나 직관력이 아니라 긍정적인 자기 수용으로 얻는 자신감이다.[27] 그런 점에서 중년기에 이르러 그 이전의 타자 의존적인 성 정체성을 여성 자신의 시각에서 비판하고 새롭게 정의를 내리는 일은 여성들이 자신의 성에 대하여 보다 긍정적이고 주체적인 인식을 갖는 데 도움이 될 것이다. 그 좋은 실례가 종래의 폐경을 "완경完經"으로 새롭게 명명하는 일이다. 폐경은 여성의 자기비하와 우울증을 동반하는데 비해, 완경은 이제 모성의 역할을 마치고 새로운 여성으로 다시 시작한다는 긍정적이고 적극적인 의미를 부여한다. 우리 사회가 나이 든 여성이나 지혜로운 여성을 존경하고 귀하게 여기는 문화를 형성한다면, 폐경은 "새롭고 명예로운 지위로 상승하는 신호"가 되어 "폐경 후 열정"의 시기를 여는 인생의 의미 있는 전환점이 될 것이다.[28] 이러한 여성들의 주체적 정의내리기는 더 계속될 필요가 있다. 여성들이 자신의 경험과 지식을 창조적으로 활용하는 일은 자아 존중감을 고취시키는 것만 아니라 학습 능력도 증진시킨다는 점에서 중요하다. 노화와 학습 능력의 상관성에 대한 연구에 따르면, 경험과 지식을 기반으로 의미를 구성하는 인지 과정은 나이가 들수록 그 수행 능력이 향상되는 것으로 나타났다.[29] 나이 든 사람들은 젊은 사람들에 비하여 통합적 인식이 두드러지고, 자신의 풍부한 경험과 지식을 기반으로 주어진 과제에 대해 다양한 재구성과 해석을 한다는 것이다. 이것은 고령화와 정보화시대에 나이 든 사람들도 평생교육을 통하여 부단히 자기를 개발하고 사회에 기여할 수 있음을 시사한다.

### 다섯째, 역동적 상호 의존으로 사랑하기
●

이혼, 사별, 재혼 등 관계 변화가 많은 중년기 여성들에게 자율성과 친밀함을 통합하는 것은 중요한 과제가 된다. 여성의 삶에서 지배적인 것은 관계 지향성과 이와 관련된 역할이라고 생각되지만, 중년기 이전의 관계 방식은 비판적으로 검토될 필요가 있다. 여

---

[26] 홍기원·한영석,「인구학적 변인에 따른 한국 성인들의 자존감 차이」, 『한국심리학회지: 여성』, Vol. 10, No. 2, 2005, p.135.
[27] 퍼트리샤 튜더산달, 앞의 책, p. 162.
[28] 진 시노다 볼린, 『우리 속에 있는 지혜의 여신들』, 이경미 역, 도서출판 또하나의문화, 2003, pp. 11-16.
[29] 정혜선,「노화가 학습 능력에 미치는 영향」, 『한국심리학회지: 실험』, Vol. 16, No. 4, 2004, p.135.

성 중심의 관계 맺기는 종종 상호적이기보다는 분리적이고, 이성적이기보다 감정적이고, 쌍방 성취적이기보다는 일방적 희생 위주였기에 이러한 측면은 근본적으로 재고되어야 한다. 고령화사회에서 여성들은 배우자의 사별 후 독신을 경험할 가능성이 높다. 누구의 아내라는 위치와 역할을 중심으로 자신의 정체성을 형성하고 자신의 남편을 통해서만 사회적 관계를 맺어온 여성들은 새로 시작하는 홀로됨의 변화를 주체적으로 감당하기가 어렵다. 이러한 관계 방식은 타자 의존적인 여성들의 삶의 조건에서 내면화된 기제이겠지만 성숙한 관계 방식으로 변화해야 한다. 예를 들면, 자신의 성장을 도모하기 위하여 자식과 가족으로부터 심리적으로 건강하게 거리 두기, 이성 관계(기혼일 경우는 남편, 미혼일 경우는 연인을 대상으로)에서 창조적 긴장과 만족을 추구하기, 이제까지 서로 분열되어 있었던 자아실현과 사회참여를 상호 순환 구조로 만들기 등을 들 수 있다. 나는 이러한 새로운 모델 만들기를, 획일적인 독립과 의존의 이분법을 극복하고 다양성과 차이를 인정하는 '역동적 상호 의존으로 사랑하기'로 명하고 싶다. 이 '역동적 상호 의존의 사랑'은 인간 중심의 영역에서 생태학적 차원으로 확장될 필요가 있다. 생물학자 루펠트 쉘드레이크가 주장한 '형태 공명morphic resonance'의 방식[30]은 서로 분열되고 갈등하는 모든 생명 공동체가 사랑의 공명으로 변화하는데 도움을 준다.

 '역동적 상호 의존으로 사랑하기'는 나이 듦의 목표이자 나이 듦의 과정이요 그 연습이다. 사랑하기는 기독교의 가르침이고 뿌리 깊은 인간의 욕망이지만 여전히 어려운 과제로 남아 있다. 우리 시대에도 사랑하기는 성별, 나이, 자본의 지배 구조 등에 의해 훼손되고 왜곡되는 경우가 비일비재하다. 그것은 사랑의 욕구가 부족하기 때문이 아니라 사랑하는 방식이 획일적이기 때문일 것이다. 역동적으로 사랑하기는 의존적이면서도 독립적일 수 있고, 상처받기 쉬우면서도 강할 수 있고, 자신의 욕구에 대해 솔직하면서도 다른 사람을 위해 포기할 수 있는 다양한 모습을 보일 것이다. 나이가 들면서 축적되는 지혜와 힘은 창조적인 사랑하기의 모델을 만들어 내는 능력이다. 건강한 자아상을 기초로 삶에 대한 흥미와 열정을 유지하면서 새로운 가능성을 포기하지 않는다면 그리고 삶의 아이러니와 자신의 어리석음을 수용하면서 웃을 수 있는 여유가 있다면, 그리하여 존엄을 가지고 늙어갈 수 있다면 나이 듦도 하나의 축복이 아니겠는가.

---

[30] 이것은 같은 현상이 실증적 인과관계와 무관하게 자연발생적으로 다양한 장소에서 동시에 일어나는 것을 설명하는 이론이다.

## 5. 맺음말

오늘날 한국 교회는 노령화 사회의 현실을 맞이하면서 새로운 선교를 준비하고 있다. 그것은 한국 사회 곳곳에서 나타나는 실버산업이나 노인복지와는 다른 차원을 가질 것이다. 나이가 들수록 종교에 가까워진다고 하는데, 나이 든 사람들의 이러한 실존적 요구와 공동체에서 소속감을 느끼려는 현실적인 필요에 오늘의 신학과 교회가 제대로 대응하기 위해서는 많은 준비를 해야 할 것이다.

이 글은 여성의 삶을 중심으로 나이 차별주의를 극복하기 위한 관점을 제시하고 세대 간 소통과 존중과 나눔을 강조하기 위해 쓰인 작은 구상이지만, 보다 다양한 시도와 실천으로 나이가 드는 즐거움이 활성화되기를 기대한다.

### 참고문헌

미리암 그린스팬, 『우리 속에 숨어있는 힘』, 고석주 역, 도서출판 또하나의문화, 1995.
김은실, 『여성의 몸, 몸의 문화정치학』, 도서출판 또하나의문화, 2001.
찰스 멜처트, 『지혜를 위한 교육』, 송순남·김도일 역, 한국장로교출판사, 2002.
바바라 바라흐, 『바보같은 성 여자』, 이미옥 역, 참솔, 2003.
게르하르트 베어, 『카를 융』, 한미희 역, 까치, 1998.
수전 보르도, 『참을 수 없는 몸의 무거움』, 박오복 역, 도서출판 또하나의문화, 2003.
진 시노다 볼린, 『우리 속에 있는 지혜의 여신들』, 이경미 역, 도서출판 또하나의문화, 2003.
윌리엄 새들러, 『서드 에이지』, 김경숙 역, 사이, 2006.
서은현·윤가현, 「여성이 지각하는 주관적 연령: 신체적·정신적 차원 비교」, 『한국심리학회지: 여성』, Vol. 6, No. 1, 2001.
양계민·정진경, 「청소년기의 심리적 특성: 자신의 신체적 매력에 대한 인식이 자아존중감에 미치는 영향: 청소년기를 중심으로」, 『한국심리학회논문집』, 1993.
윤유경, 「주관적 연령의 예측 요인과 심리적 특성에 관한 연구」, 이화여대대학원 박사학위 논문, 1995.
전혜정, 「노년기 종교활동이 정신건강에 미치는 영향」, 『노인복지연구』, 한국노인복지학회, Vol. 25, 2004.
정혜선, 「노화가 학습 능력에 미치는 영향」, 『한국심리학회지: 실험』, Vol. 16, No. 4, 2004.
퍼트리샤 튜더산달, 『여자나이 50』, 김수경 역, 에코리브르, 2006.
홍현방, 「성공적인 노화와 노인의 종교성 관계 연구」, 『한국노인학』, 한국노인학회, Vol. 22, No. 3, 2002.
홍기원·한영석, 「인구학적 변인에 따른 한국 성인들의 자존감 차이」, 『한국심리학회지: 여성』, Vol. 10, No. 2, 2005.
Chesler, P., *Women and Madness*, 1995.

# 토론 기록
_삶의 신학 콜로키움 : 넷째 모임

**때** | 2006년 8월 18일
**곳** | 대화문화아카데미
**정리** | 김판임

## 나이 듦과 인간의 성숙이란?

이 세상에 태어나서 생을 마감하기까지 누구나 한번쯤은 나이 듦에 대해 생각할 것이다. 아마도 태어나서 성장하고, 결혼을 하고 아이를 출산하고 양육하는 동안 정신없이 살다가 자녀 양육이 어느 정도 이루어졌을 때, 즉 자녀가 군대를 간다거나 혹은 혼인을 한다거나 하는 수준에 이르면 나이 듦에 대해 생각하게 되는 것 같다.

오늘의 여성 발제자 임희숙 교수는 나이 듦에 대해 여성주의적인 관점에서 고찰한다. 첫째로 그는 나이 듦에 대한 인식이 사람마다 다르다는 사실을 인식하고, 과거와는 달리 현대사회에서는 나이 듦이 나이 든 사람에게나, 젊은이에게나 모두 두렵고 기피하고 싶은 일로 파악되고 있음을 확인한다. 나이가 들었다는 느낌을 멀리하기 위해 운동, 성형수술, 화장, 호르몬 요법 등으로 외모 가꾸기에 전념하고 있는 현상을 지적한다. 이는 급속도로 발전하고 있는 과학기술과 신자유주의 자본주의의 세계에서 나이 듦이란 새로운 능력과 역할의 결핍, 무능력, 열등함 등의 부정적인 의미를 가지고 있기 때문이다.

둘째로 임희숙 교수는 자본주의적 문화 권력과 가부장제가 결합되어 있는 이 사회에서 나이 듦에 대한 불안은 남자보다 여자에게 더 강하다는 것을 지적한다. 남자는 나이가 듦에 따라 권위와 능력을 가질 수 있지만, 여자들에게는 나이 듦이란 젊음의 상실이다. 특히 가부장제에서 고정된 여성의 성역할이란 출산과 양육, 가사노동 등인데, 나이 듦과 함께 폐경을 경험하면서 더욱 좌절감이 오기 때문이다.

셋째로 임 교수는 그럼에도 불구하고 중년 여성이 즐겁게 사는 방법 다섯 가지를 제안한다. 첫째, 위축되는 사람들의 기 살리기. 이를 위해서는 삶의 목표를 외향적 물질적인 것으로부터 정신적 문화적 가치로 전환할 수 있도록 다양한 교육 프로그램을 만들 필요가 있음을 역설한다. 둘째, 분노를 힘으로 선용하기. 나이 듦에 대한 두려움을 극복하고 자기 자신을 긍정하는 것이 필요하다는 것이다. 셋째, 제대로 즐겁게 살아보기. 타인의 관심을 끌고 위로와 인정을 받고자 하는 욕구는 나이 든다고 사라지는 것이 아니며, 존중되고 올바로 충족되어야 한다. 넷째, 주체적 여성성 정의하기. 다섯째, 역동적 상호 의존으로 사랑하기. 임 교수는 역동적 상호 의존의 사랑을 나이 듦의 목표이자 과정으로 본다. 사랑은 종교의 가르침이고 누구나 가지는 욕구이지만, 획일적인 방식 때문에 어려운 일이었다고 분석한다. 그러나 역동적으로 사랑하기를 배우면, 새로운 가능성이 열릴 것을 기대하고 있다.

정석환 교수는 성공적 노화 과정의 모형을 구상하기 위한 목적으로 미국에서 이루어졌던 조지 베일런트의 연구를 소개하고 한국에서 실현 가능성을 타진해 보고 있다.[1] 이 연구는 미국에서 60년 동안 이루어진 것으로 연구팀이 세 번이나 바뀌면서 진행된 대형 연구 프로젝트였다. 베일런트는 건강한 나이 듦에 대해 세 가지 관문으로 설명한다. 첫째 관문에서 그는 성인이 이루어야할 발달 과제

---

[1] 연세대학교 신과대학 정석환 교수의 발제문, 「한국인의 성공적인 노화를 위한 전인적인 상담 프로그램」은 필자의 사정으로 이 책에 포함되지 않았음을 밝힙니다. (편집자 주)

를 여섯 가지(정체성, 친밀감, 직업적 성공, 생산성, 의미의 담지자, 통합) 중에 만족스런 노년(관용과 감사하는 마음, 즐거움이 있는 노년)을 맞는데 중요한 요소를 생산성, 의미의 담지자, 통합으로 본다는 것이다. 생산성이란 자녀들과 후세대를 돌보고 사랑을 전해주는 것, 자녀들과 친밀한 관계를 유지하는 것 등이다. 두 번째 관문에서 50세 이전에 건강한 생활 방식이 건강한 노년을 맞이하는 중요한 요소가 된다는 것, 그리고 나이가 들수록 경험이 많아지고, 지혜로워진다는 베일런트의 연구 결과와 함께, 종교적 믿음보다는 사랑과 희망이 보다 성공적인 노년 맞이에 영향을 끼친다는 것을 지적하고 있다. 세 번째 관문으로는 품위 있게 늙는 법을 제시하고 있는데, 그것은 자기 자신만이 아니라 다른 사람들을 소중히 여기고 도움을 베푸는 태도, 노년의 초라함을 감내하면서 희망을 잃지 않는 태도, 유머 감각을 지니고, 과거를 반추하며 오래된 친구들과 친밀감을 유지하는 것이라는 것이다.

정 교수는 베일러트의 연구방법을 가지고 한국인의 행복한 노년 개념에 적응해 보고자 시도한다. 정 교수는 한국인들이 노년에 행복하기 위해 필요하다고 여기는 것으로 다음과 같은 네 가지를 지적한다. 1) 자식의 행복과 건강, 2) 자기 자신의 건강, 3) 돈, 4) 취미생활(신앙, 친밀감). 정 교수는 베일런트의 행복한 노년과 한국의 행복한 노년을 비교하여 그 공통점이 자기 자신이 아니라 다른 사람을 소중히 보살피며 자신의 소중함을 전수한다는 것으로 파악한다. 그리고 차이점으로 한국에서의 노년이 사회적 지지 여건이 부족하다는 것과 자식과의 일체감을 가진다는 것, 그래서 가족의 돌봄이 중요한 것으로 여겨진다는 점을 지적한다. 행복한 노년을 위해 정 교수는 다음의 몇 가지를 제안하고 있다. 첫째, 빈곤한 노년이란 고정관념을 깨야 한다는 것이다. 노년층을 위한 새 일자리 창출이 필요하다. 둘째, 가족 현황을 볼 때, 부부 관계가 무엇보다도 중요하고 다음으로 노부모와 성인 자녀의 관계, 더 나아가 고부 관계, 모녀 관계 등이 중요한 요소가 되고 있다. 셋째, 노년을 위한 사회적 시설이나 제도화가 필요함을 역설하고 있다.

나이 듦에 대한 접근 방법은 서로 다를지라도 발제자 두 분 모두 행복한 노년을 위한 제안들을 내세우고 있다. 임 교수는 사랑이라는 개념을 사용하여 나이 든 여성들이 주체적으로 적극적으로 역동적으로 사랑함으로써 즐거운 노년을 보낼 수 있을 것으로 기대하고 있고, 반면 정 교수는 노인층이 경제적, 신체적, 가족 관계 면에서 행복할 수 있도록 사회제도적인 면을 보강할 것을 제안하고 있다고 하겠다.

나이 듦에 대한 자각은 결국은 자기 자신의 인생을 총체적으로 되돌아보는 과정이라고 할 수 있을 것이다. 무언가 예전과 다르다는 느낌, 신체적으로 예전과 다르고, 이 사회의 주류에서 밀려나 있다는 자각이 들 때, 사람들은 그동안 무엇을 하면서 살아왔는지 되돌아보고, 여생을 어떻게 살아야 옳을까 숙고하는 인생의 중간 점검이라고 할 수 있을 것이다. 한편 신체적으로 약해지고, 사회적으로 위축되는 느낌이 들기도 하겠지만, 한편 자신의 삶을 되돌아보며, 앞으로의 인생을 재점검하면서 멋진 노후 생활을 위해 새롭게 출발할 수 있는 기회이기도 한 것이다.

다섯째 마당

# 죽음에 관한 두 가지 이야기

# 죽음을 주제로 한 대화

이 세 형 협성대학교 신학대학 교수

### 1. 삶 안에 죽음, 죽음 안에 삶

사람은 태어나면서 죽음을 향한다. 삶과 더불어 탄생된 죽음은 삶 안에 자라 마침내는 온전히 삶을 삼켜버린다. 삶이 죽음으로 결말지어진다면, 죽음은 살아 있었던 것임을 말해준다. 곧 죽음은 삶이었고, 삶 안에 있는 현실이 된다. 살아 있는 것이 살아 있기 위해서 우리의 삶은 죽음과 함께 살아간다. 삶 안에 죽음이 있고, 죽음 안에 삶이 있다. 그러니 삶과 죽음은 나누어진 두 개의 실체이기 보다는 하나의 실재를 이루는 양면과 같다고 할 수 있다.[1] 구나라트나Gunaratna는 다음과 같이 말한 바 있다.

---

[1] 죽음과 삶을 두 개의 실체로 이해하지 않고 하나의 실재를 이루는 양면으로 바라본 대표적인 사상은 동양의 음양론이다. 불교의 경우는 존재하는 것 모든 것이 무상이라 한다. 지금 우리가 보고 있는 것들은 기본적인 여건들이 모여 이루어낸 것이고 궁극적인 나란 존재하지 않는다. 이렇게 보면 지금의 살아 있는 나는 여건들의 집적물에 불과하다. 기 철학에서는 기의 모임과 기의 흩어짐으로 존재와 비존재를 설명한다. 바울은 죽음보다 강한 것으로 하나님과 우리 사이의 사랑의 연대를 들었다. 삶의 시각에서만 보면 죽음은 끝이지만, 삶과 죽음이 연합하여 만들어 내는 전체적인 실재의 시각에서 보면 삶과 죽음은 한 실재의 양면이고, 탄생과 죽음은 한 실재 안에 다른 두 영역을 넘나드는 실존적 통과의례이다.(이정용, 『죽음의 의미』, 전망사, 1980, pp. 7-47 참조.)

우리는 죽음을 이해함으로써 삶을 이해한다. 죽음은 넓은 의미에서 생명 과정의 일부이기 때문이다. 다른 의미로 한다면, 삶과 죽음은 동일 과정의 양단이며, 당신이 과정의 한쪽 끝을 이해한다면 당신은 또한 다른 끝을 이해할 것이다. 그러므로 죽음의 목적을 이해함으로써 우리는 삶의 목적을 또한 이해할 것이다.[2]

그러나 우리는 삶은 삶뿐이라 생각하고 죽음은 죽음뿐이라 생각하여 삶을 극대화하거나 죽음을 극대화하여 삶과 죽음을 나누어 놓는다. 물론 우리는 자연과 일상의 경험을 통해 죽음이 우리의 삶으로부터 분리되었음을 경험한다. 단절과 분리는 죽음의 언어이다. 죽음은 우리가 입었던 육체를 벗게 한다. 죽음은 나와 너, 어제와 오늘, 시간과 영원의 관계를 단절시킨다. 그래서 죽음은 두려움과 불안으로 엄습해 온다. 존재 없음은 존재 없음의 가능성이 되어 우리를 엄습하고 대상도 없는 무정형의 모습으로 우리의 삶을 강습한다.[3]

이 존재 없음의 가능성 때문에 사람들은 죽음을 직시하지 않고 피해가려 한다. 죽음을 생각하려 하지 않든지, 아니면 죽음을 미화시켜 죽음의 경험을 피해가려 한다. 사람들은 죽음에 대해 견딜 수 없을 정도로 두려워하고, 죽음을 부인하려 한다. 죽음에 대해 언급을 하기만 해도 죽음이 우리를 공격해 오지 않을까 하고 두려워한다. 죽음이 두려운 이유는 죽음의 때를 예측할 수 없기 때문이다. 언제 어떻게 죽음을 맞을지 모르기 때문이다. 그런데 죽음이 정말 두려운 것은 더 이상 이어지지 않는, 어떤 가능성도 폐쇄되는, 마지막 문 닫힘 같은 것이기 때문이다. 그래서 죽음을 예측한다 해도 불안할 수밖에 없다.[4]

죽음에 임하여 인간이 경험하는 공포가 있는데 알폰스 데켄 박사는 9가지의 공포를 소개하고 있다; 1) 죽음이 가져다주는 통증. 아픔에서 오는 육체적 통증과 혼자 감당해야 하는 외로움에서 오는 정신적 통증, 남은 가족에 대한 걱정에서 오는 사회적 통증이다.

---

[2] V. F. Gunaratna, *Buddhist Reflections on Death*(Kandy, Ceylon: Buddhist Publication Society, 1966), p. 2.

[3] 죽음은 우리가 이 땅에서 사라질 것이라는 예측 불가능한 사건이며 때문에 공포로 우리에게 엄습해 온다. 그러나 죽음을 묵상하면 할수록 대상화할 수 없는 무정형의 모습으로 대상화할 수 없는 전체로 불안이 되어 우리를 엄습한다.

[4] 정진홍, 「죽음의 존엄성: 죽음을 어떻게 맞을까?」, 『죽음학 강연회 강연집』, 삶과죽음을생각하는회, 1997, pp. 264-276.

2) 죽는 것만은 나 혼자 해야 한다는 고독. 3) 아름답지 못한 모습에 대한 두려움. 4) 사회나 가족에 짐이 될 것에 대한 공포. 5) 무지에 대한 두려움. 죽음 이후에 대한 세계에 대해 그리고 죽음이 가까워 오면서 자기 통제를 할 수 없기에 마지막 순간에 어떻게 될지 모른다는 두려움이다. 6) 삶 자체의 두려움에서 오는 공포. 7) 이 세상에 있는 동안 맡았던 일을 다 마치지 못하고 죽는 것에 대한 공포. 8) 자기가 몽땅 없어진다는 공포. 9) 죽은 다음 심판을 받는다는 공포.[5]

죽음은 이처럼 자신의 죽음으로 다가올 때 단절과 절망과 허무를 뜻하기 때문에 비현실적인 것으로 두려움의 대상으로 다가온다. 이러한 두려움을 피하고자 어떤 이들은 죽음을 낙관적이고 영원한 생명으로 들어가는 즐거운 여행 정도로 가볍게 생각한다. 죽음이란 모든 사람에게 일어나는 것이고 그렇게 큰 문제가 되지 않는다는 태도이다. 죽음이란 자연스런 현상이고 죽음을 맞아도 모든 것이 잘될 것이라고 낙관적으로 생각한다. 이렇게 생각하는 죽음이란 자신이 죽음을 실상으로 경험하기까지는 좋은 이론으로 남아 있게 된다. 하지만 죽음이 무와 자기 해체에로 들어가는 과정이라면 그리고 그동안 맺은 모든 관계를 끊고 미지의 세계로의 여행이라면 그렇게 낙관적으로 대할 수 있는 것이 아니다.

죽음은 사라짐의 사건이다. 그런데 그 사건을 예견하며 의식하는 인간은 죽음이 언젠가 다가올 미래적 사건이 아니고 이미 우리의 삶에 시작되었을 뿐 아니라 지금 죽음을 대면하고 있다는 죽음의 현재화를 경험한다. 모든 자연과 인간이 죽어간다. 그래서 나와 거리가 있는 죽음은 보편화되고 일반화될 수 있는 객관적 사건이다. 그러나 그 죽음이 나의 죽음으로 다가 올 때는 객관화되거나 현실화될 수 없는 절대 무의 힘으로 다가온다. 죽음에 대한 객관적인 지적 승인과 죽음을 나의 죽음으로 받아들이는 실존적인 수용 사이에는 갈등이 존재한다. 너의 죽음 혹은 나와 거리가 있는 죽음은 삶의 현실이 된다. 그러나 그 죽음이 나의 죽음이 될 경우 혹은 나와 가까운 거리의 죽음일 경우는 죽음을 객관화하기 어렵게 된다.

---

[5] 알폰스 데켄, 「죽음의 공포, 사후의 생명에 대한 희망: 철학적, 종교적 전망」, 『알폰스 데켄 박사 강연집: 죽음의 철학, 죽음 준비 교육의 목표』, 삶과죽음을생각하는회, 1991, pp. 52-56.

우리가 경험하는 죽음은 없음이고 끝이고 비존재이다. 여기서 죽음 경험이란 죽음을 죽어본다는 의미가 아니고 죽음이 나와 관계할 때 비존재가 가져다주는 두려움과 혼란과 절망—구체적 현실을 드러내주는 경험—을 말한다. 그래서 우리는 죽음을 피하려 하고 외면하며 억지로 간과하려 한다. 그러나 죽음은 필연적인 것이고 피할 수 없는 것이다. 그래서 죽음은 현실적으로 없음 혹은 비존재로 우리의 삶 안에 스스로 있음 곧 존재로 현존하면서 우리로 하여금 비존재를 경험하도록 한다.[6]

죽음은 비존재인데 피할 수 없는 것이라면 우리는 죽음을 어떻게 대면해야 할까라는 물음이 일어난다. 죽음의 비존재됨과 비현실성에 기초하여 죽음 물음을 피해갈 것인가? 아니면 죽음이 비존재로 이미 우리의 삶 안에 존재한다는 엄연한 현실성에 기초하여 죽음을 정직하게 대면할 것인가? 전자는 우리의 삶 안에 들어와 있는 죽음의 현실을 피해가게 한다는 점에서 정직하지 않은 삶의 태도이다. 결국 정직한 삶을 위해 우리는 죽음을 대면할 수밖에 없다. 그리고 죽음의 대면은 경험할 수 없는 '죽음 자체'에 대하여 묻지 않고, 비존재인 죽음을 경험하는 '삶 자체'를 묻게 한다. 곧 죽음 물음이 삶의 물음으로 전환된다. 이를 일러 정진홍 교수는 "죽음 물음의 재구조화"라 표현하였다.[7]

죽음 물음의 재구조화를 통해 우리는 삶과 죽음이 나누어지지 않음을 배운다. 우리의 경험 속에 삶 자체인 것은 없다. 삶이 삶인 것은 죽음과 함께하는 삶이다. 낮이라 하여 낮 자체만 있는 것은 아니다. 하나님이라 하여 하나님 자체만이 아니다. 영원성이란 더 이상 무시간성을 의미할 수 없는 것과 같다. 그런데 우리는 삶을 삶뿐인 것처럼 생각하고, 삶이 끝나면 모든 것이 끝이라고 생각한다.

『주역』이 제시하는 음양의 사유에서 보면 죽음과 삶의 상대성은 훨씬 적극적으로 표현된다. 삶은 의식으로 경험하고, 죽음은 무의식으로 경험한다. 그리고 삶과 죽음이 모두가 변화 과정에 속한다.[8] 또한 『티벳 사자의 서』의 경우는 우리가 삶을 경험하듯이, 죽음도 경험의 세계로, 삶이 변화 과정이듯이, 죽음도 변화 과정으로 이해한다. 삶과 삶 사이를 잇는 죽음의 세계를 바르도라 하는데, 이 바르도는 치카이 바르도Chikhai Bardo, 초에니 바르도Choenyid Bardo, 시드파 바르도Sidpa Bardo 세 과정으로 이루어져 있다. 이는 삶의

---

6) 정진홍, 『죽음과의 만남』, 우진출판사, 1995, p. 33.
7) 앞의 책, p. 35.
8) 이정용, 앞의 책, 참조.

세 과정과 상응하는 구조로서, 삶의 영역이 "무의식 위의 의식의 과정"이라면, 죽음의 영역은 "의식 위의 무의식의 과정"이다.[9] 이 맥락에서 보면, 죽음이란 영원한 세계 혹은 영원한 무의 세계라기보다는 삶의 상대 개념으로서의 또 다른 변화 과정에 속한다.

죽음이 삶의 상대 개념이라면, 영원한 해방 혹은 구원의 세계는 죽음의 세계가 아니고, 삶과 죽음을 넘어선 세계가 된다. 그리고 죽음에 이르는 과정이나 죽음에 든 처음 순간은 영원한 세계에 들 수 있는 최고의 순간이란 점에서 종교적 영성의 지고의 순간이 된다.[10]

삶의 영역만을 변화와 경험의 세계로 이해하든, 삶과 죽음의 전 과정을 변화와 경험의 세계로 이해하든, 의식하는 존재로서 우리가 맞아야 하는 죽음은 특별한 경험이 된다. 그리고 이 특별한 경험은 아직 죽어보지 않았다는 점에서 그리고 그 죽음의 세계를 아직 가보지 않았다는 점에서 죽음은 삶을 되묻게 한다. 죽음 앞에 혹은 죽음과 함께 살아가는 우리는 누구이며, 어떻게 살아야 하는가? 죽음과 대면하고 있는 우리의 삶은 무엇이며 그 의미는 무엇인가? 그리고 어떻게 살아야 할 것인가?

우리는 삶의 과정에서 우리 자신의 탄생의 순간과 우리 자신의 죽음의 순간을 지켜보지 못한다. 또한 탄생에서 스스로 서기까지 그리고 마지막 죽음에 드는 과정은 우리의 생애에서 절대적으로 의존적일 수밖에 없다. 탄생의 과정은 우리가 지켜보지 못한 과거의 사건이다. 우리 자신의 죽음의 순간 또한 우리가 지켜보지 못할 것이다. 우리는 살면서 너의 탄생과 죽음을 지켜볼 뿐이다. "아무도 자기 죽음을 체험할 수 없다. 우리가 '나의 죽음'을 생각한다면, 그건 다른 사람들의 죽음을 보고 듣고 느낀 것을 자신에게 전이한 것일 뿐이다. 그리고 이러한 성격은 이미 사회적 성격을 띤 것이다."[11] 그런데 내가 경험하는 탄생과 죽음은 다르다. 탄생은 이미 거쳐온 일이지만, 죽음은 아직 오지 않았고, 끊임없이 죽음이 다가오고 있다는 사실에 대한 우리의 의식 또한 현재진행형으로 존재한

---

9) 앞의 책, p. 85.
10) 파드마 삼바바, 『티벳사자의 서』, 류시화 역, 정신세계사, 1997; Sogyal Rinpoche, *The Tibetan Book of Living and Dying*(N.Y.: HarperSanFrancisco, 1993); 이정용, 『죽음의 의미』, 전망사; Jung Young Lee, Death and Beyond in the Eastern Perspective(New York: Gordon and Breach, 1974); 김경재, 「영생을 향한 삶의 방식」, 『죽음이란 무엇인가』, 한국종교학회편, 도서출판창, 1992.
11) 진중권, 『춤추는 죽음』, 세종서적, 1997, p. 348.

다. 죽음이 아직 오지 않았기에 우리는 삶의 과정을 통해 죽음을 예상하고 의식하고, 미래로부터 다가오는 죽음을 현재의 삶으로 인식한다. 이 점에서 오늘 우리가 의식하는 죽음은 삶 안에 현재화된 삶과 죽음의 의식이 된다. 이처럼 우리의 의식에서 삶과 죽음은 나누어지지 않는다.

일상적인 죽음 사건을 통해 우리는 죽음이 무엇인가? 라고 묻는다. 그리고 이 질문은 인간인 우리는 왜 죽어야 하는가? 왜 인간의 삶은 죽음으로 끝나는 것일까? 로 이어진다. 이렇게 질문하다 보면 죽음에 대한 물음은 죽은 자의 죽음이 문제가 아니고 산 자들의 삶 자체에 대한 물음이 된다. 곧 죽음을 안고 있는 우리의 삶은 무엇인가? 우리는 왜 살아야 하고 어떻게 살아야 하는가? 그래서 죽음 물음은 윤리적이면서도 종교적인 삶의 물음이 되어 되돌아온다.

## 2. 죽음이 주는 비탄

죽음을 통해 경험하는 비탄과 슬픔은 궁극적인 헤어짐 때문이다. 우리가 만나 정을 만들어온 깊은 삶의 관계가 죽음 앞에서 무너진다. 만남과 살아감이 행복이라면 헤어짐은 슬픔이고 아픔이다. 이 땅에서의 헤어짐은 만남의 약속을 담고 있다. 그러나 죽음은 이 땅에서의 해후를 불가능하게 한다. 죽음이 만남의 영원한 단절이라면, 다른 한편 죽음은 영원한 만남을 희망하게 한다. 때문에 죽음은 인간이 가질 수 있는 가장 직접적이고 처절한 아픔이고 슬픔이 되지만, 다른 한편, 처절한 아픔과 슬픔 너머의 지고의 위로와 기쁨을 담지하고 있기도 한다.

엘리자베스 퀴블러 로쓰Elizabeth kübler-Ross는 죽어가는 자의 마음을 헤아려 죽음의 길을 위로하고, 또한 남겨진 사람들의 아픔을 헤아려 슬픈 삶을 도닥거려주고자 하였다. 로쓰는 1969년 『죽음과 죽어감On Death and Dying』[12]이란 책에서 거부와 소외, 분노, 타협, 우울, 그리고 받아들임이라는 죽음의 다섯 가지 과정을 소개하였다. 죽음을 앞둔 환자들을 직접 면담하고 대화하는 과정을 통해 로쓰는 어떻게 임박한 죽음이 죽음을 앞둔 환자

---

12) Elizabeth Kübler-Ross, *On Death and Dying*(New York: A Touchstone Book, 1997), pp. 51-146.

와 환자를 돕는 관계자들 그리고 가족들에게 영향을 미치는지를 밝히고자 하였다.

> 내가 만난 임종자들은 죽어간다는 것이 무엇인가라는 것 이상을 내게 가르쳐주었다. 그들은 무엇을 할 수 있는지, 무엇을 해야만 하는지, 너무 늦기 전에 그들이 하지 않은 것이 무엇인지 등을 가르쳐주었다…… 그들은 자신들의 삶을 돌아보면서 내게 참으로 의미 있는 것이 무엇인지 가르쳐주었다. 그것은 죽어감에 대한 것이 아니고 살아감에 대한 것이었다.[13]

　죽음에 드는 사람들이 가장 두려워하는 것은 홀로 죽음을 맞는 일이다. 홀로 죽음에 들어야 한다는 사실은 죽어가는 사람으로 하여금 내일의 삶에 문을 닫아버려 절망하게 한다. 내일로 이어질 삶이 오늘 여기에서 끊기게 될 것이란 절망감이 거부와 분노를 낳는다. 그래서 잠시라도 좋으니 이 죽음을 미뤄달라고 타협하게 된다. 그렇지만 짧은 유예도 허락되지 않는다. 죽음의 순간까지도 살고 싶은 절규로 몸부림치지만 죽음은 불가항력적이다. 그래서 더 깊은 절망과 우울에 빠지게 된다. 그러나 마침내는 살아온 삶을 돌아보면서 쌓여진 보람에 마지막을 여유 있는 만족으로 정리하며 죽음을 맞기도 하고, 지금까지의 삶에 대해 체념한 채 죽음을 맞기도 한다. 또한 불가항력적인 죽음 앞에 절망을 강요당하기보다는 스스로의 죽음을 준비하며 빈 마음으로 죽음을 맞는 아름다운 죽음도 있다.

　죽음을 앞둔 어떤 이들은 옷장이나 책상을 정리하고, 유언을 마련하며, 멀고 가까운 이들에게 용서를 구하고, 미소와 화해를 전하며 조용히 떠날 준비를 한다. 헤어짐의 아픈 슬픔은 모든 것을 버리는 스스로의 끊음으로 맑고 투명해진다. 로쓰가 말하는 죽음 받아들이기의 단계에 접어든 사람들은 이미 죽음 이편에서 죽음 저편에 집중하며 죽음 사랑을 시작한다. 그리고 온 힘으로 죽음에 드는 일에 집중한다. 죽어가는 자에게는 슬픔이 걷히고 죽음 저편의 삶에 참여하게 된다.

　죽어가는 자의 여정이 끝나면 비로소 산자들의 비탄의 과정이 시작된다. 로쓰는 죽어가는 자가 죽음을 앞두고 겪는 비탄의 과정을 산자들은 죽은 자를 보내고 난 후 겪게 된

---

13) Elizabeth Kübler-Ross, *The Wheel of Life*(New York: A Touchstone Book, 1997), p. 163.

다고 일러준다. 사랑하는 자를 무덤에 묻은 후 산 사람들은 사랑했던 이의 부재를 경험한다. 죽음이 사랑하는 사람을 데리고 떠난 것이다. 죽음은 죽은 사람만을 상실하게 하는 것이 아니라 죽은 자를 사랑했던 사람들로 하여금 자신을 무너뜨리는 상실을 경험하게 한다. 그리고 죽은 사람을 향한 죄의식을 느끼게 하고, 죄의식은 깊은 외로움으로 가라앉아 떠난 사람을 위해 통곡하게 만든다. 우리는 그의 죽음을 슬퍼하고, 위로하며 그를 기리고, 그리워한다. 그러나 죽은 자를 향한 통곡은 어느 새 산 자를 위한 통곡으로 바뀐다. 산 자의 외로움을 어찌해야 할지 모르기 때문이다. 이쯤에서 죽음을 슬퍼하는 것은 죽은 자를 위한 것이 아니라 산 자의 자기 연민으로 바뀌게 된다. 죽음은 산 자에게 상실과 붕괴와 죄의식과 고독 그리고 망연자실을 남긴다. 이것이 죽음을 통해 겪는 살아 있는 사람들의 아픔이다.

그러면 죽음으로 일어나는 슬픔을 어떻게 할 것인가? 가장 좋은 방법은 자연스럽게 슬픔을 경험하게 하는 것이다. 슬픔을 슬퍼하게 하고 아픔을 아파하게 하여 죽음 자체를 현실로 받아들일 수 있도록 도와주는 것이다. 죽어가는 사람의 슬픔은 그 죽어감과 어울리도록 도와주고 슬픔을 슬퍼하도록 도와주어야 한다. 사람은 죽는 순간까지 절망하고 슬퍼하고 포기할 인간다움의 권리가 있다. 그러므로 우리는 죽어가는 자의 슬픔과 아픔 곁에서 그의 절망과 포기에 참여해 주어야 하고, 마침내 죽음을 사랑하고 죽음을 받아들이도록 도와주어야 한다. 사랑하는 자를 죽음에 내어준 살아 있는 자의 슬픔과 아픔 또한 마찬가지이다. 저들이 아픔과 슬픔의 가장 깊은 바닥에 다다르도록 슬픔으로 슬픔을 이길 수 있도록 도와주어야 한다. 죽음은 죽음 나름으로 몸부림과 몸짓이 있다. 이 몸짓을 외면한다든지 간과하는 것은 죽음을 죽이는 것이 된다. 탄생에 몸부림이 있는 것처럼 죽음에도 죽음 나름의 몸부림이 있다. 어떤 면에서 우리가 두려워 할 것은 죽음 자체가 아니다. 죽음 과정이 죽음 과정 되지 못하게 하는 것, 죽음 과정이 살아나지 못하게 하는 것, 이것이 우리가 죽음과 부딪혀 맞게 되는 가장 두려운 죽임 문화의 현실이다.

죽음의 죽임 문화란 죽음이 배제되었기 때문이 아니고 죽음이 만연하여 더 이상 죽음이 충격이나 물음으로 다가오지 않는 것을 말한다. 죽음에 너무 익숙한 나머지 죽음이 더 이상 죽음일 수 없는 상황을 말한다. 죽음의 죽임 문화를 통해 죽음은 사회에서 배제되는 바, 김균진 교수는 현대사회에 죽음이 배제되고 죽음의 죽임 문화 현상이 일어나게 된 원인으로 심리학적 원인, 세계의 탈신화화와 세속화, 현대사회의 산업화와 개인주의

화, 핵가족화, 현대의 병원체계와 장례식의 상업화 등을 들고 있다.[14]

죽음을 죽여버린 결과 현실의 삶에 집착하고 탐닉하게 되며 끝없는 자기 추구를 통해 냉혹하고 비인간적인 사회를 만들어낸다. 결국 죽음을 죽여버린 결과 삶과 삶의 의미 또한 죽어버리는 결과를 낳는다. 죽음의 죽임 문화는 인간만을 죽이는 것이 아니다. 죽음이 배제되는 문화에서는 인간을 포함한 모든 생명에 대한 경외감이 사라지게 되어 결국 생태 파괴로 이어지게 된다. 생태의 죽음은 전체 자연의 죽음으로 이어진다. 생태 세계의 파괴는 물과 공기의 오염이나 삼림의 파괴로부터 시작되기보다는 자연의 대상화, 대물화, 자연에 대한 무관심으로 시작된 것이다. 죽음에 대한 무관심은 곧 자연 파괴의 무관심으로 이어져 생태의 죽음으로 이어지는 것이다.

삶의 극대화는 삶을 연장하고 삶을 우상화한다. 그런데 아이러니하게도 삶을 절대화하다 보면 죽음을 배제하고 죽음을 삶에서 멀어지게 한다. 삶을 극대화한 나머지 사람들은 개인의 이기에 기초한 경쟁의 사회를 만들어내었고, 이는 인간을 비인간화시킬 뿐 아니라, 계층 간 국가 간 전쟁을 정당화하여 죽임의 문화가 날로 더해가는 악순환을 낳게 한다. 이제 우리는 이 악순환이 인간을 둘러싼 생태의 파괴로 이어져 전체 자연 세계의 죽음을 목도하고 있다. 이러한 맥락에서 우리는 죽임의 문화에서 살림의 문화로 패러다임을 바꾸어야 한다. 그 패러다임 가장 근저에 인간의 죽음 의식에 대한 이해가 자리한다. 곧 죽음은 삶과 유리될 수 없으며 삶에서 죽음을 직시하지 않고는 더 이상 삶이 삶일 수 없다는 진리이다. 역설적이지만 인간의 삶이 삶다워지기 위해서 우리는 죽음을 삶 안에 초청해야 하며, 죽음을 준비하고 죽음을 사랑하도록 배워야 한다. 죽음을 삶 안에 초청할 때 우리는 자신뿐 아니라 이웃을 치유할 수 있고, 죽어가는 어머니 대지를 치유할 수 있다.

---

14) 김균진, 『죽음의 신학』, 대한기독교서회, 2002, pp. 67-83.

## 3. 죽음의 공유

죽음은 홀로 맞는다. 그래서 나 홀로, 외롭게 내 죽음을 맞이할 것처럼 생각한다. 그러나 삶이 함께이듯이 죽음도 홀로의 죽음일 수 없다. 홀로라는 말 자체가 관계 속에서만 말해질 수 있듯이, 홀로 맞는 죽음은 홀로의 죽음이 아니고 삶의 현실 안에서 관계망을 갖는다. 한 사람의 죽음은 삶의 관계 속에 있는 현상이다. 우리가 이 세상에서 공동체의 일원으로 살아가는 한 나와 관계없는 혹은 나와 상관없는 죽음이란 존재하지 않는다. 이 점에서 죽음은 공유해야 할 공동체적인 사건이다. 한 사람의 죽음은 가정, 교회, 학교, 사회, 국가 공동체에 훼손, 상실, 위기, 불안을 경험하게 한다. 이렇게 되면 죽음은 죽음 자체를 통해 움직이고, 살아 있는 사람들은 죽음이 빚은 문제들을 새로운 삶의 내용으로 살아야 한다. 이 점에서 죽음은 삶과 연쇄적 관계로 얽혀져 있다. 때문에 나의 죽음과 너의 죽음 모두가 공동체적 관계와 책임 속에서 이해되고 받아들여져야 한다.[15]

어떤 때는 죽음을 문제의 해결로 받아들이는 경우가 있다. 삶의 문제는 죽음과 더불어 그 문제가 끝날 수 있다고 생각하는 경우이다. 죽을 수밖에 없는 질병, 좌절과 절망케 하는 삶의 문제 이 모든 것은 죽음과 더불어 끝난다. 죽음에 대한 일반적인 태도는 죽음 회피이다. 그런데 문제 해결로써의 죽음은 역설적이게도 죽음을 바라는 독특한 현상으로 등장한다. 죽음 희구는 자살과 살인으로 대변되는 '죽어버림'과 '죽여버림'으로 드러난다.[16] 죽어버림과 죽여버림은 죽음이 문제의 해결이라는 근원적인 죽음 이해의 변용이다. 그러나 이러한 반생명적인 인위적 죽임의 행위는 사회적 사건이 되어 훼손으로 되돌아온다. 죽임의 행위가 문제의 해결이 된다고 이해한 것은 죽음이 개인의 사건을 넘어 사회적 사건임을 간과한 때문이다. 죽음은 문제 해결의 수단일 수 없다. 자살, 살인, 안락사, 낙태 등은 살아 있는 자들의 문제를 해결하기 위한 강요된 죽음일 수 있다. 우리는 누

---

15) 이러한 죽음의 사회성 혹은 공동체성 때문에, 죽음에 대한 교육은 죽음에 임박한 사람들에게만 필요한 것이 아니고, 이 땅에서 책임적으로 살아가야 할 모든 사람들에게 죽음 교육이 이루어져야 한다. 그리고 죽음에는 순서가 있는 것이 아니다. 인간은 태어난 순간 이미 충분히 죽을 나이가 된 것이다. 이 점에서 죽음 교육을 통해 삶을 교육하는 것은 모든 교육의 과제이다.
16) 여기 "죽어버림"과 "죽여버림"의 용어는 정진홍 교수의 용어를 빌려 쓴 것이다.

군가의 죽음으로부터 자유할 수 없고, 어떤 죽음으로부터도 자유할 수 없다. 죽음은 사회적 현상으로 모든 죽음은 나의 죽음이 된다. 따라서 죽음과 대면한 우리는 죽음을 죽음답게 하고 죽음을 함께 공유해야 하는 사회적 과제를 안고 있다.

죽음은 산 사람과 죽은 사람을 갈라놓는다. 이 영원한 갈라짐 때문에 죽음은 죽어가는 사람이나 이 땅에 남아 있는 사람 모두에게 인간이 겪을 수 있는 최고의 슬픔과 아픔과 절망을 가져다 준다. 죽음으로 갈라진 사람들은 서로 만날 수 없기 때문이다. 이러한 현실에도 불구하고 남아 있는 자들은 죽은 자를 한번 만이라도 보고 싶은 비현실적인 꿈을 꾼다. 그렇게 보고 싶은 것은 죽은 자에 대한 회한 때문이다. 사람은 사랑하는 사람이 떠난 후에야 비로소 그가 누구였는지 그리고 그와의 관계가 어떠했는지 깨닫게 된다. 그리고 그 깨달음은 죽은 자에 대한 후회스러운 아픔으로 다가온다.

산 자들은 죽음을 사랑하는 사람을 빼앗아간 치유될 수 없는 폭력으로 경험한다. 이제 죽은 자와의 만남은 비현실적인 것이 되었다. 사랑하는 사람을 더 이상 만날 수 없다는 이 기막힌 현실 속에서, 우리는 제사를 통해 불가능한 현실을 가능한 꿈의 현실로 만든다. 제사는 죽은 자가 살아 있는 자가 마련한 만남의 자리에 찾아와 이루어진다. 죽은 자에게는 삶의 재연이고, 산 자에게는 상실한 삶의 회복이 된다. 죽은 자와의 만남은 회한으로 구겨진 삶을 펴주며, 죽은 자와 산 자가 어울리는 신비의 만남이 된다.

그동안 개신교 전통에서는 제사를 조상숭배로 이해하여 우상시 하거나 피해 왔다. 그러나 제사 혹은 조상숭배는 종교의 기원이 됨을 인류학적 연구에서 밝혀지고 있다.[17]

---

[17] 이은봉, 『여러 종교에서 보는 죽음관』, 가톨릭출판사, 1995, pp. 148-151; 첫째, 죽은 자의 영혼은 육체로부터 분리된 독립된 존재로 애니미즘의 기초가 되었다고 보는 견해. 조상숭배의 기원 및 본질을 중심으로 한 연구로 타일러(E. B. Tylor, 1832-1917)와 스펜서(H. Spencer, 1820-1923)가 대표적인 학자이다. 둘째는 죽은 자와의 친밀한 감정 정도에 따른 연구이다. 제번스(F. B. Jevons)같은 이는 선조와 자손 사이에 적극적이고 친밀한 관계가 있다고 보고, 프레이져 같은 이는 산 자와 죽은 자는 적대적 관계로 인간은 사체에 대해 본능적 공포를 갖게 된다고 한다. 이에 반해서 말리노프스키나 프로이트는 사체에 대한 공포와 애정이란 양극 감정을 갖는다고 한다. 마지막으로 조상숭배와 사회구조의 상호 관계를 논하는 입장인데 고대 로마 사회를 예로 하여 조상숭배와 혈연 집단 구조의 관계를 밝힌 쿨랑주(Fustel de Coulanges)를 들 수 있다고 한다. 쿨랑주의 영향을 받았던 뒤르켕과 헤르츠(R. Hertz)는 죽음이란 근본적으로 사회 현상으로 죽음에 의해 사회 제도의 존속이 위태롭게 되기 때문에 그 위기에 대하여 사회가 자기 방위책으로 사후 세계의 신앙을 만들어냈다는 것이다. 같은 맥락에서 브라운(Radcliffe-Brown)도 종교의 기능은 사회의 존속을 유지시켜 주는 것으로서 가장 대표적인 것이 조상숭배라 하였다.

어떤 의미에서 보면 종교의 예식은 죽은 자에 대한 기억에서 비롯된 것이다. 기독교의 예배는 성부·성자·성령 삼위일체 하나님을 향해 드려지지만, 그 중심에는 예수의 삶과 죽음과 부활이 자리한다. 삼위일체 하나님은 본래 우리를 위해 구원을 이루신 하나님의 구원 사건과 관련된다. 우리가 만난 하나님은 성령을 통해 예수 그리스도 안에서 우리를 향해 구원을 베푸시는 하나님이다. 우리는 예배를 통해 우리와 관계하시는 구원의 하나님이 영원한 세계에서도 서로 교류하고 점유하여 연합 가운데 하나를 이루시는 하나님이라고 고백한다. 우리는 예배의 영광 속에서 영원한 하나님을 고백한다. 생각의 순서를 바꿔보면, 우리가 드리는 예배의 주인이신 영원한 하나님은 우리의 구원을 완성하신 그리스도의 죽음을 기념하면서 확장된 개념이다. 삼위일체 하나님은 이차적 해석의 신학적 성찰이다. 그 원초적 상징이 갖는 내용은 그리스도 안에 나타난 하나님의 구원을 이루시는 사랑의 역사이다. 그 구원 사건의 정점이 그리스도의 죽음에 나타난다. 이 점에서 기독교의 예배는 예수 그리스도의 죽음에 대한 기억이고, 이 기억을 통해 예수님은 공동체 안에서 끊임없이 부활의 주님으로 다가온다. 예배의 정점이 설교와 성만찬이라면, 설교는 예수와 하나님 나라에 대한 그의 가르침을 전하는 것이고, 성만찬이란 그의 생애와 죽음을 기억하면서 그분의 몸을 이루어가는 것이다.

　죽은 자를 보내는 이들은 보내는 준비 과정이 필요하고, 보낸 후 다시금 비탄을 극복하고 또 다른 의미의 삶을 살아가는 과정을 거쳐야 한다. 이러한 과정이 종교에 따라 다른 예식으로 나타난다. 유교의 상장례와 같이 그 절차가 복잡한 경우가 있고, 기독교의 추도 예배와 같이 그 예식이 간단하고 죽은 자에 대한 배려가 간과되는 경우가 있다.

　사랑하는 이를 먼저 보낸 이들은, 죽은 자와의 만남이나 죽은 영혼에 대한 배려를 간과하는 기독교의 예식에 대해서 비판적이다. 떠나보낸 이들은 몸은 떠나보냈지만 결코 마음으로는 떠나보내지 못하고 마음에 죽은 자를 안고 살아간다. 죽었지만 죽지 않은 이를 살려내는 것이 추모요 제사의 정신이다. 그런데 죽은 자의 영혼에 대한 이해에 따라 예식의 절차나 내용이 달라지고, 이 차이가 산 자들에게 주는 배려는 전혀 다르게 나타난다. 기독교의 추도 혹은 추모 예배는 하나님을 향한 예배가 된다. 죽은 자가 얘기되어지고 기억되지만, 궁극적으로 예배의 중심은 하나님께 돌려진다.

　이러한 상황에서 기독교의 추도 예배는 제사에 대한 신학의 토착적 해석 내지는 목회적 수용과 적용을 요청한다. 첫째, 예배가 예배를 드리는 자의 편에서 일방적으로 하나님의 현존으로 나아가는 것일 뿐 아니라 하나님께서 우리에게 다가오시는 사건으로 이해한다면, 예배는 훨씬 통전적으로 이해될 수 있을 것이다. 둘째, 우리의 예배가 산 자의 예배뿐 아니라 죽은 자도 하나님을 예배할 수 있다고 이해한다면 하나님을 예배하는 사건 속에서 산 자와 죽은 자의 교류가 가능하다고 믿는다. 예배에서 죽은 자를 배제하는 것이 아니고 우리의 예배에 죽은 자를 초청하고 함께 인격적 현존을 허락하며 예배할 수 있을 것이다. 예배의 절차나 순서는 기독교가 여러 문화를 거치면서 발전되어온 것이다. 같은 맥락에서 한국의 기독교의 예배, 특별히 추도 예배는 우리의 이웃인 유교, 불교, 천도교와 같은 다른 종교들과의 대화와 만남을 통해 예배에 참석하는 자를 배려하는 예전을 만들어낼 수 있을 것이라고 본다. 나는 예전의 토착적 변용이 하나님을 위한 변증으로 끝나지 않고, 예배자를 위한 변증이 살아 있는 예전이 되어야 한다고 생각한다.

제사 가운데 산 자와 죽은 자의 만남은 삶 안에 죽음을 초청하는 의미도 있고, 산 자와 죽은 자의 거리를 좁힘으로써 죽음을 삶 안에 살려내는 의미도 있다. 뿐만 아니라 죽은 자를 초청함으로써 우리의 미래를 현재화하는 종말론적 현존의 의미도 있다. 기독교의 신앙은 '이미-아니'의 구조를 갖는다. 그리스도께서 이미 우리 가운데 오셨지만, 아직 완성된 종말에서 여전히 오고 계신 분이다. 우리는 제사의 모델에서 같은 모형을 그려볼 수 있다. 죽은 자는 이미 우리에게 오셨던 분이다. 이전에 우리와 함께 살아계셨던 분이다. 그런데 그분이 이제 가셨다. 그리고 우리의 제사 가운데 그분이 우리의 미래 속에서 오고 계신다. 제사를 통한 죽은 자의 초청은 과거를 되새기는 것으로 끝나지 않는다. 죽음은 아직 죽음을 맞지 않은 우리에게 미래의 사건으로 다가온다. 이 점에서 제사를 통해 산 자와 죽은 자의 만남은 현재와 과거의 만남일 뿐 아니라 현재와 미래의 만남이기도 하다. 우리는 과거로부터 현재를 거쳐 미래로 나아간다. 그러나 동시에 미래는 우리의 완성으로서 우리에게 다가온다. 죽은 자를 초청하고 만나는 제사의 사건은 산 자가 자신의 미래를 초청하고 미래를 만나는 것이다. 미래를 만나 현재를 새롭게 하고 죽음을 만나 삶을 새롭게 하는 것이다.

이제 제사의 대상에 대한 문제를 잠시 검토해 보자. 제사는 죽은 자를 초청하고, 조상을 숭배한다. 그러나 기독교 예배는 삼위일체 하나님을 예배한다. 제사와 예배가 모두 만남의 사건이다. 제사의 토착적 수용을 위해서 하나님을 예배하면서 산 자와 죽은 자의 만남을 허용할 수 있는가? 나는 기독교 전통 안에서 제사의 수용 가능성을 사도신경의 "성도의 교제를 믿사오며"라는 표현에서 찾아질 수 있다고 본다. 여기서 말하는 성도의 교제는 죽은 자와 산 자의 교제이다. 삶의 과정을 끝낸 죽은 자들과 아직 삶의 과정에 남아있는 자들의 만남이다. 이 만남은 인격적인 만남일 수도 있고, 그가 남긴 가르침과 유산과 삶의 철학과의 만남일 수도 있다. 죽은 자와 산 자의 만남은 영원한 것이 아니다. 죽은 자가 기억되는 한 지속되는 만남이다. 이 점에서 죽은 자에 대한 제사란 한정된 시간을 지날 뿐이다. 그러나 세대를 두고 제사가 계속된다는 점에서 제사는 영속적으로 진행된다.

제사와 예배는 동일시 될 수 없다. 역사와 전통을 통해 구성된 실존 구조가 다르고, 그 내용이 다르기 때문이다. 그럼에도 기독교 예배에 제사를 수용해야 하는 것은 한국이란 문화적인 환경 때문이고, 또한 산 자를 위한 목회적 돌봄 때문이다. 우리는 인간으로서 인간답게 살고 인간답게 죽을 이유가 있다. 또한 슬픔을 당한 산자들은 인간답게 슬픔을 경험하고 거쳐야 한다. 인간이 인간이기 위해서 인간의 과정을 가져야 한다. 산 자와 죽은 자가 나누어진 상황에서 하나님만을 예배하는 것은 사랑의 하나님이 아니다. 오히려 사랑의 하나님이라면 산 자와 죽은 자가 만날 수 있도록 인정해 주고 배려해 주며 격려하고 허락해 주어야 한다. 기독교 신학의 신정론에 있어 전통적 유신론의 오류는 악을 경험하는 현실에서 악에 대한 책임은 인간에게 떠맡기고 하나님의 전능성과 선성만을 옹호하려 했던 데 있다. 하나님에 대한 옹호는 강자에 대한 옹호란 점에서 자칫 하나님을 하나님 되지 못하게 한다.[18] 산 자에 대한 목회적 배려란 점에서 죽은 자와의 불가능한 만남을 가능케 하는 제사의 정신은 그 내용과 의식의 절차에서 기독교 예배에 수용될 이유가 있다고 본다.

신학적 견지에서 본다면 성경의 하나님은 인격적 하나님이다. 인격적이란 말은 개체적이면서 관계적이란 말이다. 때문에 인격적 하나님은 역사와 시간 속에서 우리와 만나시는 하나님이다. 기독교 하나님의 신비는 영원한 하나님이 시간 속의 인간과 만난다는데 있다. 제사에서 산 자와 죽은 자의 만남과 교류는 실제적이고 구체적인 만남이다. 철학적이거나 원리적인 비인격적 사건이 아니고, 인격의 만남이고 사건으로서의 만남이다. 제사는 종교의 원초적 상징 사건을 재현하는 원초적 자리이다. 이 점에서 기독교 예배는 제사를 수용하는 과정에서 죽은 자와 산 자의 만남을 통해 일어나는 원초적 종교성을 회복할 수 있고, 그 원형을 만나볼 수 있다. 따라서 형식화된 그리스도교 예배에 그 본

---

18) Terrence W. Tilley, *The Evils of Theodicy*(Washington, D. C.: Georgetown University Press, 1991). 참조.

래적 의미와 사건을 경험하는 계기가 될 수 있다. 원초적 종교성의 회복이란 점에서 제사의 수용은 훨씬 적극적인 의미를 갖게 될 것이다.

제사는 우상숭배인가? 제사에서 우상숭배에 대한 논의는 절하는 문제와 관계된다. 절하는 것이 문제가 된 것은 "다른 상들을 만들지 말며 그것들에게 절하지 말고 섬기지 말라"는 십계명의 표현과 관계된다. 절하는 것이 예배의 행위인지 아니면 예절을 갖추는 행위인지 공감된 이해가 필요하다. 한국의 문화에서는 웃어른에게 예를 갖추는 행위가 절이다. 존중하고 존경한다는 의미에서 절을 올리게 된다. 이 점에서 절을 예배의 행위로 해석하도록 한 서양의 선교사들의 해석은 오리엔탈리즘의 한 요소라고 여겨진다.

또 다른 차원에서 죽은 자에게 절을 하지 못하게 하는 것은 죽음과의 교류가 가져다주는 두려움 때문이다. 죽음은 산 자를 주검 혹은 시체로 만들어놓았다. 죽은 자는 더 이상 인격적 실재가 아니고 인격적으로 현존하지 않는 물건일 뿐이며, 물건으로서의 주검은 우리가 만든 상의 하나일 뿐이라고 해석한다. 또한 죽음을 어둠 혹은 악한 세계와 연결시킴으로써 죽음에 든 이를 초청하는 것은 어둠의 세계와 교류하는 것이라고 가르친다. 그러나 이러한 이해는 죽음을 죽여버린 문화의 폭력이다. 또한 죽음에 대한 왜곡된 상상이고 추상이며 교리이다. 제사에 대한 신학적 해석은 신학적 해석에서 출발할 것이 아니고 떠난 보낸 산 자들의 경험에서 시작되어야 한다고 본다. 사랑하는 이들을 떠나보낸 자들은 죽은 자와의 관계를 결코 떼어놓지 못한다. 죽음은 무서운 것이 아니고 오히려 우리가 언젠가는 참여하게 될 우리의 미래이고, 그 미래는 먼저 간 이와의 만남이 예고되는 약속이기도 하다. 산 자들은 죽은 자와의 만남을 통해 오히려 건강한 삶으로 되돌아온다. 죽음과의 만남은 삶을 더욱 삶답게 한다.

성경은 하나님과 인간을 창조자와 피조물의 관계로 선포한다. 하나님께서 인간을 창조했다는 말은 인간이 하나님일 수 없다는 선언이고, 하나님 앞에 모든 인간은 평등하다는 선언이다. 하나님은 우리와 사랑으로 관계하시는 하나님이다. 그러나 전통 신학에서는 하나님과 피조물의 관계보다는 차이를 강조해 왔다. 하나님의 초월성이 내재성보다 앞선다. 그러나 최근의 여성신학자들과 과정신학자들은 하나님과 피조물의 관계를 초월적이면서도 내재적인 범재신론적인 구조에서 설명한다. 여성신학자들은 '몸—영혼'의 관계를 '세계—하나님'으로 설명하면서 하나님과 피조물의 관계를 강조한다. 과정신학에서는 양극적 구조로 설득적 하나님을 소개함으로써 하나님과 피조물이 서로가 서로에 대해 초월적이면서도 내재적인 관계를 갖는다고 설명한다.

죽음이란 삶의 완결된 현실적 존재의 합생이다. 우리가 사는 시간의 영역을 떠났다는 점에서 죽음이란 시간의 지속을 갖지 않는다. 그러나 죽음에 듦으로써 죽은 자는 궁극적으로 정신의 세계 혹은 영원적 객체로서 살아 있는 자들과 교류한다. 시간의 삶 속에서 과정 속에 익숙하게 지속되었던 어제의 산 자는 오늘 죽은 자가 되어 육체적 지속을 멈추었다. 죽음을 통한 멈춤은 충격이 큰 엄청난 단절과 변화이다. 죽음이 육체적으로 더 이상 만날 수 없게 하였다고 해서 산 자와 만남이 끝난 것은 아니다. 영원적 객체가 되어 우리를 미래에서 부를 뿐만 아니라 우리의 삶 안에 작용인 되어 우리를 미래로 향하게 하기도 한다. 미시적 안목에서 보면 죽음은 슬픈 이별의 사건이지만, 거시적 안목에서는 전체 인류의 문화와 영성에 풍요로움을 더해주는 유산이 된다. 죽은 자와의 만남을 통해 영원한 세계가 현재화되는 영성의 풍요로움을 경험한다는 점에서 제사의 토착적 수용은 기독교의 종교적 영성을 풍요롭게 할 것이다.

### 4. 죽음과 영성

죽음은 피할 수 없는 삶의 현실이다. 이 말은 죽음 이야기는 이미 삶의 이야기를 함축하고 있다는 말이다. 죽음은 삶에 안겨야 죽음다울 수 있고, 삶은 죽음을 품어야 삶다워진다. 죽음이 피할 수 없는 현실이라면 죽음을 어떻게 받아들이며 어떻게 준비할 것인가를 생각해야 한다. 죽음 준비는 죽음이 삶의 끝이라는 생각에서 시작한다. 그런데 죽음을 끝으로 생각하며 준비하는 과정에서 죽음은 우리의 삶의 현실로 되돌아와 현재적 죽음의 윤리적 삶을 살도록 하기도 하고, 죽음이 삶의 끝일 수 없다는 생각에 종교적 해법으로 이어지기도 한다.

종교는 죽음 이후의 삶을 미래의 현실로 구체화하여 믿음의 내용으로 삼는다. 인간의 삶에 대한 욕구는 죽음의 도래를 연장시키려 하고 결국은 죽음 이후의 삶을 말하게 한다. 특별히 살아온 삶이 억울하고, 슬프고, 아프고 고통스러웠던 사람들은 죽음을 넘어 새로운 삶을 제시함으로써 현재의 불완전한 삶을 죽음 이후의 삶에서 완성하려 한다. 반대로 현재의 삶이 좋은 사람들은 그 좋은 삶이 죽음 이후에도 연장되기를 바라면서 죽음 이후의 삶을 그린다.

종교에 따라서는 죽음 이후의 모습을 부활, 재생, 윤회 등으로 묘사한다. 그리고 죽은 자가 저 세상에서 머물 처소를 표현하기 위해 공간의 은유를 사용한다. 이러한 공간적 은유는 죽음을 직면한 사람들에게 현실적인 희망을 주기 위한 것이다. 그런데 주목할 일은 종교들이 제시하는 공간적 은유가 궁극적인 영원은 아니라는 점이다. 종교는 삶과 죽음보다 더 근원적인 영원의 영역을 제시한다. 예컨대 기독교는 하나님과의 관계를 통해 얻는 생명이고, 불교의 경우는 거짓된 자아를 벗어 무아에 이르는 자유이다. 여기 영원의 영역은 삶에도 적용되고 죽음에도 적용되는 영역이다. 그래서 신앙의 궁극적 표현은 "사나 죽으나"[19]라는 표현이 된다.

"사나 죽으나"라는 말은 삶은 삶다워야 하고, 죽음은 죽음다워야 한다는 말이다. 죽음다운 죽음이란, 삶의 구석구석에 의미를 채우는 죽음, 새로운 죽음을 낳는 죽음, 죽음까지도 이웃에게 덕이 되어 열국의 아비가 되고 어미가 되는 죽음, 영원에 참여한 죽음이다. 때문에 죽음은 삶만큼이나 존중되어야 할 최종적 일이고, 삶을 완성해야 할 삶의 궁극적 종말이다. 결국 죽음 이야기는 다시 한번 삶의 이야기가 된다.

궁극적 차원에서, 진정한 구원과 완전한 해방은 죽음의 종말이면서 동시에 삶의 종말이기도 하다. 이 점에서 온전한 구원이란 삶과 죽음으로부터 영원으로의 태어남이다. 기독교는 그리스도 안에서 죽는 것은 다시 죽지 않는 것이고 영생의 세계에 참여하는 것이라고 가르친다. 불교의 경우는 영생 혹은 영원한 생명을 얻는 해탈이란 윤회로 다시 나는 것이 아니고 다시는 죽지 않는 세계 또는 다시는 이 세상의 삶을 살지 않는 세계에 드는 것이다. 이것은 죽음의 순환에서 구원됨을 뜻한다. 곧 의식적인 자아 또는 경험적인 자아로부터 해방됨을 뜻한다. 불교에서는 경험적인 자아는 무지에서 태어나고 의식적인 자아는 업보적인 환상에 근거한다고 본다. 따라서 영원한 생명은 무의식적인 자아의 완전한 실현을 통해서이다.

그런데 이러한 무의식으로의 온전한 참여는 죽음을 통해서만 완전히 실현된다. 이런 의미에서 삶은 죽음 때문에 가치 있는 것이 된다. 그리고 삶은 죽음에 드는 연습장이

---

[19] 바울은 자신의 삶에 대해서 표현하기를 사나 죽으나 주의 것이라고 한다. 로마서 8장에서도 그리스도와 맺은 사랑의 관계, 하나님과 맺은 구원의 관계는 어떤 것도 나눠놓을 수 없다고 한다. 심지어는 죽음조차도 나눠놓을 수 없다고 한다. 고백적인 표현이지만, 이 고백 속에서 삶과 죽음을 뛰어넘는 신앙 안에서의 영원한 영적 삶의 모델을 본다.

다. 삶 안에서 행한 모든 것들은 우리의 존재를 결정하는 요인들이 되고, 삶을 통해 축적한 카르마는 죽음 이후의 상태를 결정한다.[20]

이쯤 되면 죽음은 부정적인 아픔과 슬픔의 과정만은 아니다. 오히려 죽음은 참된 영생으로 안내하는 자기부정의 길이다. 죽음은 인간이 가진 외부적인 소유를 포기할 수 있는 계기이며, 순수한 의미에서 자신의 참 존재로 변형될 수 있는 계기이다. 이 점에서 죽음이란 내면화의 경험이다. 이 내면화의 과정을 통해 자아중심을 벗어날 때 기독교인들은 하나님을 절대 의존적으로 사랑하게 되고, 불교인들은 자신의 본래성 곧 자기 안에 불성을 발견하게 된다.

죽음은 우리 모두가 피할 수 없는 삶의 필연적 여정이다. 그러나 죽음에 이르는 여정은 준비와 훈련에 따라 죽음의 내면화를 통해 영원과 만나 영원한 생명을 얻을 수 있는 삶의 완성의 과정이기도 하다. 죽음은 자기부정을 위한 최고의 순간으로 유한한 인간이 영원의 세계에 들 수 있는 최고의 순간이 된다. 이 점에서 죽음은 끝이 아니고 삶의 완성이고 영원으로의 새로운 탄생의 순간이 될 수 있다. 곧 죽음은 우리가 맞을 수 있는 최고의 영적인 도약의 순간이다.[21] 죽음이 영원하지 않으면 삶도 영원하지 않고 삶이 영원한 삶이 아니면 영원한 죽음이 아니다. 기독교의 부활이 죽어서 가는 공간적인 저 세상의 개념보다는 삼위일체 하나님과 함께 영원히 사는 것으로 이해된다면, 이때 부활이란 세상에서 경험하는 삶의 연장에서의 죽음의 세계를 말하는 것이 아니라 삶과 죽음의 순환적인 연기를 뛰어넘는 보다 근원적인 생명의 근원으로의 참여 혹은 무아로의 참여이다.

우리는 죽기 위해 산다. 우리가 살고 있는 삶은 한 번밖에 주어지지 않은 삶이다. 이생의 삶만이 죽음과 더불어 우리가 맞게 될 영원한 생명에 참여할 수 있는 훈련의 장소요 시간이다. 이생에서 죽음을 준비하는 우리의 삶은 나를 위한 삶이 아니고 타자를 위한

---

20) Sogyal Rinpoche, *The Tibetan Book of Living and Dying*(New York: HarperSanFrancisco, 1994). 참조
21) 종교의 궁극적 가르침은 자기 비움이다. 자기 비움은 수직적으로는 영원한 세계를 향해서, 수평적으로는 이웃을 향해서 자기를 비우는 것이다. 자기 비움의 영성을 가장 잘 수행할 수 있는 길은 죽음에 이르는 과정에서이다. 죽음은 우리의 몸과 의식을 송두리째 요구하는 절대 무이다. 이 절대 무 앞에 자기를 내어주는 자기부정의 고백을 위해 우리의 삶 전체가 훈련되어야 한다. 그리고 삶을 통한 자기부정의 훈련은 죽음의 순간 지고의 신앙적 도약과 결단을 요청한다. 이 점에서 죽음에 드는 과정은 죽어가는 자의 죽음을 향한 신앙과 삶의 훈련뿐 아니라 이웃의 돌봄을 필요로 한다.

삶으로 부름 받았다.[22] 타자를 위한 삶은 우리의 삶뿐 아니라 우리의 죽음도 내어준 삶이어야 한다. 죽음이 삶의 문제라면 우리는 죽어가는 자들이 잘 죽을 수 있도록 도와야 하고, 우리 자신도 죽음의 삶을 잘 살아가야 한다. 죽음이 우리의 현실에서 간과되지 않고 진지하게 받아들여지고 살아지게 될 때, 인간과 인간이 만들어낸 인류의 공동체적 삶과 이웃 생태 세계와의 삶이 더욱 자연스럽고 삶다워지게 된다.

정리해 보면, 죽음이 필연적인 것이라면 죽음을 피해가거나 외면할 것이 아니고 더욱 철저하게 죽음을 살아야 한다. 죽음이 죽은 세계는 삶도 죽은 세계가 된다. 죽음을 죽음으로 맞는 것은 죽음으로 삶을 말하고, 죽음과 삶으로 죽음과 삶을 넘는 영원을 말할 수 있게 한다. 죽음을 죽여버린 문화는 오히려 삶이 죽어가는 결과를 낳는다. 삶의 의미가 죽고, 삶의 진정성과 가치가 죽고, 삶의 생동감이 죽고, 삶의 유한성이 갖는 소중함이 죽어간다. 그래서 살았으나 죽은 것들로 가득하게 된다. 인간 세계의 모든 문제와 생태 세계가 만들어내는 재앙은 죽음을 죽여버린 인간의 업보이다.

신앙의 삶에서 본질적 영성인 내어줌, 낮아짐, 자기 비움은 죽음과의 대면을 통해 배우는 소중한 진리이다. 되돌아가 타자를 위한 삶으로 부름 받은 목회적 소명 또한 죽음의 의미를 물음으로써 깊어진다. 죽음이 죽음으로 끝나지 않고 우리의 삶에 신앙으로 받아들여질 때 새로운 삶을 시작할 수 있다. 죽음은 슬픈 이별이지만 한편으로는 사랑과 화해의 사건을 만들어낸다. 그러나 무엇보다도 죽음을 삶 안에 초청함으로 사나 죽으나 주의 것이라는 더 큰 생명의 세계를 보게 되고, 죽음에 이르는 과정이 인생의 영적 완성을

---

[22] 이웃을 위한 죽음 개념은 헨리 나우웬으로부터 배운 개념이다. 나우웬은 삶이 이웃을 위한 삶이듯이, 죽음 또한 이웃을 위한 것이어야 한다고 가르친다. 삶이 이웃을 위한 기도이듯이, 죽음 또한 이웃을 위한 기도이다. 나우웬이 쓴 죽음에 대한 책은 다음과 같다. Herni Nouwen, *Aging: The Fulfillment of Life*(New York: Doubleday, 1974); *In Memoriam*(Nortre Dame, Ind: Ave Maria Press, 1980); *Beyond the Mirror: Reflections on Death and Life*(New York: Crossroad, 1990), *Our Greatest Gift: A Meditation on Dying and Caring*(SanFrancisco: Harper, 1994); *Adam: God's Beloved*(Marryknoll, N.Y.,: Orbis Books, 1997). *Aging*은 나우웬이 처음으로 죽음에 대한 주제를 다룬 책이고, *In Memoriam*은 나우웬이 1978년 자신의 어머니의 죽음을 통해 경험한 것을 적은 것이고, *Beyond the Mirror*는 나우웬이 데이브레이크 사목으로 있을 때 사고로 죽음의 문턱을 경험했던 것을 소개한 책이며, *Our Greatest Gift*는 나우웬이 자신의 죽음 경험을 바탕으로 죽음에 대한 통찰을 담은 책이고, *Adam*은 데이브레이크에서 공동체 생활을 하고 있는 장애인 아담의 죽음을 기억하면서 예수님의 생애에 비추어 쓴 책이다.

이룰 수 있는 최고의 시간임을 배우게 된다. 결국 죽음은 곧 오늘 우리가 살아야 할 삶의 과제이다.

## 참고문헌

김균진, 『죽음의 신학』, 대한기독교서회, 2002.

아리에스, 『죽음 앞에 선 인간』, 유신자 역, 동문선, 1997.

_____, 『죽음의 역사』, 이종민 역, 동문선, 1999.

아이라 바이옥, 『죽음을 어떻게 살까?』, 홍종현 역, 다산글방, 2001.

에드가 모랭, 『인간과 죽음』, 김명숙 역, 동문선, 2000.

이은봉, 『여러 종교에서 보는 죽음관』, 가톨릭출판사, 1995.

이정용, 『죽음의 의미: 불교, 도교, 기독교, 현대 과학의 사생관』, 전망사, 1980.

정진홍, 『죽음과의 만남』, 우진출판사, 1995.

진중권, 『춤추는 죽음』, 세종서적, 1997.

파드마 삼바바, 『티벳 사자의 서』, 류시화 역, 정신세계사, 1997.

한국종교학회편, 『죽음이란 무엇인가』, 도서출판창, 1992.

Kubler-Ross, Elisabeth, *Death: The Final Stage of Growth*, New York: Touchstone, 1986.

—, *On Death and Dying*, New York: Touchstone, 1997.

—, *The Wheel of Life*, New York: Touchstone, 1997.

Nouwen, Henri, *Beyond the Mirror: Reflections on Death and Life*, New York: Crossroad, 1990.

—, *Our Greatest Gift: A Meditation on Dying and Caring*, San Francisco: Harper, 1994.

Rinpoche, Sogyal, *The Tibetan Book of Living and Dying*, New York: HarperSanFrancisco, 1994.

# 삶의 신학의 한 주제로서의 죽음, 죽음에 대한 종교다원적 성찰

이은선 세종대학교 교육학과 교수

### 1. 현대 세속 사회에서의 죽음 이해와 종교다원적 죽음 이해의 필요성

이미 20세기 철학자 레비나스가 잘 지적한대로 우리의 죽음에 대한 이야기에서는 엄밀히 말하면 '타자'의 죽음이 '나'의 죽음을 앞선다. 그것은 나에게 있어 나 자신의 죽음은 결코 경험될 수 없는 미래에 속하는 것이기 때문이다. 또한 죽음의 문제는 '지식'의 문제가 아니라 '정서'의 문제이고, 죽음과의 관계는 '이성적' 관계라기보다는 우선적으로 죽음의 폭력성과 거기에 대한 '두려움', '절박성' 등에서 비롯되는 '정서적' 관계이기 때문이다.[1] 필자의 죽음과의 관계도 이와 다르지 않다. 지금으로부터 25년 전 매우 갑작스럽게 겪게 된 아버지의 죽음, 그 죽음의 폭력성을 겪고 난 후, 죽음의 위협은 나의 삶 곳곳을 그늘 지웠으며, 그 죽음의 예측불가능성은 언제나 나를 다시 위협해 온다.

20세기 현대에 들어오면서 우리는 자신을 점점 더 '몸'으로 이해하게 되었다. 오늘날은 그리하여 몸은 단순히 우리 존재의 물적 기반이 아니라 우리가 몸이며, 몸이 곧 우리

---

[1] E. Levinas, *Is it righteous to be?*, Interview with. E. Levinas, ed. J. Robbins, Stanford 2001; E. Levinas, *Totalite et Infini: Essai sur l'exteriorite*, Kluwer Academie 1971, in: 안상헌, 「죽음은 언제나 타자의 거울이다」, 정승호 외 지음, 『철학, 죽음을 말하다』, 산해, 2005, pp. 234-262에서 재인용.

가 되었다.[2] 이렇게 몸이 중요하게 되자 사람들은 자신의 몸을 하나의 '프로젝트project'로 보면서 '몸 기획body project'을 위해 엄청난 돈을 쓰고 있다. 각종 스포츠, 다이어트, 성형이나 장기 이식, 건강식품과 의학에 대한 관심 등, 오늘날 우리 주변에서 몸 기획과 관련한 사업들이 매우 번창하고 있다. 그러나 이렇게 우리가 몸 닦기에 대한 관심을 높여 갈수록 그와 같은 정도로 피할 수 없는 또 하나의 사실 앞에 서게 되는데, 그것은 몸이란 필연적으로 어느 때인가는 통제할 수 없고, 생물학적 현상으로 불가피하게 죽는다는 것이다. 우리가 그렇게 공을 들인 몸은 썩어서 냄새가 날 것이고, 부패하면서 변형될 것이라는 사실을 피할 수 없는데, 그래서 현대인들은 애써 이 죽음의 현실을 생각지 않으려고 한다. 오늘날 현대인들은 그렇게 하면서 죽음과 관련된 현실들을 한쪽으로 치워놓는다. 노인들은 양로원으로 보내고, 죽어가는 사람들은 병원으로, 시신은 영안실로, 그리고 아이들에게는 되도록이면 죽음에 대한 이야기는 하지 않고 감추면서 마치 '다른 사람(들)은 죽는다. 그러나 나(우리)는 안 죽는다'는 식으로 스스로를 기만하면서 죽음의 현실을 기피하면서 살아간다.[3]

이러한 현대인들의 죽음에 대한 태도를 독일의 역사사회학자 노버트 엘리아스N. Elias는 인류 삶의 '문명화 과정civilizing process' 속에서 이해하고자 했다. '문명화 과정'이란 인간 삶의 모든 동물적인 측면을 억압하고, 잔인함과 폭력성, 더럽고 불결한 것에 대한 수치와 당혹감을 확장해 가는 과정인데, 죽음, 특히 우리 몸의 죽음이 불러일으키는 폭력성과 비위생성에서 오는 혐오는 현대인들로 하여금 점점 더 죽음을 우리 사회생활의 배후로 물러나게 한다는 것이다. 그래서 우리 사회에서 '죽어가는 자의 고독'은 깊다고 지적한다.[4] 엘리아스에 따르면 현대인들이 이렇게 삶에서 죽음을 배제하고, 죽어가는 자들의 고독이 깊어가는 이유를 또 다른 시각에서 살펴보면, 그것은 우리 사회가 고도로 개인화된 사회라는 것과 무관하지 않다. 현대사회에서 사람들은 대개 자신을 독립된 개별 존재, 개체의 개인으로 이해한다. 이 경우 '나(주체)' 이외의 다른 모든 사람들을 포함한 전

---

2) 이은선, 「유교적 몸의 수행과 페미니즘」, 『유교 기독교 그리고 페미니즘』, 지식산업사, 2003.
3) 노버트 엘리아스, 『죽어가는 자의 고독』, 김수정 역, 문학동네, 1996, p. 8 참조; 이은선, 「페미니즘 몸담론과 역사적 예수, 그리고 다원주의적 여성기독론」, 『한국여성조직신학 탐구』, 대한기독교서회, 2004, p. 114.
4) 노버트 엘리아스, 앞의 책.

체 세계는 '외부 세계'와 '객체'로 위치지어진다. 이렇게 인류 삶의 문명화 과정에서 '개인'과 '주체'의 '폐쇄인homo clausus'으로 특징지어지는 현대인의 삶은 자연스럽게 죽어가는 실제 상황에서의 모습과도 밀접히 연결되어서 '고독한 죽음', '외로이 죽어감'의 이미지를 갖게 하여 그토록 죽음을 두려워하게 된다고 한다.[5] 오늘날 '활기찬 삶'과 '고독한 죽음'은 더욱 대조되는 이미지로 우리에게 각인되어 있다. 그래서 우리 모두는 죽음에 대한 공포와 경악이 실제 죽음 그 자체 때문이라기보다는 이러한 죽음에 대한 선先이미지 때문에 더욱 가중된다는 지적을 잘 이해하고 있다.

이상의 모든 이야기들 안에는 죽음, 또는 우리 몸의 마지막을 모든 것의 끝과 절대적인 마지막으로 보는 현대문명의 깊은 세속주의가 들어있다. 현대인들은 일반적으로 몸의 죽음을 모든 것의 끝으로 본다. 그래서 위에서 보았던 대로 몸 기획에 엄청난 힘을 쏟고, 그것이 때로는 몸 쾌락의 추구를 삶의 최고 가치로 보게 하거나, 아니면 그 반대로 몸의 끝을 모든 문제의 '최종적 해결final solution'로 보아 자살이나 인종 청소 등의 극단적 방법들로 표현되기도 한다. 이러한 극단적 방식은 아니라 하더라도 오늘날 몸 기획의 또 다른 확장으로 이제는 자신의 임종조차도 기획하고, 그것을 더 이상 숨겨야 할 어떤 것이나 회피해야 하는 터부로 배제하지 않는다. 대신에 자연스러운 인간 삶의 총체적 구성인자 중 하나로 받아들여 좀더 편안하고 쉽게 마무리하려는 반성이 증대하고 있다. 그러나 이것도 역시 몸의 끝이 모든 것의 끝이라고 하는 사고에서 벗어나는 것은 아니다. 위의 엘리아스는 이제 어느 시대에서보다도 뛰어나게 몸에 대한 통제력을 갖게 된 현대인들이 이 죽음에 대한 통제력도 가질 수 있기를 권고한다. 그렇게 하는데 있어서 살아 있는 사람들이 죽어가는 자들에게 보여주는 우정과 배려가 중요한 역할을 한다고 지적하는데,[6] 그러나 과연 그러한 합리적인 몸 기획과 임종 기획만으로 인간의 죽음 의식과 죽음의 문제가 해결될 수 있겠느냐 하면 그렇지 않다고 보는 것이 본 논문의 입장이다.

오늘날 몸에 대한 통제력이 어느 때보다도 증가해서 서구 고대에서와는 달리 죽음에 초연한 에피쿠로스들이 더 이상 소수가 아니게 되었고, 죽음의 문제가 일종의 '질환'과 '임종'의 문제로 환원된 감이 없지 않지만,[7] 그럼에도 불구하고 죽음의 불확실성과 전

---

5) 앞의 책, p. 69.
6) 앞의 책, p. 85, 106.
7) 천선영, 「죽음이 두려운, 혹은 두렵지 않고 서로 다른 이유들」, 『전통과 현대』, 통권 18호, 2001년 겨울호, pp. 74-85.

개 상황은 우리로 하여금 또 다른 답을 찾아 나서게 만든다. 거기서 등장할 수 있는 가능한 답은 죽음을 모든 것의 끝으로 보지 않는 방식이며, 몸의 마지막을 모든 것의 마지막으로 보지 않는 방식이다.

이렇게 죽음을 모든 것의 끝으로 보지 않고, 몸의 마지막을 모든 것의 마지막으로 보지 않는 방식은 전통적으로 종교의 방식이다. 지금까지 인류의 종교는 각기 다양한 방식과 제안으로 인간 죽음의 종극성을 극복하려는 시도를 해왔고, 그 가운데서 다양한 대답들을 제시해 왔다. 우리가 잘 아는 대로 기독교는 '몸의 부활'이라는 카드를 가지고 신자들의 죽음의 길을 인도해 왔으며, 예수의 몸의 부활이야말로 그가 그리스도가 되심을 가장 확실하게, 가장 결정적으로 확증하는 사건이라고 선포해 왔다. 그러나 우리는 오늘날 이 선포가 그 안에 많은 문제점들을 내포하고 있음을 안다. 이제 현대인들은 그가 기독교인이든 아니든 간에 모두 몸의 생물학적 소멸을 하나의 자연스러운 생명 과정으로 인정하고 있다. 그래서 과연 이러한 상황에서 몸의 부활을 말하는 것이 어떤 의미가 있으며, 예수의 초자연적인 몸의 부활에 근거해서 그의 유일회적 그리스도성을 주장하는 것이 얼마나 실효성이 있을지 묻게 된다. 오늘날 그러한 전통적 기독교의 인습적인 방식은 또 하나의 과학주의적 근본주의의 아류가 아닌지 의심받는데, 이러한 시대의 질문들에 대해서 진지하게 성찰하지 않는다면 기독교 복음은 하나의 값싼 구원론이 될 것이다. 오늘날 한국 사회에서 기독교 신앙인의 수가 이렇게 많은데도 불구하고 죽음을 모든 것의 끝이라고 생각하는 절망적 표현이 만연되어 있고, 신앙이 우리 삶에서 참된 실천적 힘이 되지 못하는 것은 바로 부활에 대한 구호만 있지 그것에 대한 진지한 성찰들이 부재하기 때문이라고 본다.

오늘날 죽음과 그 죽음의 종극성 여부에 관한 성찰은 몸으로 살고 몸과 더불어 자신의 동일성을 이해하는 현대인들 모두에게 더할 수 없는 삶의 중요한 과제가 된다. 그러므로 우리는 그 대답을 찾는데 있어서 꼭 어느 하나의 종교 전통에만 머물러 있을 필요가 없고, 더욱 엄밀히 말하면, 그렇게 해서는 안 되고 그럴 수도 없다고 생각한다. 죽음과 그것을 통한 결말에도 불구하고 지속되는 어떤 것에 대한 모든 종교적 성찰들은 나름대로 각각의 전통 속에서 삶 가운데서 몸을 통해서 경험된 것들을 매우 신중하게 설명하는 데서 시작되었다.[8] 그러므로 물론 그 모든 것들이 진리이고 서로 모순되는 것이 없다고 주

---

8) 존 바우커, 『세계종교로 보는 죽음의 의미』, 박규태·유기쁨 역, 청년사, 2005, p. 356.

장하는 것은 아니지만, 그 세부적인 모순과 차이에도 불구하고 서로는 서로를 강화할 수 있으며 보완할 수 있다. 그렇다고 물론 진리와 선택의 문제가 사라지는 것이 아니고 여전히 남아 있기는 하지만, 각 종교 전통들이 인간의 조건과 운명에 대해서 성찰한 것들을 통합하고 같이 어울러 봄으로써 좀더 진전된 이해에 도달할 수가 있다고 본다.

오늘날 우리들의 실제 이해는 부분들이 모여서 전체를 이루지만, 각 부분들은 그것 자체로서 곧 또 하나의 전체인 것을 안다. 이러한 실제 이해는 죽음을 이해하는데 있어서 다양한 시각을 통합하는 방식의 중요성을 더욱 드러내주는데, 어느 한 개별적 종교 전통도 대상의 전체를 볼 수 없으며, 더군다나 전부를 이해할 수는 없다는 것에 근거하며, 특히 죽음에 대한 이해에 있어서는 다양성은 단순한 장식물이 아니라 하나의 필연성으로 보아야 한다는 것을 밝혀준다.[9] 죽음이란, 그리고 우리 유한성의 극복 문제란 바로 모든 생명체의, 인류 모든 전통의 공동 추구 과제이기 때문이다.

따라서 본 논문은 기독교 신앙에서의 죽음과 부활 이해로부터 출발하여 지금까지 별로 서로 연결되어 성찰되어지지 않은 유교 전통과 불교 전통의 죽음 이해를 통합적으로 살펴보면서, 어떻게 그러한 성찰들에서 얻어진 결과들이 오늘 우리 삶을 위한 지혜가 될 수 있는가를 보고자 한다. 이러한 통합적 연구는 자칫 표피적인 나열식 연구에 그치기 쉽고, 본 논문도 또한 그러한 면을 가지고 있지만, 오늘날 인류의 살아 있는 종교 전통들을 모두 다양하게 접하고 있는 한국적 성찰에서 보다 다면적이고 다층적인 죽음 이해가 나올 수 있지 않을까 하는 본인의 신학적 소망이 표현된 것으로 이해해 주기를 바란다.

## 2. 기독교 전통의 죽음과 부활 이해

우리가 익히 알다시피 지금까지 기독교의 핵심 지지 기반은 부활한 주로서의 예수 경험과 관련한 '그리스도 케리그마'였다. 오늘날도 우리가 매 예배 때마다 외우는 '사도신경'

---

[9] 앞의 책, p. 224.

은 A. D. 325년 니케아 회의에서 고대적 신조와 정경으로서 형태를 갖춘 것으로, 그것은 역사적 예수에 관한 정보들보다는 생애 시작의 동정녀 탄생과 마지막의 수난, 처형, 부활에 대해서 언급하는 부활 담론이다. 상황이 이러하므로, 보통 그러한 기독교를 잉태한 유대교 구약 전통 안에 죽음 이후의 삶이나 부활 이야기가 아주 일찍부터 고유한 전통으로 자리 잡고 있는 줄로 알지만 사실은 그렇지 않다는 것이다. 이스라엘 백성들이 선택받은 백성으로서 하느님에 대한 신뢰에서 얻을 수 있는 보상은 죽음 이후의 삶이 아니라 이 지상에서 생명의 기간을 연장해 주는 것이었다고 한다.[10] 창세기, 레위기, 신명기 등 이스라엘과 그 신앙이 형성되던 성서시대 전체에 걸쳐서 어떠한 것도 죽음 이후에는 존재할 수 없다고 하는 엄격히 사실적인 인정만이 나타나 있다고 하는데,[11] 그것은 그들의 죽음을 포함해서 창조된 질서의 지금 그대로의 선함에 대한 신앙 때문이었다고 한다. 앞으로 더 좋은 삶이 있다고 가정하면서 현재의 삶을 거부하는 것은 일종의 불경이 되기 때문이고, 이러한 입장은 신약시대 사두개인들의 경우가 가장 명백하다고 지적된다.[12]

유대교 전통에서 이러한 죽음과 삶의 이해가 변화하게 된 계기는 '바빌론포로'(B. C. 6세기)이고, 이후로부터 미래의 '메시아'에 대한 희망이 대단히 다양하게 전개되었다고 한다. 특히 '마카비전쟁'(B. C. 163-141) 무렵에는 비록 모든 사람이 널리 믿은 것은 아니지만 의인(특히 순교자)을 위한 몸의 부활의 보상이라는 관념이 자리 잡았는데,[13] 이러한 고통과 악의 문제에 대한 고뇌에서 나온 유대인의 희망은 그 후 그리스의 영혼 불멸에 대한 사색과 연결되기도 하지만 '영혼 불멸'이 아닌 '부활'에 대한 믿음은 유대교의 기본 원칙들 중 하나가 되었다고 한다.[14]

이러한 유대교 세계의 부활은 예수시대에 그 유대교의 약속과 계명들이 당시 어떻게 실행되어야 하느냐에 대한 한 해석과 응답으로 나온 기독교 출발과 더불어 가장 뜨거운 감자가 되었다. 우리가 잘 아는 대로 지난 2000여 년의 기독교 전개 가운데서 예수의 부활과 관련한 이야기는 기독교 담론 전개의 핵심적인 뿌리가 되어서 기독교교리사에서 속죄설이나 희생설 등 다양한 교리들로 전개되었다. 하지만 그 가운데서 예수의 역사적

---

10) 앞의 책, p. 100.
11) 앞의 책, p. 104.
12) 앞의 책, pp. 124-125.
13) 앞의 책, p. 113.
14) 앞의 책, p. 130.

삶과 활동의 본래적 의도는 초자연적이고 실체론적으로 굳어진 부활 담론 아래서 질식당하였고, 특히 오늘날 역사적 예수 연구팀들의 비판에 따르면, '기독교의 본질'을 구성한다고 고백되어 온 부활 담론은 오늘날 기독교인들 사이에 널리 팽배해 있는 '종교적 문맹'의 원인이 되었다고 한다.[15] 일반적으로 기독교는 예수가 죽어서 묻혔다가 사흘 안에 다시 살아나 그의 영광의 자리로 승천했다는 것을 확증하는 것에서 시작되었다고 가르치는데, 이렇게 역사적 예수의 실천과 죽음이 배제된 기독교 해석은 기독교가 신앙의 수행적 차원과 신앙적 책임의 차원을 잃어버리게 하여 하나의 값싼 슈퍼맨 교리로 전락하게 만든 요인이 되었다고 비판 받는다.[16]

그렇다면 예수의 몸에는 진정으로 무슨 일이 일어났을까What actually happened to the body of Jesus? 기독교와 유대교의 관계를 무척 중시하는 여성신학자 피오렌자는 여기서 '빈 무덤empty Tomb' 전통을 이야기한다. 그녀는 신약성서에 있는 예수 부활 이야기에서 마가복음 16: 19, 마태복음 28: 5-6, 누가와 요한의 예수 승천 이야기, 또는 고전 15: 3-8, 로마서 6: 3-4 등에 나타나는 모든 이야기들(그리스도가 죽었고, 땅에 묻히셨으며, 그리고 들림을 받았다)을 '고백 형식confessional formula'의 부활 이야기로 이름 지으면서, 그러한 예수 부활 이야기는 후에 형식화되어서 끼워 넣어진 것으로 본다.[17] 이것에 반해서 '빈 무덤' 전통의 부활 이야기는 '전前복음서 부활 이야기the pre-Gospel Easter stories'로서 막달라 마리아라는 여성에게 처음 주어졌고, 여기서는 '십자가'라는 분명한 죽음의 방법에 대해서도 말하고, 고백 형식처럼 믿음을 요구하는 것이 아니라 행동을 요구하며 달려가서 '무덤이 비었다the tomb is empty'는 것을 전해주는 이야기라고 한다.[18]

피오렌자가 이렇게 신약성서 속에서 예수 부활에 대한 이야기를 두 가지로 구별해 내는 이유는 후에 첨가된 고백 형식 속에서 남성 중심적 권위체계 형성의 의도와 "플라토닉한 영성화와 가현적 초현실화의 오류a platonic or docetic supernatural misreading"를 보았기 때문이다.[19] 즉 그녀는 우리가 일반적으로 기독교의 부활 이야기로 알고 있는 고백 형식

---

15) 로버트 펑크, 『예수에게 솔직히』, 김준우 역, 한국기독교연구소; 이은선, 앞의 글, p. 118.
16) 앞의 책, p. 420.
17) Elisabeth Schuessler Fiorenza, *Jesus Miriam's Child*, Sohpia's Prophet, New York 1995, p. 123.
18) 앞의 책.
19) 앞의 책; 이은선, 앞의 글, p. 135.

의 이야기는 거기서 부활한 예수를 '눈으로 보았다'고 하는 남성들의 사도적 권위를 세우기 위한 틀로 사용된 것을 발견하였고, 이 이야기는 훗날 점점 더 가현적 영성화와 초현실화의 길을 가서 교회와 그리스도를 배타적으로, 초현실적으로 실체론화하는 것을 보았기 때문이다. 그래서 그녀는 더 오리지널한 부활 이야기로서 여성들의 '빈 무덤' 전통 이야기를 드는데, 이것은 남성들의 영성화된 부활 이야기보다 훨씬 더 현실적realistic이며, 부활의 영광에 중점을 두기보다는 억울한 죽음을 죽은 예수의 사정이 들려졌다는 것이고, 이것과 더불어 생존과 존엄을 위해 투쟁하는 우리들의 싸움이 그냥 의미 없이 사라지는 것이 아니라 경청된다는 것을 밝히는 매우 정치적인 이야기라고 한다.[20] 그래서 그녀는 "부활 실제resurrection reality"에 대해서 말한다.[21]

그러나 여기서 그녀가 '부활 실제'에 대해서 말하지만, 그녀에 따르면 이 빈 무덤 전통의 부활 이야기도 '예수의 몸에 진정으로 무슨 일이 일어났는가?'에 대해서는 모호하다고 말한다. 이러한 입장은 그녀가 빈 무덤 전통의 부활 이야기를 가지고 그 부활 이야기의 역사성을 훨씬 강조하고, 그것을 통하여 예수운동의 해방적 실천성을 다시 두드러지게 하려는 의도를 가졌지만, 그 부활 이야기 속에서 '해석'의 차원을 모두 제거하여 하나의 '과학적 근본주의' 이야기로 되는 것을 경계하기 때문이다. 피오렌자는 요즘의 '역사적 예수 세미나' 팀들이 그런 위험에 노출되어 있고, 이것은 잘못하면 또 다른 의미의 위험한 보수주의가 될 수 있다고 경고한다.[22]

피오렌자의 이러한 경고가 매우 의미 있는 것은 인정하지만, 그러나 필자는 여기서 역사적 예수 연구팀들의 질문이 멈추어져서는 안 된다고 생각한다. 왜냐하면 지금까지 기독교 역사에서 기독교의 우월성과 예수 그리스도의 유일회성이 바로 이 부활의 '사실fact'에 근거한다고 주장되어져 왔기 때문이다. 급기야는 앞에서 우리가 펑크의 비판에서 본대로 그러한 주장은 초자연적으로 실체화되고 신화화되어서 '그리스도 우상론'으로 변질되었다. 그리하여 이러한 사실 주장에 대해서 오늘날 과학 시대에 일련의 비신화화와 비케리그마화의 입장에 서는 신학자들은 예수의 부활을 철저히 '해석'의 대상이며,

---

20) E. S. Fiorenza, 앞의 책, p. 125.
21) 앞의 책.
22) 앞의 책, p. 86.

'실존'의 자기 이해의 '상징'으로 비역사화하고자 한다.[23] 그러나 필자의 생각에도 이 입장에도 일련의 위험이 따른다고 본다. 즉 그렇게 했을 때 기독교가 '영혼 불멸'이 아닌 '부활'을 주장하는 유대교의 전통으로부터 나와서 고대의 온갖 영육 이원론의 도전에 맞서서 끝까지 지키려고 했던 몸과 역사의 중요함에 대한 강조를 잃어버릴 수 있고, 그렇게 되면 아무리 종교 다원주의적인 상황 속에서 전통적인 기독교의 배타성을 치유할 수 있는 근거를 얻는다 해도 그 다양한 종교 전통들 가운데서 기독교가 인류에게 고유하게 제시할 수 있는 메시지를 잃을 염려가 있다는 것이다. 자칫하면 기독교의 심화나 전개가 아닌 '기독교 자체의 해체'이고,[24] 부활 담론의 전개가 아닌 '부활 담론 해체 자체'로 갈 수 있다.

오늘날 세속화와 몸 담론의 시대에 우리는 더 이상 고대의 신조적 케리그마에 의해서 지탱되는 기독교를 받아들일 수 없다. 그 신조가 아무리 부정해도 결국에는 거기서 예수는 단지 그의 출생, 수난, 부활에서 "하느님의 계획에 사로잡힌 인질"이 되고, 수동적 역할을 할 따름으로 이해되기 때문이다. 이것에 반해서 그의 역사성과 인간성을 더욱 부각시키는 '아래로부터의 기독론'은 비록 그가 당시 자신의 죽음과 부활에 대해서 어떤 생각을 가졌었느냐에 대해서는 확실한 답은 줄 수 없지만, 그는 당시 진정으로 한 유대인 청년으로서 하느님의 '영향력dynamic'과 권위가 더 이상 예루살렘의 대제사장이나 종교 법정을 통해서 중재될 필요가 없고, 인간으로서 자신 안에서, 그리고 모든 사람들 안에서 직접적으로 활동하시는 것을 끈질기게 보여주고 가르친 사람이라고 할 수 있다는 것이다. 그래서 그는 하느님을 '아빠'라고 불렀고, 예루살렘으로 올라가서 하느님 영향력의 직접성을 이야기하면 그때까지 자신들만이 중재자라고 했던 종교 지도자들에게 죽임을 당할 것을 예상함에도 불구하고 저항했고, 죽임을 당했다. 여기서 우리는 적어도 그가 죽음의 길에서 그러한 자신의 진실성이 하느님에 의해서 인정받을 것이라는 믿음을 가졌을 것이라는 사실은 어렵지 않게 생각해 볼 수 있다.

그러한 그가 부활했다는 것에 대해서 우리가 지금까지 살펴본 대로 그 사실성과 역사성 여부, 또는 기독교에서 그의 삶이 해석되는 데 있어서의 부활 담론의 비중 등에 대해

---

23) Fritz Buri, *Theologie der Existenz*, Bern/Stuttgart 1954.
24) Uwe Gerber, *Die Theologie der Existenz von Fritz Buri: Ende der Existenz- Ende der Geschichte- Ende der Christologie?*, International Fritz-Buri Gesellschaft fuer Denken und Glauben in Welthorizont, Bulletin 9, 2006, pp. 38-53.

서 많은 비판적 논의가 있다. 그러나 한편으로 우리는 신약성서 자체 안에서도 부활은 상식에도, 자연적 개연성에도 맞지 않는다는 인식이 분명히 있었음을 안다.[25] 그런데도─피오렌자가 그것을 아무리 '고백 형식'으로 나중에 끼어 넣어진 것이라고 지적해도─예수가 죽음을 넘어서서 살아 있는 형체로 회복한 일이 역사적으로 일어난 사실로 여겨졌고, 이것은 유대교 인간 이해의 맥락에서 만약 어떤 의미의 부활이든 그들에게 진실이 되려면 그러한 살아 있는 형체가 신체적으로, 분간할 수 있게, 그가 죽기 전에 그들이 알았던 바로 그 사람으로 나타나야 한다는 요청과도 일치한다고 하겠다.[26]

상황이 이러하므로 지금 기독교의 죽음과 부활 이해를 다시 대안적으로 성찰하려는 우리는 일련의 비신화화 논의에서처럼 부활의 사실성과 역사성을 완전히 부정할 수도 없다. 그렇다고 그 사실성을 인정함으로써 기독교가 다시 과거 자신의 전통에서처럼 배타적 유일회성의 감옥에로 빠지는 것을 두고 볼 수도 없다. 이러한 딜레마적 상황이란 우리가 기독교 전통 안에만 머물러 있다면 이 문제는 해결할 수 없다는 것을 시사한다고 본다. 오늘날 우리는 2000여 년 전 팔레스타인의 유대인이나 기독교인들처럼 고대의 신화적 세계관 속에서 사는 것도 아니고, 그들처럼 인류의 또 다른 종교 전통인 유교나 불교 등으로부터 차단되어 있지도 않다. 그래서 본인은 오늘날 우리의 과학과 세속화의 시대정신에도 성실하게 응답하면서, 기독교 부활의 역사성을 잃지 않으면서 동시에 그것이 배타적 실체론으로 굳어지지 않을 수 있는 길이 있는지를 인류의 다른 전통들과의 대화를 통해서 탐색해 보고자 한다.

### 3. 유교 전통의 죽음 이해

공자는 귀신 섬기는 것에 대해 묻는 질문에 "사람을 섬기지 못한다면 어떻게 귀신을 섬길 수 있겠는가"라고 답했고, 죽음에 대해서는 "삶을 모르면서 어떻게 죽음을 알겠는가"라고 대답했다고 한다. 이런 이유로 일반적으로 유교는 죽음 이후의 삶에는 관심이 없고, 이

---

25) 존 바우커, 앞의 책, p. 159.
26) 앞의 책, p. 159.

승에만 관심을 가지며 그래서 엄밀한 의미에서 종교가 아니라고 말하는 것을 자주 듣는다. 그러나 이러한 판단은 매우 표피적인 판단이고, 사실 유교에서만큼 죽은 사람과 살아있는 사람의 관계가 밀접하게 맺어져 있는 종교도 드물다. 특히 공자의 효孝사상이나 상장례를 좀더 가까이 살펴보면 알게 된다.[27]

꼭 유교 전통의 영향만이라고는 할 수 없겠지만 '저승'은 조선시대 중세 국어로 '뎌싱'으로서 대명사 '뎌'와 '싱生'이 결합된 말이라고 한다. 이와 대립되는 이승은 '이'와 '싱'이 결합된 말인데, 즉 이승은 이곳의 삶, 저승은 저곳의 삶을 뜻한다. 이 두 말을 모두 쓰고 살아온 한국인은 '죽어서도 삶이 있다', '죽어서도 삶이 이어진다'는 의식을 뚜렷이 가지고 있었다.[28] 주희는 앞의 귀신 섬기는 일과 죽음에 대한 질문에 대해 공자가 대답한 말에 대해 논하기를, "저승과 이승幽明, 죽음과 삶死生은 처음부터 다른 이치가 아니지만 다만 배움에는 순서가 있어 뛰어넘을 수 없기 때문에 공자가 그렇게 말한 것이다"라고 하였다. 또한 주희는 공자가 "아침에 도를 들으면 저녁에 죽어도 좋다"고 한 말은 "도道란 인간사와 만물의 마땅히 그래야만 하는 이치이니, 만일 그것을 얻어 듣는다면 살아 있음에도 정돈되고 죽음에는 평안해서 다시 여한이 없다"라는 의미라고 설명했다. 이렇듯 유교에서는 수명의 장단에 관심을 두지 않고 수신함으로써 자신의 도리를 다하다가 명命을 따르는 데에 관심을 둔다.[29] 장횡거는 그의 『서명西銘』에서 "살아서는 천명天命에 어긋남이 없도록 충실히 하늘을 섬기고, 죽어서는 하늘에 조금도 부끄러움이 없이 편안히 먼저 잠든다"고 하였다. 즉 마음을 닦고 성품을 닦으며 인의를 실현하는 것 자체가 '하늘을 섬기고事天, 그의 뜻을 아는 것'으로 보았으며, 그럴 때 '생사의 경계를 초월한 평안하고 두려움이 없는 상태不憂不懼', '하늘과 하나가 되는 영원의 경지天人合一'가 있는 것이라고 본 것이다. 그렇기 때문에 유교적 '성학聖學 To become a sage'의 추구는 다른 종교 사상들에 비해서 내세라든가, 영혼불멸, 사후의 심판 등 좁은 의미의 종교적 관심들에 대한 표현들을 절제하게 하지만, 그러나 위에서 살펴 본대로 나름의 내재적 방식으로 시간과 공간의 영속성에 대한 관심을 표현해 왔다. 본인은 유교 종교성의 핵심이 바로 여기에 있다고 생각한다.[30]

---

[27] 이은봉, 『한국인의 죽음관』, 서울대학교출판부, 2000, p. 201.
[28] 국사편찬위원회, 『상장례, 삶과 죽음의 방정식』, 두산동아, 2005, p. 24.
[29] 『孟子』, 「盡心上」, 孟子曰, 盡其心者知其性也., 知其性則知天矣, 存其心養其性所以事天也, 壽不貳修身以俟之. 所以立命也.
[30] 이은선, 앞의 책, p. 20.

유교가 이처럼 '인도人道'와 '천도天道'를 통합하는 성학의 추구 속에서 생사를 초월하고 죽음을 극복하는 길을 찾은 방식은 공자의 '효' 실천 속에서 잘 나타난다. 공자는 효를 덕의 근본으로 보고, 부모를 잘 섬긴다는 것은 조상신에 대한 제사를 충실하게 지낸다는 뜻이며, 조상신을 잘 섬긴다는 것은 시조신을, 나아가서는 생명을 주신 하늘을 섬기는 것으로 귀결한다. 효를 통하여 인간은 단독자가 아니라 무수한 조상을 뿌리로 하여 태어나는 것이며, 무수한 후손으로 뿌리가 이어진다고 보는 것이다. 그리하여 효란 단순히 도덕 차원이 아니라 그 안에 깊은 종교적이고 초월적인 생명 존중과 시간의 연속성에 대한 관념을 담고 있는 것을 알 수 있다. 생명의 영속성에 대한 깊은 책임감과 함께 하늘까지 닿는 시공의 연속성에 대한 자각이 표현된 것이며, 이 효의 의무 중 가장 중요한 것이 자손을 통한 생명의 지속에 대한 의무라면 이것은 유교적인 죽음 이후의 삶에 대한 배려와 관심으로 이해할 수 있겠다.[31]

효의 근본정신은 가장 귀중한 생명과 삶을 주시고 사랑과 은혜를 베풀어주신 생명의 근원인 부모와 선조께 감사하는 것이다. 그러므로 부모의 생명을 지속시키고 부모께 효도의 제사를 지낼 후손이 없는 것이 최대의 불효가 됨은 당연하다. 효의 극치는 생전 부모 섬김을 하늘을 섬기듯이 하고, 사후에는 제사로써 하늘과 짝함에 있다. '사천事天'과 '사친事親'을 둘로 분리하지 않고, 하나이면서 둘이요 둘이면서 하나로 본 것은 우리가 위에서 유교적 성학의 길에서 보았듯이 '하학상달下學上達'의 길을 통한 유교적 종교성의 표현이고 나름의 생사 초월의 방식이 됨을 알 수 있다.[32]

물론 이러한 유교의 내재적이고, 아래로부터 위로, 가까운 것으로부터 먼 것으로의 세계 의미 실현 방식이 그 안에 나름의 문제점을 담고 있다는 것도 안다. 하지만 앞에서 서구의 엘리아스도 지적했듯이 현대사회에서 죽어가는 자의 고통이 깊어지는 원인이 몸의 죽음을 모든 것의 마지막으로 보는 세속주의적 관점을 통해 삶의 의미성을 단자와 고립된 개인에게서만 찾기 때문이라고 했다면, 이러한 유교적 극복 방식은 우리들로 하여금 다시 생명의 의미를 공동체적 범주 속에서 찾을 수 있도록 하는데 좋은 가르침이 된다

---

31) 금장태, 『한국 유교의 재조명』, 전망사, 1982, p. 103.
32) 이은선, 「孝와 교육―동양의 孝윤리와 서양의 책임윤리의 비교연구와 그 교육적 종합」, 『포스트모던 시대의 한국 여성신학』, 분도출판사, 1997, p. 273.
33) 노버트 엘리아스, 앞의 책, p. 71.

고 하겠다.³³⁾ 자신이 우주에 고립된 단독자가 아니고 가장 가까운 조상들로부터 해서 하늘까지 닿아 있고, 또한 자신의 몸의 끝을 이어서 다음 세대가 생명의 줄을 이어간다는 의식은 생물학적으로도 의미가 없지 않다. 그래서 현실의 삶에서는 시체 해부나 화장 등의 방식을 널리 쓰면서도 몸의 자연스러운 소멸을 인정하지 않고, 여전히 몸의 부활이라는 모호한 카드를 내밀면서 신화적 부활 담론 뒤로 숨어버리는 대중적 기독교의 자기기만 대신에, 장기간 넓은 범위의 공동체성과 사회적 범주 속에서 죽음을 극복하려는 유교적 방식이 훨씬 합리적이면서도 오늘날 오히려 잘 기능할 수 있다고 본인은 생각한다.

유교적 죽음 극복의 방식이 가장 잘 나타나는 것이 위의 효 의식을 바탕으로 한 상례와 제례이다. 『주역周易』의 「계사전」에는 "정기가 물이 되고, 혼이 돌아다녀 변화한다. 이 때문에 귀신의 정상을 아는 것이다精氣爲物 遊魂爲變 是故知鬼神之情狀"라는 말이 있다. 이 짤막한 말 속에는 유교의 사생死生관이 요약되어 들어 있는데,³⁴⁾ 즉 유교는 세상의 만물이 이러한 '취산聚散'에 의해서 이루어진다고 본 것이다. 주자는 이 말을 더 설명하기를, "음陰인 정精과 양陽인 기氣가 모이면 '물物'이 되는 것은 '신神'의 펴짐이고, '혼魂'이 돌아다니고 '백魄'이 내려가서 흩어지고 변함은 '귀鬼'가 돌아감이다陰精陽氣 聚而成物 神之伸也 魂游魄降 散而爲變 鬼之歸也"라고 하였다. 이러한 모습 등에서 알 수 있듯이 유교적 사생관에서는 사람이 죽으면 '혼'은 하늘로 돌아가고, '백'은 땅으로 돌아간다고 보았다. 우리가 많이 쓰는 말에 '혼비백산魂飛魄散'이라는 말이 있는데, 이러한 말은 우리의 몸이 정신인 혼[氣]과 육체인 백[精]으로 이루어져 있고, 죽으면 하나는 승천하여 양으로서 신神이 되고, 하나는 땅으로 내려가서 음으로 귀鬼가 된다는 것을 말해준다. 결국 사람이 죽으면 혼백이 분리된다는 것이다.³⁵⁾

그런데 여기서 우리는 유교 성리학性理學의 '이기론理氣論'은 인간의 정신(혼)을 다시 '이理'와 '기氣'로 구분하여 이理란 그 기氣가 모이는 이치를 말하는 것이며, 이 이야말로 생명의 참된 기반으로서 기의 소진에도 불구하고 변하지 않는 영속적인 것으로 보아 온 사실을 상기하고자 한다. 주자는 그리하여 불도들이 사람이 죽은 후에 기가 되고, 그 기가 다시 사람이 된다고 말하는 것을 비판하면서 선조의 기가 흩어짐에도 불구하고 제

---

34) 이은봉, 앞의 책, p. 171.
35) 국사편찬위원회, 앞의 책, p. 42.

사 의례가 의미 있는 것은 그 선조들과 같은 기를 가진 후손들이 서로 통할 수 있고, 응답할 수 있는 이가 있기 때문이라고 설명한다.[36] 여기서 이러한 이야기가 불교의 윤회설과 어떤 관계 속에서 서로 논해질 수 있는지를 모두 따라갈 수는 없지만, 유교의 사생관에서도 죽음을 넘어서 영속하는 것에 대한 믿음을 표현한 것이라고 보고 싶다. 부자연스러운 몸의 부활을 주장하는 것이 아니라, 또한 한 개체 의식의 영속을 말하는 것이 아니라 이에 뿌리를 둔 얼의 교통이야말로 그런 의미에서 유교 제례의 진정한 의미라 할 수 있다.[37]

유교의 상장례는 부모의 떠나감 앞에서 차마 어쩌지 못하는 자식의 효심을 담은 의례라고 본다. 『설문재자』의 '상喪' 자에 대한 뜻풀이를 보면, '망함이다. 곡哭과 망亡을 따라 뜻이 모아진 글자이다'라고 하는데, 곡은 슬픈 눈물과 통곡이고, 망은 땅이나 널 속에 들어감 즉, 죽음을 뜻한다고 한다. 죽음을 곡喪이라 부른 것은 다시 볼 수 없는 안타까움에서 직접 죽음[死]이라고 칭하지 않으며, 차마 죽었다고 말할 수 없다는 뜻이라고 한다.[38]

이렇듯 부모의 떠나감을 안타까워하는 유교는 상례의 의식 절차에 탁월한 의미를 둔다. 공자나 순자가 집대성한 초기 유가의 상례나 후대에 비교적 간결하게 재구성된 『주자가례朱子家禮』 등도 모두 효심에서 출발한 것이다. 그리하여 부모가 돌아가시자마자 부고를 돌리는 것은 불효라고 한다. 같은 맥락에서 시신을 병풍 뒤에 모셔두고 산 사람 대하듯 하다가 염습을 하고, 마당에 두었다가 동리어귀에서 노재를 지내고 장지로 향하는 것 등은 차마 못 떠나보내는 마음의 표현이다. 아무리 짧아도 3일장은 치러야 하는 것은 되살아날지도 모른다는 효성스런 희망 때문이고, 헝겊 끈으로 시신을 동여맬 때도 살아날 경우 힘만 주면 쉽게 풀릴 수 있도록 묶고, 관 뚜껑의 못질도 역삼각형으로 하여 밀면 열리도록 하는 것 등은 모두 자식의 효심과 망자의 혼에 대한 세심한 배려에서 나타난 것으로 이해된다.[39]

유교에서 죽은 사람에 대한 처리 절차는 대개 ① 임종에 직면해서 숨이 끊어지는 것을 확인하기까지, ② 그 시신을 처리하는 세세한 절차가 마련되기까지, ③ 상주가 다른 사람과 차별화하여 상복을 입고 죽은 자와 특별한 관계를 맺으며 공식적인 조문을 받는

---

36) 『朱子全書』, 卷 51; 이은봉, 앞의 책, p. 182에서 재인용
37) 이은봉, 앞의 책, p. 192.
38) 장현근, 「예(禮) 정신으로 살펴 본 동양의 상장례」, 『전통과 현대』, 통권 18호, 2001 겨울호, p. 9.
39) 장현근, 앞의 글, pp. 10-11.

것이 이루어지기까지, ④ 마침내 죽은 자가 묻히고 떠도는 혼을 편안하게 해주고 첫 성묘인 우재를 지내고 삼우三虞 뒤 무시로 우는 것을 멈추는 졸곡卒哭, 그리고 초상으로부터 13개월만의 첫 기일에 지내는 소상小喪과 25개월만의 대상大喪을 거쳐 마지막으로 삼년상(2년 1개월) 뒤에 신주를 사당으로 모셔서 조상신이 되어 의례의 대상이 되기까지로 나누어 볼 수 있다.[40]

  이러한 모든 절차들 가운데서 유교 상례가 어떻게 몸의 끝을 모든 것의 끝으로 보지 않고, 저승을 이승과 연결시키면서 연속되는 관계성 속에서 보았는가를 잘 나타내주는 것으로서 특별히 '초혼招魂'의식을 지적하고 싶다. 이것은 '고복皐復'이라고도 하는데, 혼을 불러 다시 돌아오라고 부르는 것이다. 사람이 일단 숨을 거두게 되면 혼이 육체에서 빠져 나간다고 생각했는데, 초혼은 아직은 혼이 육체에서 그렇게 멀리 떠나 있지 않을 것이라 믿고 다시 되돌아오라고 부르는 것이다. 보통 지붕 위에 올라가서 죽은 이가 즐겨 입던 겉옷을 흔들어서 부르는데, 이러한 유교세계의 인간적인 의식은 오늘날 합리화된 현대식 상장 절차에서 숨이 끊어지자마자 시신을 냉장 안치실로 보내고, 사흘도 제대로 안 되서 아직 살아 있는 세포와 그래서 기가 흩어지기 전인데도 불로 태우는 것이 과연 인간적이고 옳은가 하는 의문을 불러일으킨다.[41] 이 고복의 의식을 거쳤는데도 불구하고 죽은 이가 깨어나지 않으면 그때부터 통곡을 하여 시신을 거두고, 대문 밖에 사잣밥을 놓는다고 하는데, 이것도 매우 인간적이다. 노잣돈을 얼마간 놓기도 하는데, 모두 죽은 자의 혼에 대한 세밀한 배려와 유교적 영혼불멸에 대한 믿음을 드러낸 것이라고 이해된다.[42]

  보통 3일장을 지내는 오늘날은 첫째 날에 부고를 내는 일까지 마치고, 둘째 날에 시신을 관에 넣어 갈무리하는 습과 대렴大斂까지 모든 것을 '염한다'고 하여 행하는데, 옛날에는 이 과정도 엄격히 시차를 두어서 죽은 뒤 사흘 밤이 지난 새벽에 대렴을 하고 드디어 빈소를 차렸다고 한다. 빈소를 차리고 나서 상주와 상제들이 상복을 입으면서 다른 사람들과 차별화하고 이때부터 정식으로 죽음을 공동체에 선언하고 문상과 부의도 자연스럽게 이루어진다고 하는데, 입관하는 그 다음날 '성복成服상복을 입는 것'을 하는 예도 되도록

---

40) 이은봉, 앞의 글, p. 201.
41) 장현근, 앞의 글, p. 13.
42) 이은봉, 앞의 책, p. 203.

이면 망인의 죽음을 하루 더 연장하여 인정하려는 태도이고, 성복을 하고서야 조곡을 하는 것도 아직 살아 있는 자에게 절하지 않는다는 데에 따른 것이었다고 한다.[43]

이러한 모든 이야기들은 유교가 어떻게 죽어가는 자, 죽은 자를 배려하고, 그를 상당한 기간 동안 상제와 더불어 인간 공동체의 일원으로 배려하고 있느냐를 잘 보여주는 것들이다. 상제 스스로의 구별된 몸가짐과 생활 태도뿐만 아니라 그가 속한 공동체에서 그는 상당 기간 특별하게 대우를 받는데, 이러한 것들도 바로 죽은 자에 대한 인간적인 배려에서 나온 것이다. 이 상례가 예로써 마무리되면 망자는 조상신이 되어 '길례吉禮'인 제례의 대상이 된다. 앞에서 우리가 살펴보았듯이 죽은 이의 혼과 기氣는 하늘로 올라가 흩어지지만 시일을 두고서 이루어지는 것으로 이해하는데, 그리하여 보통 혼은 6대(1대를 대략 30년으로 봄) 혹은 7대, 또는 4대 동안 머물면서 가족들과 접촉하고 후손들에게 음식을 공양 받고 집안일에 관한 소식이나 세상 이야기를 듣는 것으로 이해된다. 제사에서 보통 4대 봉사를 이야기하여, 이 기간 동안 후손들은 마치 그들이 살아 있는 것처럼 외경심을 가지고 제사를 받들면 우리의 감각으로는 알 수 없지만, 분명히 그들과 통교할 수 있고, 이것이 바로 '제사감격祭祀感格'이고, 유교 종교성의 한 핵심으로서 실천되어 온 것이다.

이런 의미에서 일본의 유교학자 가지 노부유키는 유교를 '침묵의 종교'라 칭하면서,[44] 기독교나 불교 등의 일반적인 '성속聖俗' 분리의 종교 모습과는 다르지만, 이 조상 제례 등을 통해서 유교에서 어떻게 생사가 관통되며, 사람과 귀신鬼神이 소통하는 존재로서 이해되는가가 드러난다고 하였다. 유교 제례에는 또한 '불천지위不遷之位'의 제례가 있다. 이는 큰 공훈을 세운 죽은 자의 제사는 어느 한정된 기간까지만 행하는 것이 아니라 그 신위神位를 사당에서 치우지 않고 영속적으로 드리는 경우를 말한다. 비록 그의 기氣는 사라졌다 하더라도 그의 얼과 정신理은 계속 기리는 것을 말한다. 국가나 가문에서 뛰어나게 공을 세운 인물의 제사가 그렇게 드려지는 경우인데, 이것을 우리가 기독교의 예배와 연결해 보면, 바로 예수가 불천위의 신神이 되어 그리스도로 계속 기념되고 제사 드려지는 것이 아닌가 생각한다. 이렇게 본다면 우리는 예수의 부활도 다르게 이해할 수 있는 여지를 얻게 되고, 이러한 이해가 오늘의 우리에게 더 설득력이 있지 않을까 생각한다.

---

43) 앞의 책, p. 208.
44) 가지 노부유키, 『침묵의 종교 유교』, 이근우 역, 경당, 2002.

## 4. 불교 전통의 죽음 이해

요즈음 한국에서 '생사학연구소www.huspc.or.kr'를 운영하며 인간다운 죽음 문화의 정착을 위해서 애쓰는 한남대의 오진탁 교수에 따르면 자신이 '죽음이 결코 끝이 아니다'라고 확신하는 근거가 여러 가지가 있는데, 그중 첫째가 『티벳 사자의 서』에 제시된 내용이라고 한다.[45] 이 죽음 연구가의 지적에서도 보듯이, 오늘날 죽음에 대해 관심을 갖는 현대인들에게 아주 설득력 있게 다가오는 것이 불교, 특히 티베트 불교의 윤회 또는 환생 담론이다. 불교는 사실 우리의 삶과 죽음 모두를 무상한 것으로 보기 때문에 불교가 어떻게 적극적으로 죽음 이후의 영속성에 대해서 말할 수 있을까 하는 생각이 들기도 한다. 하지만 『티벳 사자의 서』에서 그려주는 우리 몸의 죽음 이후의 시간들에 대한 자세한 지도조차도 궁극적으로는 바로 무상과 공을 깨닫기 위한 것이라고 강조하는 것을 보면 꼭 모순되는 것만은 아닌 것 같다.[46] 불교, 특히 『티벳 사자의 서』는 우리가 앞에서 살펴보았던 기독교의 몸의 부활이나 유교의 '기氣(정精)의 집산' 등의 설명이 가지는 피상성을 넘어서 구체적인 시간(49일간)의 경과와 더불어 단계별로 죽음 이후의 정황을 지시해 줌으로써 지적이고 구체성을 선호하는 현대인들에게 의미 있게 다가온다.

원래 『티벳 사자의 서』는 지금부터 1200여 년경 파드마 삼바바라고 탄트라(密敎)의 대가인 인도 승이 티베트 왕의 요청으로 자신이 깨달은 인간 신비의 세계를 100여 권이 넘는 책으로 써내려 간 것 중 하나라고 한다. 그는 그 책을 썼지만 아직 세상에 비밀을 드러낼 때가 되지 않았다고 생각하여 티베트 전역의 히말라야 동굴에 한 권씩 숨겨 두었는데, 그 후 수백 년이 지난 후 '릭진 카르마 링파'라고 하는 한 '테르퇸(보물을 찾아내는 자)'에 의해서 찾아졌고, 티베트와 히말라야 인접 국가에만 전해져 내려오다가 20세기 초 영국인 수도자였던 옥스퍼드대학의 종교학 교수인 에반즈 웬츠에 의해서 그의 티베트 승려 스승인 라마 카지 다와삼둡의 영어 번역이 편집되어서 현대 세계에 알려지게 되었다. 그

---

[45] 오진탁, 『죽음, 삶이 존재하는 방식』, 청림출판, 2004, p. 187; 여기서 오 교수가 더 들고 있는 다른 근거들로는 가톨릭과 기독교 등 다양한 종교의 가르침, 임사체험자의 증언, 빙의현상, 호스피스 봉사자의 증언 등이 있다.

[46] 에반즈 웬츠, 「비밀의 책을 열다-편집자의 해설」, 『티벳 사자의 서』, 류시화 역, 정신세계사, 1995, p. 62.

것은 당시 대표적인 심리학자 칼 융에게 큰 영향을 끼쳤다. 우리나라에서는 류시화에 의해서 번역되었는데, 그는 이 책의 번역에서 한 단락의 번역을 위해서도 몇 시간의 명상과 여러 해에 걸친 공부가 필요했고, 티베트 경전의 전문가인 일본인 번역본, 네팔에 사는 티베트인들의 도움도 컸다고 밝히고 있다.[47]

이렇듯 『티벳 사자의 서』는 오랜 기간 인류에게 비밀로 붙여져 오다가 여러 경로의 탐구와 노력을 통해서 20세기 인류에게 전해졌다. 여기에 대해서 '신지학神智學'의 창시자 마담 블라바츠키H. P. Blavatsky[48]와 거기서 깊은 영향을 받은 루돌프 슈타이너R. Steiner는 20세기 자연과학 시대의 인식론적 한계에 도달한 인류는 "더 높은 인식의 세계 Erkenntnisses der hoeheren Welten"로 나아가야 하는 과제 앞에 섰는데, 이러한 더 높은 세계의 인식들은 인류 역사와 정신의 계속적인 전개와 발전을 위해 방향과 내용을 가르쳐주는 것이라고 한다. 그러나 이 더 높은 세계에 대한 도달이 과거처럼 소수의 영적 수련자들에게 비의적인 방식을 통해서 전해지는 것이 아니라 보다 객관적이고 학문적인 방식을 통해서, 즉 자연과학과 같은 명확성과 사실의 경험에 근거한 방법을 통해서 보다 많은 대중에게 전해져야 하는데, 슈타이너는 그것을 '정신과학적geistwissenschafftlich' 방식이라고 명명했다.[49] 그의 1904년의 작품인 『신지학神智學』과 그 다음에 발표한 『어떻게 하면 더 높은 세계의 인식에 도달할 수 있는가?』는 우리가 여기서 소개하려고 하는 『티벳 사자의 서』와 많은 유사성을 가지며, 어떻게 죽음 이후에 인간의 혼과 정신이 몸을 떠나서 여러 단계의 죽음 이후의 세계를 겪고 다시 환생하게 되는가를 자세히 그려주고 있다.[50]

1927년 『티벳 사자의 서』란 제목으로 책을 출판한 에반즈 웬츠Evans Wentz에 따르면 고대 그리스의 플라톤과 그 학파들에게서도 고대 신비의식의 입문자들로서 이와 유사한

---

47) 류시화, 「죽음의 순간에 단 한번 듣는 것만으로-옮긴이의 말」, 『티벳 사자의 서』, p. 15.
48) 에반즈 웬츠, 「비밀의 책을 열다-편집자의 해설」, 앞의 책, p. 58.
49) Rudolf Steiner, Mein Lebensgang, Rudolf Steiner Verlag Dornach 1982. p. 78; 이은선, 「루돌프 슈타이너의 신지학과 교육」, 『한국 교육철학의 새 지평』, 내일을여는책, 2002, pp. 55-81.
50) Rudolf Steiner, Theosophie: Einfuehrung in uebersinnliche Welterkenntnis und Menschenbestimmung, aus dem Gesamtwerk, Rudolf Steiner Verlag Dornach 1987; Wie erlangt man Erkenntnisse der hoeheren Welten?, aus dem Gesamtwerk, Rudolf Steiner Verlag Dornach 1982.

지식들을 볼 수 있다고 한다. 우리가 잘 알고 있는 플라톤의 『국가론』 제10장에는 궁극적으로 정의가 최고선이고, 정의로운 자가 마침내는 행복해진다고 하는 증거로써 임사체험자 에르의 저승 이야기가 나온다. 웬츠에 의하면 여기서 플라톤이 묘사하는 저승의 심판은 『티벳 사자의 서』에 나오는 심판 장면과 유사하다. 또한 오르페우스, 아가멤논, 오디세우스 등 심판의 과정을 거치고 다시 환생을 준비하는 그리스 영웅들의 영혼에 대한 이야기의 대부분도 그 영혼들이 다음 생으로 선택한 것이 그들 자신의 지난번 인생 경험에서 나온 것으로 설명하는 방식도 매우 유사하다고 한다.[51]

우리가 이미 알다시피 플라톤에 의해서 전승된 소크라테스의 「변명」에 보면, 어떻게 소크라테스가 영혼의 불멸에 대한 확실한 믿음을 가지고 독배를 들고 용감히 죽음의 길로 떠났는가가 잘 나타나 있다.

> "여러분은 죽음에 대하여 좋은 희망을 품어야 합니다. 그리고 선량한 사람들에게는 살아 있을 때나 죽은 후에나 나쁜 일이란 결코 있을 수 없습니다. 그리고 무슨 일을 하든지 신이 보살펴 준다는 것을 절실히 믿고 명심해 두어야 합니다. …… 이제 우리는 떠날 시간이 되었습니다. 나는 지금부터 사형을 받기 위해서, 그리고 여러분들은 살기 위하여 ……그러나 우리 앞에 어느 쪽에 더 좋은 것이 기다리고 있는지, 아무도 분명히 알지 못할 것입니다."[52]

이러한 소크라테스의 마지막 시간들을 더 자세히 살펴본 또 다른 저작 「파이돈」에 따르면, 죽음이란 영혼이 육체에서 분리되어 해방되는 것이다. 그러므로 진실한 철학자라면 이 해방을 소망해야 한다. 죽음이 다가올 때 죽기를 싫어하는 사람은 진정한 애지자愛智者가 아니고 육체를 사랑하거나, 돈이나 권력을 사랑하는 사람이다.[53] '용기'는 '철학자에게만 부여된 특권'이며, 철학이란 바로 '죽는 연습'인 것이다.[54] 이러한 이야기

---

51) 에반스 웬츠, 앞의 글, p. 117.
52) 플라톤, 「소크라테스의 변명」, 『소크라테스의 대화록』, 최현 역, 집문당, 1993, pp. 53-54.
53) 플라톤, 「파이돈」, 앞의 책, p.74.
54) 앞의 책, p.96.

들이 자칫 염세적인 자살 찬양론으로 읽힐 수 있으나, 소크라테스와 플라톤의 진정한 의미는 사람들이 죽음에 대해서 모르면서 너무 두려워하여 불의한 삶을 살게 되거나 몸의 죽음이 모든 것의 끝이라고 생각하면서 절망하는데서 벗어나서 이생의 삶을 정의롭고 용기 있게 살라는 가르침이라고 하겠다. 같은 맥락에서 웬츠는 『티벳 사자의 서』 제3판 서문에서 이 책의 충고인 "인간으로 탄생한 이 소중한 기회를 세상의 무가치한 일들 때문에 낭비하지 말기를, 그리하여 우리가 이 삶으로부터 빈손으로 떠나지 않게 되기를" 언제나 기억해 달라고 당부한다.[55]

릭진이 이 책을 히말라야의 동굴에서 찾아냈을 때 그 원제목은 '바르도 퇴돌'이었다고 한다. '바르도Bardo' 란 '둘do 사이bar' 라는 뜻으로, 그것은 낮과 밤사이, 곧 황혼녘 중간 상태를 말하고, 이 세상과 저 세상 사이의 틈새이며, 사람이 죽은 다음에 다시 환생하기까지 머무르는 사후의 중간 상태를 부르는 것이고, 49일간의 시간으로 알려져 있다. 또한 '퇴퇴돌Thos-grol'이란 '듣는 것Thos으로 영원한 자유에 이른다grol'의 뜻으로 결국 이 책의 제목은 '사후 세계의 중간 상태에서 듣는 것만으로 영원한 자유에 이르는 가르침' 으로 번역된다. 곧 이 사자의 서는 명상이나 참선 수행과 같은 어려운 과정을 거치지 않고도 붓다와 같은 대자유의 경지를 성취하는 가르침이며, 그런 뜻에서 대승불교의 교리를 압축해놓은 설명서가 된다고 한다.[56] 기독교의 신약성서, 그 중에서도 복음서와 같은 의미라고 하겠다.

이렇듯 이 책은 임종의 순간에서부터 영적 지도자가 사자를 잘 인도하여 그의 혼이 육체로부터 잘 빠져나가게 하고, 49일간의 바르도체(중음신)의 상태를 거쳐 다시 자궁문을 선택하여 인간 세상으로 환생할 수 있도록 인도하는 책이다. 죽은 자를 위하여 생전의 영적 스승이나 또는 이 책을 분명하고 정확하게 읽을 수 있는 사람이 사자의 임종 시, 빈소에서, 49일 동안 영정 앞에서 계속 읽어줌으로써 사자의 의식은 그것을 듣고 자신의 길을 잘 찾아갈 수 있다고 한다. 이 책은 49일 간의 바르도 단계로 크게 세 가지 단계를 그려주고 있다. 첫째는 죽는 순간의 '치카이 바르도' 이고, 둘째는 죽은 지 3일 반이 지나서 시작되는 '초에니 바르도'이고, 마지막으로 사후 22일째부터 시작되는 '시드파 바르도' 단계

---

55) 에반스 웬츠, 「비밀에 부쳐진 책-제3판 서문」, 앞의 책, p. 32.
56) 에반스 웬츠, 「비밀의 책을 열다」, 앞의 책, p. 49.

로서 여기서 해탈이냐 환생이냐의 심판이 이루어진다고 한다. 앞의 슈타이너는 인간 존재를 크게 '몸Koerper'과 '혼Seele'과 '정신Geist'의 세 가지 본성의 존재로 본다. 그러한 몸이 죽은 후 혼과 정신이 몸을 먼저 떠나고, 다음으로 정신이 혼의 세계를 떠나고, 마지막으로 정신이 남아서 사후 정신세계에서 거쳐야 하는 과정들을 지내고 환생하는 것으로 그려준다.[57] 이 '정신Geist'의 세계란 플라톤의 이데아의 세계, 칼 융의 원형Archetype의 세계, 신유교의 이理의 세계와 유비될 수 있는 것으로 보이는데, 티베트 불교에서 생명의 중심인 '마음(혼)'의 본체를 순수한 '빛'으로 이해하는 것과 상관된다고 하겠다.

  이 책은 인간은 분명한 의식을 지닌 채 마음의 평정을 이룬 상태에서 죽음을 맞이해야 한다고 강조한다. 그런데 이러한 '죽음의 기술' 또는 '죽음의 예술'을 외면하고 현대 의학에서 마취제나 진정제 등으로 의식을 마비시키고, 임종하려는 순간 주변에서 울부짖는다거나 하는 등의 소란으로 평정이 깨질 때, 이때 최초로 사자 앞에 나타나는 순수하고 투명한 빛을 인식하지 못하고 해탈의 첫 번째 기회를 상실하게 된다고 한다.

  먼저 죽음의 징후들이 나타나면 죽음의 과정이 방해받지 않도록 하기 위해서 시신을 흰 천으로 덮고 어떤 사람도 시신을 건드리지 않는다. 이 과정은 육체로부터 의식체를 완전히 분리하는 것으로 끝이 나는데, 이때 포와라는 의식체를 빼내는 사람의 도움 없이는 대개 3일 반 내지는 4일이 걸린다고 한다. 포와는 죽어가는 자의 집에 도착하자마자 그의 머리맡에 앉아서, 애통해 하는 모든 가족들과 친척들을 방에서 내보내고, 침묵 가운데서 몸의 동맥을 눌러주면서 사람의 머리 정수리에 있는 두개골을 찾아서 그 '브라흐마의 구멍'이라고 하는 구멍을 통해서 영혼이 육신을 빠져나가도록 해야 한다고 이 책은 가르친다.[58]

  죽음을 맞이한 순간부터 3일 반이나 또는 4일 동안, 대부분의 경우 의식체는 자신이 육체로부터 분리되었다는 사실을 알지 못한 채 기절 상태 또는 수면 상태로 빠지는 것으로 알려져 있는데, 이때 친했던 사람들이 모여 있는 것을 살아 있을 때와 마찬가지로 확실히 본다고 한다. 그들이 우는 소리도 듣게 되는데 산 사람들은 사자를 위해서 이 첫 번째 치카이 바르도의 단계에 합당한 사자의 서를 계속 읽어주고 염불과 예불을 하면서 임

---

57) 이은선, 『루돌프 슈타이너와 신지학』, p. 68.
58) 『티벳 사자의 서』, p. 238.

종 직후의 심신 상태에서 의식을 되찾게 하고, 낯선 저승의 환경에 그를 적응시키면서 빛으로 인도해야 한다고 가르친다.

> "아, 고귀하게 태아난 아무개여. 그대가 존재의 근원으로 돌아가는 길을 찾을 순간이 다가왔다. 그대의 호흡이 멎으려 하고 있다. 그대는 한때 그대의 영적 스승으로부터 존재의 근원에서 비치는 투명한 빛에 대해 배웠다. 이제 그대는 사후 세계의 첫 번째 단계에서 그 근원의 빛을 체험하려 하고 있다. ……이 순간 그대는 그대 자신의 참 나를 알라. 그리고 그 빛 속에 머물러 있으라. 이 순간 나 역시 그대를 인도하리라."[59]

첫 번째 치카이 바르도의 단계가 지나고 두 번째 초에니 바르도의 단계로 들어서면 인간계에서 살아 있을 때 쌓은 카르마가 만들어내는 환영이 빛나기 시작한다고 한다. 그러므로 이 시기에 초에니 바르도의 가르침을 읽어주는 것은 중요하다.[60] 이 때쯤에는 사자는 곁에 음식물이 차려져 있으며, 옷은 수의로 갈아 입혀져 있고, 잠자리가 깨끗이 정돈되어 있는 광경들을 보게 된다고 한다. 이때 친구들과 친척들이 애통해하는 소리도 여전히 듣지만 그들은 그가 부르는 소리를 들을 수 없기 때문에 사자는 실망한 채 떠나게 된다고 한다. 이때 사자는 소리와 색과 빛 세 가지를 경험하는데, 그를 존재의 근원으로 인도하는 가르침이 행해져야만 하고, 이 세상의 삶에 애착을 갖지 말고 집착을 버리고, 윤회계의 수레바퀴를 벗어나라고 설명해 주어야 한다고 말한다. 여기서 사자는 존재의 근원의 모습을 체험하며 해탈의 길을 갈 수 있다.[61] 티베트인들은 일반적으로 매장을 싫어한다고 하는데, 그것은 시신이 매장되면 사자의 영혼이 그것을 보고 다시 거기로 들어가려 한다고 믿기 때문이다.[62]

이제 자신에게 죽음이 일어났다는 사실을 깨달은 사자가 이 두 번째 바르도에서 겪게 되는 것은 그가 생전에 생각하고 행동한 것들이 객관적인 영상이 되어 차례로 등장하

---
59) 같은 책, pp. 241–242.
60) 에반즈 웬츠, 「비밀의 책을 열다」, 『티벳 사자의 서』, p. 49.
61) 『티벳 사자의 서』, p. 263.
62) 에반즈 웬츠, 앞의 글, p. 82.

는 것이다. 지난 사흘 반 동안 기절해 있던 사자는 깨어나 세상이 완전히 달라져 있음을 보고 눈에 보이는 것은 모두 빛의 몸을 하고 있다고 하는데, 하나는 아주 강렬하고 장엄한 빛줄기이지만 다른 하나는 어두운 빛으로 나타난다고 한다. 사자들이 이 어두운 빛에 끌리지 않고 밝고 눈부신 빛을 따라가도록 인도해야 하는데, 사자가 살아 있을 때 갖고 있던 분노의 힘, 자만심, 집착과 욕심, 질투 등은 여러 단계에 걸쳐 나타나는 눈부신 빛을 보지 못하게 하고 대신 오래된 습관의 어두운 빛을 따라가서 윤회의 바다에서 헤어나지 못하게 되는 것이라고 한다.[63] 그래도 이 두 번째 바르도에 들어간 처음 7일 동안은 비교적 평화로운 신들의 환영이 나타나지만, 8일째부터는 피를 마시는 분노의 신들이 나타나고 초에니 바르도의 마지막 열네 번째 날에는 죽음의 대장인 다르마자(염라)대왕이 나타나는데, 사자는 두려움과 고통의 전율 때문에 그들의 실체를 깨닫기가 더욱 어렵다고 한다. 하지만 이 단계들도 사자가 『티벳 사자의 서』의 안내에 따라 의식을 집중하며 바로 이 신들이 자신의 수호신들이고, 그들을 신뢰하며 그들 속으로 녹아 들어가면 윤회의 고리로부터 벗어나서 붓다의 경지를 얻을 수 있다고 한다. 이 단계들은 일종의 해탈의 기회인 셈이고, 이 단계들을 모두 거치면서 사자는 바로 이 신들이 모두 자신의 마음에서 나오는 투영물임을 깨닫는다면 그는 그 즉시 붓다의 경지에 이를 것이라고 한다. 『티벳 사자의 서』가 매우 분명하게 거듭해서 강조하는 것은 이 단계들에서 만나는 모든 신들과 영적 존재들은 결코 어떤 개별적인 실체를 지닌 존재들이 아니고 모두 자신의 생존에서 나온 환영임을 알라는 것이고, 지금까지 나쁜 카르마를 아무리 많이 쌓았다 하더라도 이 죽음의 순간에 이 사자의 서의 가르침을 듣는 것만으로도 영원한 자유에 이를 수 있다고 가르치는 것이다.[64]

슈타이너는 죽음의 '문턱Schwelle'을 이야기하는데, 왜 우리가 이 문턱 앞에서 두려워하는가 하면, 여기서 두 번째 초에니 바르도 단계에서의 과정이 설명하듯이 자신이 생전에 '나'라고 하는 환영에 사로잡혀서 말하고 행했던 모든 업을 여러 신들의 환영으로 다시 직시해야 하는 두려움 때문이라고 한다. 그러나 이 두려움을 견뎌내고 '나'라고 하는 환영까지도 포함해서 모두가 환영임을 깨닫는다면 자유에 이를 수 있다는 것이다.[65]

---

63) 『티벳 사자의 서』, p. 304.
64) 『티벳 사자의 서』, p. 323.
65) Rudolf Steiner, *Wie erlangt man Erkenntnisse der hoeheren Welten?*, aus dem Gesamtwerk, Rudolf Steiner Verlag Dornach 1982, p. 204.

그러나 지금까지 둘째 단계에서 존재의 근원을 체험하면서도 대부분 사자들은 깨닫지 못하고 마침내 다시 환생의 길을 찾는 사후 세계인 세 번째 시드파 바르도 단계로 들어가게 된다고 한다. 두 번째 바르도에서 사자는 자신이 살과 뼈를 갖는 몸을 갖고 있지 않다는 것을 깨닫는 순간 다시 몸을 찾게 되고, 그래서 환생의 길을 찾는 시드파 바르도에 들어가게 되는 것이다. 여기서 사후 세계의 몸을 갖게 된 사자는 다시 아무리 육체에 대한 욕망을 버리라는 가르침을 받아도 깨닫지 못하고, 사후의 심판을 받으면서 다시 해탈과 윤회의 갈림길에 서게 된다고 한다. 그리하여 몸을 욕망하여 윤회의 길에 들어선 사자는 자신의 카르마가 선호하는 결정에 따라 합당한 자궁을 선택하여 인간 세계나 다른 어떤 세계에 환생하는 것으로써 사후 세계는 끝이 난다고 한다.[66]

이 세 번째 단계의 바르도에서는 '자궁 문 닫기', '자궁 문 선택하기'의 단계가 있다. 이것은 계속 깨닫지 못하고 윤회의 길로 들어선 사자에게 먼저는 자궁 문으로 뛰어들지 못하도록 자궁 문을 닫는 방법들을 가르쳐주고, 그래도 안 되면 자궁을 잘 선택하는 법을 가르치는 것을 말한다. 이렇게 『티벳 사자의 서』에서는 윤회해서 환생하는 것을 본질적으로 부정적인 것으로 그리지만, 앞의 슈타이너는 이 세 번째 바르도와 유사하다고 할 수 있는 '죽은 후의 정신의 세계'를 마치 건축가가 집을 짓다가 다시 자신의 사무실로 돌아가서 설계도면을 보고 와서 더 잘 지을 수 있는 것처럼 '이데아'와 '원형'과 '이理'의 세계인 정신의 세계에서 '세상의 참된 본질'을 파악하고 자신의 삶에 주어진 '뜻'을 다시 상기하면서 세상으로 돌아가는 것으로 적극적으로 그려주고 있다.[67]

이상의 모든 이야기들은 우리들에게 참으로 많은 것들을 생각하게 한다. 죽어가는 자에 대한 배려와 이 몸의 죽음이 결코 모든 것의 끝이 아니라는 생각, 또한 존재의 본질을 '의식(정신 또는 理)'이라고 할 수 있겠다는 것 등에 대해서다. 티베트의 고급 수행법인 족첸 수행에는 '칠채화신七彩化身'이라는 것이 있는데, 이것은 죽을 때 자신의 육신을 빛 속으로 재흡수시킴으로써 시신이 빛 속에 녹아들어가 완전히 사라지는 것이라고 한다. 1952년 티베트의 동부에서 수많은 사람들이 지켜보는 가운데서 칠채화신 현상이 일어난 유명한 사례가 있었다고 하는데,[68] 이러한 이야기를 들으면서 예수의 '빈 무덤' 이야기가

---

66) 『티벳 사자의 서』, p. 365.
67) 이은선, 『루돌프 슈타이너와 신지학』, p. 72.
68) 오진탁, 앞의 책, p. 70.

생각났다. 돌아가신 후 가까운 제자들과 생전의 삶의 자리에 나타나신 그의 몸의 현현은 유교 전통에서 말하는 기氣가 흩어지기 전 '제사감격'의 현현에서 생각해 볼 수 있는 것과 같은 사건으로 이해할 수 있지 않을까 생각한다. 또한 몸의 부활은 위의 '칠채화신'의 사건과 같은 티베트 불교의 의미로 생각해 본다면, 부활을 모두 신화적이고 실존론적으로만 해석할 필요도 없고, 그렇다고 그것을 역사적 실제로 인정하였다고 해서 더 이상 기독교 전통에서만의 유일한 것이 아니므로 그 몸 부활의 실체에 얽매여 역사적 삶을 소홀히 하고 배타적인 가현적 그리스도로 만들 이유도 없게 된다. 오히려 그의 삶이 어떻게 고양된 삶이었으며, 그래서 우리가 어떻게 그의 삶을 하나의 모델로 삼아서 따라야 하는지를 잘 지적해 주는 것으로 이해할 수 있겠다.

  라마 고빈다는 정통 기독교는 고대에 널리 퍼져 있던 윤회와 환상에 대한 믿음을 거부하고 단 하나의 우주만을 인정하는 것이라고 한다.[69] 기독교인들에게 있어서 우주는 하나뿐이고, 거기서 두 개의 삶만을 인정하는데, 하나는 지금의 육체를 가진 삶이고, 다른 하나는 부활한 육체를 갖고 살아가는 삶을 말하는 것이 된다. 이것을 간단히 말하면, 불교의 윤회는 동일한 영혼의 재생을 의미하는 반면, 기독교의 부활은 동일한 육체의 재생까지 원하는 것이라고 하는데, 현재의 이 우주를 무한히 연속되는 우주들 중의 하나로 보는 힌두교인과 불교인들에게 동일한 육체의 생성까지 요구하는 기독교의 부활은 수긍하기 어렵다고 지적한다.[70] 의식체가 자궁 속으로 들어가서 새로운 육체를 갖는 방식은 의식체가 육체를 떠나는 방식과 동일하다고 한다. 즉 인간은 태아의 상태로 있고 열 달 동안, 자궁 속에서 아메바에서부터 영장류인 인간에 이르기까지 모든 형태를 거치는 것으로 되어있는데, 마찬가지로 죽음을 맞이한 사후 세계로 들어가면 이 세상으로 환생하기 전에 심령적으로 비슷한 경험을 하는 것으로 『티벳 사자의 서』는 그려주고 있다. 다시 말해, 이것은 태아 상태일 때는 육체적으로, 사후 세계에서는 영적으로 진화와 퇴화의 과정을 거치는 것이라고 한다.[71] 이러한 이야기를 하면서 웬츠는 『티벳 사자의 서』 지혜들이 앞으로의 인류 진화의 길도 아주 과학적이고 의미 있게 제시해 주는 것이라고 하는데, 칼 융에

---

69) 라마 아나가리카 고빈다, 「죽음의 과학이 발견한 삶의 비밀」, 『티벳 사자의 서』, p. 206.
70) 앞의 글, p. 207.
71) 에반즈 웬츠, 앞의 글, p. 57.

따르면 백인들 세계에서 세상을 떠나는 영혼을 위해 무엇인가를 해주는 유일한 장소가 가톨릭교회뿐인 상황에서 『티벳 사자의 서』는 큰 의미가 있다고 한다.[72] 이 말은 어쩌면 오늘 한국 개신교 기독교인들에게 더욱 적용되는지도 모르겠다.

### 5. 죽음에 대한 성찰이 우리 삶에 주는 교훈

지금까지 우리는 우리에게 친숙한 세 종교 전통들에서의 죽음 이해를 살펴보았다. 몸의 죽음이 모든 것의 끝이 아니고 지금까지 인류는 다양한 방식을 통해서 이 몸의 끝을 넘어서려는 시도 가운데서 나름의 대답을 찾아온 것을 드러내 보이기 위해서였다.

이러한 중에서 우리가 발견한 것은 어느 한 전통이나 시도도 그것 자체만으로는 온전할 수 없고 각자 나름의 취약점을 가지고 있으며, 그래서 그 취약점을 다른 답으로부터 보완할 수 있겠다는 것이다. 우리가 기독교인으로서 오늘날 직면하고 있는 전통적 부활 담론의 난점을 이웃 종교들의 아이디어들로부터 보완할 수 있는 가능성들을 보았다. 그러나 한편, 오늘 우리 한국인들의 종교적 삶의 정황을 살펴보면 앞에서 우리가 의미를 두었던 것과 같은 유교적 종교성은 거의 작동하고 있지 않고, 불교의 윤회와 환생 이야기도 진정한 자유와 성숙의 이야기로 기능하기보다는 오히려 쉽게 허무의 이야기로 왜곡되는 것을 본다. 그래도 기독교의 몸 부활 이야기가 가장 접근 가능한 방식으로 오늘 현대 한국인들에게 삶과 몸의 초월적 차원[聖]을 여전히 견지하도록 하는 방식이 아닌가 생각해 본다. 유태계 여성철학자 한나 아렌트H. Arendt는 인간 정신의 가장 고유한 능력으로서 '용서하는 능력'과 '약속하는 능력'을 들었다.[73] 인간 행위 중에서 가장 위대하다고 할 수 있는 이 두 가지 행위가 응집된 것이 바로 십자가에서의 죽음이고 부활에 대한 소망이라면 기독교의 고유성으로서의 십자가와 부활 상징을 우리는 더욱더 다듬고 정화시켜 나가야 하겠다.

그러나 오늘날 다원화 시대에서는 꼭 그렇게만 생각할 수 없는 것이, 예를 들어 불

---

72) 칼 융, 「우나 살루스-대자유에 이르는 길」, 『티벳 사자의 서』, p. 181.
73) 한나 아렌트, 『인간의 조건』, 이진우·태정호 역, 한길사, 2001, p. 300.

교의 윤회와 환생, 그리고 거기서 실천되는 수행들이 아주 학문적이고 성찰적인 현대인들에게 의미를 주어서 그것들이 그들 삶과 죽음에서 잘 기능하고 있는 것을 보기 때문이다. 오늘날 학문과 종교의 다양한 영역을 어우르며 동서의 벽을 넘어서 뛰어난 트랜스퍼스널 심리학자로서, 그리고 티베트 불교의 진지한 수행자로서 활동하고 있는 미국의 캔 윌버Ken Wilber와 그의 부인 트레야가 함께 겪은 삶과 죽음의 이야기는 바로 이러한 사실을 뛰어나게 증명해 주고 있다. 결혼한 지 며칠 만에 유방암 판정을 받은 트레야, 그 후 5년간에 걸쳐 암과 씨름하며 매일매일 죽음과 직면한 채 살아가면서 이들은 과학과 더불어 실험하였고, 그러는 가운데서 위빠사나 명상과 통렌 수련 등을 통하여 '심신탈락'과 '의식의 변용' 등에 관해서도 배우게 된다. 독실한 가톨릭 출신으로서 '신에게 내맡김 Surrender to God'을 자신의 소중한 기도문으로 외우고 다니는 그녀는 불교가 기독교적 용어에 대한 자신의 반발을 없애는데 많은 도움을 주었다고 한다. 그러한 고통의 시간 가운데서 그녀는 우리 자아의 주된 감정이 '분노를 수반한 두려움'이라는 것을 알아챘고,[74] 그러한 감정들을 기도와 수행을 통해 정화해 가면서 '나는 누구인가'에 대한 탐구를 심화하면 할수록 자신과 타인의 경계가 희미해지며, 그런 경계가 희미해질수록 타인에 대해 친절한 것으로 해석했던 행동들을 예전에는 이기적이라고 여겨서 자신에게 할 수 없었던 것을 점점 자신에게도 하고 싶어졌다고 고백한다.[75]

이러한 과정 속에서 그녀는 죽음과 고통에 대한 자신의 사고에도 몇 차례의 변화가 있었다고 밝힌다. 남편 캔 윌버의 책 『에덴으로부터Up from Eden』을 읽고서 그가 거기서 밝힌 대로 인류가 이제까지 '불사의 상징'을 만들어서 죽음을 회피하고 억압해온 과정을 알게 되었다고 한다. 그래서 그 책의 메시지인 '영적인 성장을 위해서 죽음에 익숙해지는 것', '죽음의 부정은 곧 신의 부정'이라는 것을 받아들이게 되었지만, 그러나 곧 그녀는 그러한 수동적인 태도가 얼마나 위험한 것인지를 알게 되어서 분명하고 확실하게 '사는 것'을 선택해야 한다고 결심했다고 한다. 하지만 그녀는 그럴수록 다시 자신 안에 불안도 커져 갔고, 그래서 다시 죽음의 공포에 젖어드는 자신을 발견하면서 살아남으려는 의지의 또 다른 면은 살지 못할 것이라는 공포, 죽음의 공포라는 사실을 깨닫게 되었다고 한

---

74) 캔 윌버, 『세상에서 가장 아름다운 용기』, 김재성·조수경 역, 한얼, 2006, p. 236.
75) 앞의 책, p. 432.

다. 그러면서 마침내 '좀더 가벼운 마음'으로 행하려고 노력했다고 하는데, 가벼운 마음이란 양쪽 모두를 받아들이는 것 즉, 사는 것을 바랄 수도 있고 때가 오면 삶을 놓아버릴 수도 있다는 중도적인 자세를 의미했다고 한다. 그녀는 오늘날 우리 문화가 과거에 비해 훨씬 날카롭게 죽음을 인식하는 단계로 진화했음을 알게 되었다고 한다.[76]

대승불교의 한 가르침인 '통렌Tonglen받아들이고 보낸다'을 진지하게 수련한 그녀에 따르면 통렌이 말하는 것은 '고통에 자비심을 가져라'라는 것이다. 우리 존재의 제일 숭고한 진리는 '고통이 있다'는 것인데, 우리가 항상 자각하는, 끊임없이 변하고 또 변하는 고통을 '때려 부수려' 하지 말고, 그 고통을 그대로 내버려두면서 공포와 증오가 아닌 사랑으로 쓰다듬을 때 그것은 자비가 된다고 한다. 그녀는 그 암의 고통과 함께 한 경험 덕분에 "고통 받는 사람들과의 혈연적 관계를 영원히 인식할 것이다"라고 고백한다.[77]

그런 그녀가 폐와 뇌종양으로까지 번진 암을 효소 요법으로 치료받던 중, "여보, 이제 멈춰야 할 시간이 된 것 같아요"라고 하면서 더 이상은 가고 싶지 않다고 말한다. 남편의 권고로 일주일을 더 견디던 그녀는 모르핀을 거절했기 때문에 극도의 고통 속에서도 자각하며 존재할 수 있었다. 주말 저녁에 "이제 갈래요, 여보"라고 말하자 캔도 그저 "좋아"라고 하면서 2층으로 안고 올라간다. 마지막으로 "우아함 그리고······ 그렇지 용기가 필요해!"라고 일기를 쓰고 임종의 시간을 맞게 되는데, 이 순간에 남편 캔은 괴테의 아름다운 글귀 '잘 익은 것들은 모두 죽고 싶어 한다'는 것을 생각해냈고, "트레야는 잘 익었으니 죽고 싶어 했다"라고 쓰고 있다.[78]

이 순간부터 캔과 트레야, 그 주변의 친지들이 겪게 되는 임종의 시간들에 대해서 이 책의 마지막은 감동스럽게 적고 있다. 우리가 앞에서 『티벳 사자의 서』 소개에서 본 대로 임종의 시간이 며칠에 걸쳐서 지속되고, 이때 켄과 호스피스, 주변의 친지들은 가까이 있으면서 그녀가 평소 중요하게 생각하는 종교의 핵심 구절들과 『티벳 사자의 서』를 읽어주면서 작별인사를 하며 소중하게 마중한다. 이 과정에서 나타나는 물리적인 현상들로서 그녀의 몸이 줄어들기 시작했으며, 트레야가 눈을 감은 순간부터 그곳의 평소와는 너무 다르게 시속 184킬로미터의 엄청난 속도로 기록적인 바람이 불어왔다고 한다. 그녀의

---

76) 앞의 책, pp. 113-114.
77) 앞의 책, p. 441, 448.
78) 앞의 책, p. 542.

사지가 점점 차가와지고 무호흡 패턴을 보일 때 캔은 그녀가 가장 좋아하는 핵심 구절들을 계속해서 읊어주었는데, "빛 쪽으로 가요, 트레야. 밝게 빛나면서 다섯 꼭짓점을 가진 자유로운 별을 찾아보아. 그 빛에 달라붙어, 여보, 그 빛으로 달라붙어. 우리는 내버려두고 그 빛으로 달라붙어"라고 권고했다. 그녀가 죽은 지 정확히 5분 후에 바람이 완전히 멈추었다고 한다. 캔이 트레야의 몸을 정돈하고, 그날 밤을 꼬박 새면서 계속해서 새벽 3시까지 영혼이 신과 하나임을 인식하는 기본적인 가르침들을 세 번째 읽었을 때 방안에서 뭔가 찰칵하는 소리가 들렸다고 한다. 여기서 캔은 고백하기를 바로 이 순간에 그녀는 자신이 읽어주는 것을 듣고는 항상 그녀가 염원했던 위대한 해방, 깨달음을 인식했다는 것을 뚜렷이 감지할 수 있었다고 한다. 그녀가 명상에서처럼, 마지막 죽음에서 바랐던 것처럼 자신의 진정한 본성을 인식하고 빛나는 영과 하나가 되고 우주 자체와 섞여 전 공간으로 깨끗이 사라진 것이라고 표현한다.[79]

이러한 모든 이야기들은 우리로 하여금 삶과 죽음의 신비에 대한 무한한 경외심을 불러일으킨다. 그러면서 지금까지 우리가 탐색했던 죽음에 관한 모든 이야기들이 유사하게 가르쳐주고 있는 메시지들, ① 죽음이 결코 모든 것의 끝이 아니고 우리 몸이 단순히 병들고 죽어가는 자연적 과정이 전부가 아니라 그것을 넘어서는 의미가 있다는 것, ② 그러므로 우리 삶은 일종의 '의미'와 '정화'의 학교가 되고, 그래서 이 학교를 마치고 졸업할 때 빈손으로 가지 않도록 하자는 것, ③ 죽음이란 그러나 모든 생명 과정에서도 그렇고 영적인 의미에서도 이 길을 통하지 않고는 결코 어떠한 새로움도 탄생하지 않으므로 한편 우리에게 일종의 구원이 된다는 것, ④ 그래서 우리 삶에서 죽음의 문제는 성찰의 대상이 되어야 하는데 죽어가는 자에 대한 인간적인 마중은 참으로 소중하고 귀중한 일이라는 것, ⑤ 죽은 자에 대한 기억과 기념은 우리 삶이 몸의 죽음을 넘어서 여전히 그들과 연결되어 있는 것을 상기시키고 잊지 않게 하는 매우 인간적인 일이라는 것, ⑥ 죽음과 탄생, 죽음과 삶의 긴밀한 연결성은 그리하여 우리로 하여금 탄생하는 순간의 중요성에 대해서도 주목하게 하여 삶에서의 '성性sexuality', 사랑, 결혼, 출산 등에 대해서 통합적인 성찰의 소중함을 일깨운다는 것이다.

---

[79] 앞의 책, p. 556.

어쩌면 지금까지의 이러한 모든 종교적이고 큰 이야기를 하지 않더라도, 우리는 우리 삶이 죽음을 통해서 먼저 우리 삶의 동반자들에 의해서 판단되는 것을 알기 때문에 경건해야 하는지도 모르겠다. 장례식장에서 죽은 자는 말이 없고 관객들은 나름대로 그를 판단하며 떠나보낸다. 그래서 어쩌면 우리 삶의 의미에서 결정적인 열쇠는 그 무심한 careless 관객들이 가지고 있는지도 모른다. 그래서 우리가 바랄 수 있는 것은 오직 '용서'와 '자비심' 뿐이다. 이 용서와 자비심이 우리를 끝까지 떠나지 않을 것이라는 믿음을 가지고, 다음의 고백처럼 우리의 마지막 말을 새길 수 있게 되길 기도할 뿐이다.

"Everyday is a good day to be born, everyday is a good day to die."[80]

### 참고문헌

『孝經』
『朱子全書』
『티벳 死者의 書』, 류시화 역, 정신세계사, 1995.
가지 노부유키, 『침묵의 종교 유교』, 이근우 역, 경당, 2002.
국사편찬위원회편, 『상장례, 삶과 죽음의 방정식』, 두산동아, 2005.
금장태, 『유교의 사상과 의례』, 예문서원, 2000.
노버트 엘리아스, 『죽어가는 자의 고독』, 김수정 역, 문학동네, 1996.
로버트 펑크, 『예수에게 솔직히』, 김준우 역, 한국기독교연구소, 1999.
오진탁, 『죽음, 삶이 존재하는 방식』, 청림출판, 2004.
원황, 『운명을 뛰어 엄는 길-요범사훈(了凡四訓)』, 불광출판사, 2005.
이은봉, 『한국인의 죽음관』, 서울대학교출판부, 2000.
이은선, 『포스트모던 시대의 한국 여성신학』, 분도출판사, 1997.
──, 『한국 교육철학의 새지평』, 내일을여는책, 2002.
──, 『유교 기독교 그리고 페미니즘』, 지식산업사, 2003.
──, 『한국 여성조직신학 탐구』, 대한기독교서회, 2004.
장현근, 「예 정신으로 살펴본 동양의 상장례」, 『전통과 현대』 통권 18호, 2001 겨울호.

---

80) 교황 요한 23세의 임종의 말(E, Young Bruehl, *Hannah Arendt for Love of the World*, Yale University Press, New Heaven/London 1982, p.335.)

정승호 외 지음, 『철학, 죽음을 말하다』, 산해, 2005.

존 바우커, 『세계종교로 보는 죽음의 의미』, 박규태·유기쁨 역, 청년사, 2005.

천선영, 「죽음이 두려운, 혹은 두렵지 않고 서로 다른 이유들」, 『전통과 현대』, 통권 18호, 2001 겨울호.

캔 윌버, 『세상에서 가장 아름다운 용기』, 김재성·조수경 역, 한얼, 2006.

플라톤, 『소크라테스의 대화록』, 최현 역, 집문당, 1993.

한나 아렌트, 『인간의 조건』, 이진우·태정호 역, 한길사, 2001.

E, Young Bruehl, *Hannah Arendt for Love of the World*, Yale University Press, New Heaven/London 1982.

Elisabeth Schulessler Fiorenza, *Jesus Miriam's Child, Sohpia's Prophet*, New York 1995.

Rudolf Steiner, *Theosophie: Einfuehrung in uebersinnliche Welterkenntnis und Menschenbestimmung*, aus dem Gesamtwerk, Rudolf Steiner Verlag Dornach 1987.

──, *Wie erlangt man Erkenntnisse der hoeheren Welten?*, aus dem Gesamtwerk, Rudolf Steiner Verlag Dornach 1982.

# 토론 기록

_삶의 신학 콜로키움 : 다섯째 모임

## 한국적 죽음 문화 가능한가?

때 | 2006년 11월 10일
곳 | 대화문화아카데미
정리 | 박신배

죽음은 인간이 맞이하는 불가피한 삶의 한 과정이자 결과, 현실이다. 인간은 죽음을 향하여 가고 있는 존재이다. 죽음이 도래하고 있는 사실을 회피하고 주위의 사람들의 죽음을 안타까워하지만 자신의 죽음을 망각하고 살아가는 우리들이다. 인간은 미지의 죽음으로 인해 종교를 필요로 한다. 종교들이 말하는 죽음 이해와 죽음 문화, 장례 문화에 대한 생각을 하면서 발표자들은 글을 진행한다. 인간은 날마다 죽음에 노출되어 살아가는 존재인데 오늘날 인간은 죽임에 이르는 문화에 당면하여 살아가고 있고, 이 문화가 인간을 죽음에 이르게 하고, 결국 공동체의 죽음에까지 이르게 한다.

이세형 교수는 '죽음', 죽음의 현실에 의미 있는 삶의 과정으로 받아들일 수 있는 윤리적, 종교적 과제를 제시하며 역설적 화법으로 죽음의 미학과 미학적 언어로 삶과 죽음의 의미를 잘 해석한다. 죽음을 준비하는 한국인들의 토착화 작업에 대한 문제를 제기하고 있고, 죽음 이후 부활과 영원한 세계에 대한 의미도 전달하고 있다.

이은선 교수는 기독교, 유교, 불교의 죽음 이해를 통합적으로 연구하여 기독교의 죽음 부활의 의미를 재해석할 수 있는 여지를 묻는다. 부활 이야기가 갖고 있는 한계를 극복하고자 동양적 죽음 이해에서 새 해석의 가능성을 모색한다. 유교의 상례와 제례, 이기理氣론, 불천지위不遷之位 등의 연구를 통해 예수 부활을 재해석하며, 『티벳 사자의 서』, 신지학神智學을 통해 기독교 장례 의식에 동양적 한恨풀이 과정으로써 새로운 문화 창출을 위한 근거를 찾고 있다.

두 교수의 글을 자세히 요약해보자. 협성대학교 이세형 교수는 '죽음을 주제로 한 대화'라는 주제로 글을 전개한다. 그는 죽음에 대한 무게 있는 에세이로 짧지만 짧지 않은 죽음의 철학적·신학적 단상을 깊이 있게 전해주고 있다. 죽음을 삶의 차원에서 어떻게 해석하는지 잘 보여주었다. 죽음에 대면하여 어떻게 살 것인가. 윤리적이면서 종교적인 질문을 한다. 죽음과 죽어감의 과정을 통해, 인간이 슬퍼하고 아파하는 현실에서 죽음을 어떻게 아름답게 맞이할 수 있을까 고민한다. 죽어가는 자가 죽음을 사랑하고 죽음을 받아들이도록, 진정한 죽음다운, 죽음 나름의 문화를 가져야 한다고 주장한다.

죽음의 공동체성, 한 사람의 죽음이 미치는 공동체의 파장은 무엇인가. 공동체적 관계와 책임 속에서 죽임을 이해하고 수용해야 한다고 한다. 죽은 자의 만남이 제사를 통해 가능해서 죽은 자와 산자의 만남에서 회한을 풀어주며, 상실한 삶의 의미를 회복시켜주는 신비한 만남을 주기 위해 제사에 대한 토착적 신학 해석이 요구되고, 목회적 수용과 적용이 필요하다고 역설한다. 죽음 이후의 모습을 부활, 재생, 윤회로 종교적으로 나타낼 수 있다. 이 사후死後에 대한 생각에서 죽음의 종말론적 해석이 필요하다. 죽음의 종말이 동시에 삶의 종말이기에, '사나 죽으나' 삶답게 살며 죽음답게 죽는 의미를 새롭게 해준다. 죽음을 준비하는 과정, 죽음의 훈련(죽음의 내면화)을 통하여 영원한 생명을 얻을 수 있다. 죽음은 최고의 영적인 도약의 순간으로, 부활 신앙으로 죽음과 삶의 하나인 세계에서 죽음을 맞이할 수 있어야 한다고 주장한다.

세종대 이은선 교수는 '죽음에 대한 성찰을 통한 생명 사랑'이라는 제목으로 생명 사랑으로 나가기 위한 죽음 성찰을 하려고 한다. 이 교수는 죽음에 대한 세 종교 전통으로의 긴 사유의 여행을 떠난다. 인간의 몸에 대한 관심에서부터 몸의 통제력을 벗어난 죽음의 문제, 질환 및 임종에 대한 태도, 기독교 몸의 부활 등을 유교 불교의 전통 죽음 이해를 통해 한국적 문화의 죽음 이해를 규명하고자 한다. 몸의 부활 사상 이해를 위해, 구약의 메시아 사상과 유대교의 영혼불멸, 피오렌자의 빈 무덤 설화의 해석, 역사적 예수 논쟁 등의 논의를 통해 예수의 부활의 사실성과 역사성을 인정하면서도 배타적 유일회성의 한계를 극복하려 한다. 그것이 유교적 전통의 공자의 효 사상, 상장喪葬례, 이기론에서 죽음을 극복할 수 있는 의미를 찾는다. 불교적 전통의 죽음 이해는 『티벳 사자의 서』와 신지학을 통해 언급한다. 칼 구스타프 융이 극찬한 『티벳 사자의 서』는 사후 세계(티베트 불교의 한 사후 세계)를 가상假想한 것으로 우리나라의 49제祭와 유사하다. 이 책의 사후 과정을 소개하며 부활 과정의 긴 여로를 이해하고자 시도한다. 몸의 부활과 티베트의 칠채화신과 비교하며 배타적 가현적 그리스도 해석을 극복하려고 한다.

이은선 교수는 이 세 종교 전통의 죽음 이해를 통해 죽음에서 생명 사랑에 이르는 길이 없는가 질문하는 것 같다. 십자가의 죽음과 부활의 소망에서 한나 아렌트H. Arendt의 인간 정신의 가장 고유한 능력인 용서하는 능력과 약속하는 능력이 응집되었다고 한다. 결국 삶과 죽음의 신비가 하나라는 사실, 죽음과 탄생, 죽음과 삶이 긴밀히 연결되어 성性, 결혼, 출산 등도 소중하다고 성찰하고, 죽음에서 생명 사랑으로 나가는 용서와 자비심을 베풀어야 한다고 결론짓는다.

끝으로 필자가 가지고 있는 죽음에 대한 몇 가지 생각을 말하고자 한다. 사도 바울이 '내가 매일 죽노라' 고백하는 것처럼 우리도 오늘이 끝이라는 종말론적 생각으로 하루하루를 살아야 하리라. 김교신 선생은 매일 마지막 날처럼 살며 하루하루 계수計數한다(12345일, 35세 생일날). 그처럼 치열하게 그리스도 사랑, '성서조선' 사랑으로 살 수 있을까. 인간이 절망하고 상심하는 순간 인간은 죽음에 이르는 병(키에르케고르)에 걸린다. 아우슈비츠 수용소에서 희망을 잃어버린 사람들이 일찍 죽음을 맞이한다는 사실. 〈야콥의 거짓말〉이라는 영화에서 주인공 자콥이 우연히 라디오를 듣고 한 말로 인해, 자신이 라디오를 숨겨 가지고 있다는 오해가 따르고, 게쉬타포에게 걸릴까봐 부인하지만 사람들이 희망을 잃고 자살하는 바람에 다시 소식을 전하는 사람으로 변하여 동족들에게 소망을 주는 역할을 한다. 결국 자신이 예언자가 되어 희생양이 된다. 그리고 이 영화는 미래의 소망을 가진다는 것이 얼마나 중요한지 보여준다.

우리가 실망하고 죽어가는 순간, 우리의 죽음, 자신의 죽음은 곧 나라와 국가의 죽음이고 하나님의 죽음이라는 사실을 생각해 보자. 우리가 하나님의 나라와 뜻을 가지고 살면서 어떤 생각을 하고 사느냐가 중요하다. 무슨 생각을 하고 어떤 뜻으로 죽음을 맞이하는가에 따라 우리의 죽어감은 순교가 될 수 있고 그냥 자연사自然死의 한 부분이 될 수 있기 때문이다. 또한 현재에 어떤 생각으로 사는가. 어떤 마음으로 살았는가가 하늘나라의 시민인지 여부가 판가름 나지 않을까. 윤동주와 본회퍼, 김교신은 어떤 생각을 가지고 살았는가. 그들이 가진 생각으로 그들은 매일 순교하고, 겨레의 위대한 죽음을, 신앙인의 죽음과 부활을 보여준 사람이 되었다.

이제 우리에게 주어진 인생의 길을 살아가자. 우리 인생의 날이 정定해진 것이 아닐까. 하나님의 예정과 섭리 속에 이미 우리가 태어난 날, 죽을 날들이 주님의 손에 있지 않을까. 예레미야와 욥이 고난 속에서 자신의 어머니 뱃속에서 잉태된 것을 저주하던 날처럼(욥 3장), 모태에서 적신赤身으로 나왔으니 적신이 그리로 돌아가리라는 욥의 고백(욥 1: 21) 같이, 주의 역사의 주권에 속해 있는 것이 아닌가. 우리는 하늘 뜻을 따라 하루가 천 날처럼, 하루가 마지막이라 생각하고 살아야 하리라.

하루의 일상 가운데 나에게 주어진 십자가를 바라보며 주어진 희생의 짐을 달게 받자. 참 죽음을 준비하며, 의미 있는 생각과 대아大我의 길로 나가자. 예수의 죽음을 본받아 이웃의 십자가를 지고 우리 한국인의 죽음 문화를 만들자. 하루 안에 죽음과 탄생을 맛보며, 죽음과 죽어감의 일상에서 하늘나라의 생명을 잉태하는 것이 무엇인지 생각해 보자.